Presentation Skill

Presentation Skill

대학생을 위한

프레젠테이션 스킬

김문수

Presentation Skill

Presentation Skill
Presentation Skill

비즈프레스

책머리에서

21C에 살아가는 현대인들은 언제 어디서나 자신의 의견을 전달하고 설득할 수 있는 커뮤니케이션 능력은 매우 필요하고 그 중요성은 날로 증가하고 있다.

프레젠테이션이란 전문가들의 특별한 기술이 아니라 자신의 생각이나 아이디어, 경험, 노하우, 창의적인 발상 등 제반 정보를 상대방에게 전달하고 설득하는 모든 행위라 할 수 있다. 우리는 일상 생활 속에서 상대방에게 프레젠테이션을 해야 할 기회를 수도 없이 맞이하게 된다. 특히 호텔산업을 전공하거나 취업을 준비하는 많은 예비호텔리어들은 학교생활 속에서 과제물제출을 위한 발표 및 조별토의, 학위논문을 통과하기 위한 논문발표회, 호텔 취업을 위한 면접을 통해 프레젠테이션을 하게 되며, 사회에 진출해서는 결혼 상대자를 찾기 위한 맞선 자리에서의 대화, 회사 내에서의 회의발표, 회사 신제품 판매를 위한 상담, 매주 또는 매월 실시되는 경영분석과 경영계획발표, 전략회의, 기타 강의와 강연 등 우리의 삶은 곧 프레젠테이션의 연속이라 할 수가 있다. 그리고 프레젠테이션의 성공은 곧 인생의 성공으로 진결된다고 해도 과언이 아닐 것이다.

이처럼 우리의 삶에 매우 중요한 역할을 하는 프레젠테이션은 누구나 성공적으로 할 수 있는 것은 아니다. 따라서 성공적인 프레젠테이션을 하기 위해서는 꾸준한 자기 개발이 필수적이며 체계적이고 효율적인 준비와 반복적인 연습이 뒤따라야 한다.

2011년 7월 6일 남아프리카공화국 더반에서 개최된 국제올림픽위원회(IOC) 총회에서 우리나라 평창이 동계올림픽을 유치하게 되었다. 2018평창동계올림픽 유치에서 한국유치단의 IOC위원들 앞에서 실시한 프레젠테이션이 대단한 반응과 유치에 결정적인 요인이 되었다고 한다.

본서는 이처럼 중요한 프레젠테이션을 성공적으로 실시하기에 필요한 프레젠테이션 이해 및 전달하는 방법과 스킬을 제시하고 프레젠테이션 계획과 개발에 필요한 내용으로 구성하였다.

하지만 다소 부족하다고 판단되는 내용들은 선행연구자들의 자료를 참고하여 보완하였으며 프레젠테이션의 실무에 필요한 스킬들을 제시하여 학습하는데 도움을 주고자 노력하였다.

본서를 통해 제공되는 내용을 학습하고 실제 현장에서 활용하여 프레젠터로서 뛰어난 발표능력을 지니고자 하는 사람들에게 큰 도움이 되었으면 하는 바람이다.

아울러, 최근 청년취업에 어려움을 겪고 있는 예비 호텔리어 대학생들에게 취업을 위한 면접 준비서의 역할이 되기를 기원하면서 여러분들이 실시하는 모든 프레젠테이션이 성공적이길 기원합니다.

본서가 출간되기까지 도움을 주신 분들에게 깊이 감사드리며, 특히 출판을 맡아주신 비즈프레스 추일재대표님께 고마움을 전하며, 사랑하는 가족들과 하나님께 영광을 돌린다.

2019.9.5

천안입장에서 저자

CONTENTS

Chapter 1 프레젠테이션의 이론

Chapter 2 프레젠테이션의 스킬

Chapter 3

프레젠테이션의 기초 3P 분석

Chapter 4

프레젠테이션의 기획과 개발

CHAPTER 1

프레젠테이션의 이론

제1절 프레젠테이션의 정의와 구성요소

제2절 프레젠테이션의 여러 가지 형태와 절차

01

프레젠테이션의 이론

I 프레젠테이션의 정의와 구성요소

1. 프레젠테이션(Presentation)의 정의

프레젠테이션(Presentation) 또는 "시청각설명회(視聽覺說明會)는 듣는 이에게 정보, 기획, 안건을 제시하고 설명하는 행위를 가리킨다 "라고 국립국어원에서 정의하고 있다. 즉 시청각 자료를 활용한 발표라고 할 수 있다. 간단히 발표라고도 하며, PT로 줄여서 말하기도 한다.

국립국어원은 2007년 7월, 프레젠테이션이라는 쓰임말(용어)을 사용하지 말고 시청각설명회라는 쓰임말을 사용할 것을 권고하였다. 그러나 현재 거의 쓰이지 않고 있다.

프레젠테이션은 단순히 발표 또는 그에 따른 방식을 가리키며 반드시 시청각을 동원하여야 하는 것은 아니며, 영어권에서는 Presentation의 발음을 "프레젠테이션"과 "프리젠테이션" 모두 허용하지만 국어사전과 IT 용어사전에서 "프레젠테이션" 을 표준으로 삼고 있다.

또한 프레젠테이션(Presentation)이란 말은 사전적 의미로 발표, 소개, 표현 등을 의미하는데, 일반적으로 "자신의 의견, 아이디어, 경험, 노하우 등 제반 정보를 상대에게 전달하거나 설득하는 모든 행위" 를 가리킨다.

여러 사람들 앞에서 자신의 생각이나 의견을 진술하는 프레젠테이션의 영역은 실로 광범위 하다. 학교에서의 과제물발표, 조별발표, 학위논문 발표는 물론 학회나 세미나에서의 발표, 취업을 위한 면접에서의 발표, 사회에 진출해서는 회사 내에서의 브리핑, 보고, 지시, 회의나 토론 등 다양한 곳에서 프레젠테이션을 하게 된다.

프레젠테이션은 생활 속에서 이뤄지는 대부분의 커뮤니케이션 행위를 포괄한다고 할 수 있는데, 실제로는 일상생활 속에서 개인적으로 이뤄지는 격의 없는 대화까지 프레젠테이션으로 포함하지는 않는다. 이처럼 광범위한 영역에 걸쳐있는 프레젠테이션이 무엇인지를 살펴보기 위해서는 먼저 커뮤니케이션이 무엇인지를 살펴보는 것이 우선일 것이다.

커뮤니케이션(Communication)이란 말은 원래 '공통', '공유' 라는 뜻을 지닌 라틴어의 'Communis'라는 단어를 그 어원으로 하고 있다. 따라서 커뮤니케이션이란 말은 문자 그대로 해석하면, 하나 또는 하나 이상의 생물체가 다른 생물체와 지식. 정보. 의견. 신념. 감정 등을 공유 또는 공통화 하는 행동이라 할 수 있다. 이런 커뮤니케이션의 정의는 오늘날 현대사회에서 모든 사람이 사용하고 있으면서도 매우 복잡하며, 광범위하고, 그 뜻도 다양하게 되었다. 커뮤니케이션 개념의 다양성은 일반인은 물론 커뮤니케이션을 전문적으로 연구하고 있는 학자들 사이에서도 나타나는데 대표적인 개념을 살펴보면 아래와 같다.

▌ 커뮤니케이션의 다양한 정의

구 분	학 자	정 의
대인적 커뮤니케이션 관점	R. L. Daft	커뮤니케이션은 원칙적으로 개인 간의 과정이라서 정보전달 과정이 개인과 개인, 또는 개인과 집단 간이라 할지라도 당사자는 결국 개인이다.
	H. A. Simon	커뮤니케이션은 광의로는 사람과 사람, 사람과 기계, 기계와 기계간에 이뤄지는 정보이전 과정이며, 협의로는 사람과 사람 간에 정보, 의사, 감정이 교환하는 것이다.
	K. M. Bartol D. C. Martin	사람들 간의 공통된 의미를 얻기 위해 메시지를 교환하는 것이다.
	S. P. Robbins	의미의 전달이고 이해이다.
	J. M. Ivancevich M. T. Matteson	언어적, 비언어적인 상징을 통한 정보와 이해의 전송이다.

<table>
<tr><td rowspan="5">구조적
커뮤니케이션
관점</td><td>D. Katz
R. L. Kahn</td><td>어떠한 조직, 집단 혹은 사회의 기능에 가장 광범위한 관련을 맺고 있는 사회적 과정이다.</td></tr>
<tr><td>P. V. Lewis</td><td>조직구조 속에서 관리자, 부하, 동료들 상호간 또는 집단 간 정보전달의 발달된 기술이나 메시지를 통하여 메시지, 관념, 태도를 공유하는 것이다.</td></tr>
<tr><td>E. M. Rogers
R. A. Rogers</td><td>태도뿐만 아니라 외적 행동을 변화시킬 의도로 정보원천으로부터 수신자에게로 관념이 전파되는 과정이다.</td></tr>
<tr><td>B. M. Johnson</td><td>조직 커뮤니케이션이란 공식조직의 상황내부에서 발생하고 일정한 성과를 갖는 커뮤니케이션이다.</td></tr>
<tr><td>R. D. Mcphee</td><td>조직상황에서 과업목표와 역할 수행을 위해 규칙에 따라 지배받는 조직 구성원의 커뮤니케이션이다.</td></tr>
</table>

위의 표에서 제시한 정의 외에도 커뮤니케이션이라는 현상을 보고, 그것을 정의하는 관점들을 종합. 분석해 보면 대체로 크게 3가지, 즉 첫째는 구조적 관점(Structural View)이며, 둘째는 기능적 관점(Functional View), 셋째는 의도적 관점(Intentional View)으로 분류할 수 있다. 각 관점에 따라 살펴보면 다음과 같다.

먼저 구조적 관점(Structural View)이란 커뮤니케이션을 정보 또는 메시지의 단순한 "송수신과정" 으로 보고 그 구조 자체에 비중을 두는 견해라 할 수 있다. 따라서 이러한 관점에 의하면 메시지를 보내고 받는 과정이라 정의 할 수 있다. 여기에서 "어떤 경로를 통하여 정보가 흐르며, 어떻게 그것을 신속. 정확하게 한 곳에서 다른 한곳으로 보낼 수 있느냐" 하는 기술적 문제가 핵심적인 사항이 된다고 할 수 있다.

다음으로 기능적 관점(Functional View)이란 커뮤니케이션을 인간들의 기호사용 행동 자체로 보고, 그 기호화 및 해독과정에 중점을 두는 견해이다. 이러한 관점에서 커뮤니케이션은 주변 환경이 한 생물체를 자극해서 이 생물체가 그 외부 자극에 대한 어떤 반응을 일으켰을 때 일어나며, 외부 자극이 생물체에 의하여 무시된다면 커뮤니케이션은 일어나지 않는다는 것이다. 즉, 이들의 관점은 "어떻게 인간들이 기호를 사용해서 서로 의미를 창조하고 공통의미를 수립하고 있느냐?" 하는 커뮤니케이션의 기능적인 면에 중점을 두고 있다.

마지막으로 의도적 관점(Intentional View)에서의 커뮤니케이션이란 한 인간이 다른 인간에게 영향을 미치기 위해 의도적으로 계획된 행동이라는 것이다. 이는 앞에서 언급한 기능적 관점에서 본 커뮤니케이션의 개념과는 상반되는 것으로서 이러한 입장을 취한 이유는 설득의 한 방법으로서 커뮤니케이션을 연구에서 원인을 찾아 볼 수 있다. 따라서 커뮤니케이션이란 말과 설득이라는 말을 거의 같은 의미로 사용하고 있다.

이처럼 커뮤니케이션 현상에 대한 정의는 그 현상을 어떤 관점에서 보느냐에 따라서 서로 다르게 나타나고 있는데, 그것은 "커뮤니케이션" 이라는 것 자체가 본래 매우 복잡한 현상이므로 그에 대한 견해와 정의들이 다양한 것이 당연할 것이다. 따라서 커뮤니케이션을 이해하기 위해서는 위에서 제시한 세 가지 관점들을 종합하여 포괄적으로 볼 때 커뮤니케이션의 의미를 파악할 수 있을 것이다. 그런 의미에서 커뮤니케이션이란 인간들이 서로 정보와 메시지를 전달하고 수신(구조적 관점)해서 공통된 의미를 수립(기능적 관점)하며, 나아가서는 서로의 행동에 변화를 유발(의도적 관점)시키는 모든 과정을 의미한다.

위에서 제시한 커뮤니케이션의 정의처럼 프레젠테이션도 프레젠터가 청중에게 정보와 메시지를 전달하고 공통된 의미를 수립하며, 나아가서는 청중의 행동에 변화를 유발시키는 모든 과정을 의미한다고 할 수 있을 것이다. 즉 프레젠테이션이란 청중의 존재를 전제로 그들에게 알리고 싶은 것이나 그들이 알고 싶어 하는 것을 알기 쉬운 형태로 제공하여 청중의 행동을 변화시키고자 하는 활동이라 할 수 있다.

2. 왜 프레젠테이션을 하는가?

가. 개인을 위한 프레젠테이션

당신의 주위에 어떤 영화를 보는 대신에 항상 다른 영화를 보자고 당신을 설득할 수 있는 친구가 있습니까? 또는 주위에 조언을 구할 만한 사람들이 있습니까? 그런 친구가 있다면 아마 그 사람은 효과적인 오럴 프레젠테이션 스킬을 가지고 있는 사람일 것이다. 여기에서 당신은 프레젠테이션 스킬을 학습함으로써 다른 사람과의 상호작용과 관계를 향상시킬 수 있을 것이다.

종종 커뮤니케이션이 능숙한 사람들은 사회의 가치나 믿음을 이해하는데 가이드로써의 대중문화로 간주된다. 대중문화는 우리들에게 무엇을 말해주고 있을까? 텔레비전 시트콤, 토크쇼, 개그프로그램, 영화, 책 등을 생각해보라. 여기에서는 사람들 사이의 미스커뮤니케이션에 근거를 두고 있다. 미국의 토크쇼 프로그램인 '오프라 윈프리 쇼' 를 보면 종종 미스커뮤니케이션으로 인해 고통을 경험한 사람들이라든지, 커뮤니케이션을 통해 개인관계를 개선한 사람들을 게스트로 초청하여 방송을 진행하는 경우도 있다. 대중문화 속에서 흔히 사용되는 미스커뮤니케이션은 효과적인 오럴 프레젠테이션 스킬의 개발이 왜 중요한지를 보여주고 있는 것이다.

나. 학교에서의 프레젠테이션

당신이 학습한 프레젠테이션 스킬은 당신의 학교생활에 이점으로 작용할 것이다. 대학에서 진행되는 많은 수업이 학생들의 프레젠테이션을 통해 진행된다. 프레젠테이션을 피해서는 원만한 대학생활을 할 수 없다고 해도 과언은 아니다. 특히 이러한 경향은 21C 이후 특히 두드러지는 경향이라 할 수 있을 것이며, 대학생들에게 있어 효과적인 오럴 프레젠테이션 스킬은 매우 중요하다 할 것이다.

특히 미국의 경우에 있어 이러한 경향은 대학 수업에서 뿐만 아니라 국가차원의 표준화된 평가 준거를 개발하여 얼마나 프레젠터가 효과적이었는지를 측정하고 있다. 즉, 이러한 오럴 프레젠테이션은 대학의 모든 프로그램에서 요구하고 있는 강좌이며, 학사학위를 취득하기 위해서는 없어서는 안 될 요소로 작용하고 있다.

다. 직업 속에서의 프레젠테이션

마지막으로, 효과적인 오럴 프레젠테이션 스킬은 당신이 선택한 직업이 무엇이든 간에 성공적인 직장생활을 하는데 도움을 줄 것이다. 미국의 'Job Outlook 2004'의 보고서에 따르면 신입사원을 뽑을 때 우선적으로 고려해야 할 사항으로 다음의 10가지를 선정하였다.

▌ 주요 10가지 스킬

1. **커뮤니케이션 스킬**	2. **정직성, 통합성**
3. **대인관계 스킬**	4. **동기부여**
5. **강한 직업윤리**	6. **팀워크 스킬**
7. **분석 스킬**	8. **유연성, 적용성**
9. **컴퓨터 스킬**	10. **꼼꼼함**

위의 주요 스킬에서 제시된 바와 같이 제일 우선적으로 고려하는 사항으로 커뮤니케이션 스킬이 조사되었음을 확인 할 수 있다. 또한 오늘날 기업에서 신입사원을 채용할 때 프레젠테이션 능력을 측정하는 것처럼 프레젠테이션 스킬이 필요조건이 아니라 충분조건으로 즉, 직업기초능력으로써 자리 잡았다고 해도 과언은 아니다. 따라서 성공적인 직장생활을 위해서 프레젠테이션 스킬은 매우 중요하다 할 수 있을 것이다.

3. 프레젠테이션의 구성요소

프레젠테이션의 핵심구성은 What(무엇, 주제), Why(왜, 이유), How(어떻게, 방법)라고 할 수 있다.

주제가 없다면 프레젠테이션도 없는 것이다. 청중입장에서 가장 짜증나는 프레젠테이션은 도대체 뭘 말하고자 하는지를 알 수 없는 프레젠테이션일 것이다. 또한 이유가 분명하지 않으면 청중은 프레젠터가 말하는 주제에 동조하지 않을 것이다.

이유는 곧 사람들을 움직일 수 있는 힘을 의미한다. 방법은 말 그대로 구체적인 방법을 가르쳐 주는 것이다. 방법이 없을 경우 그 이유를 이해해서 주제를 실천하고 싶어도 못 하는 경우가 생기게 된다.

따라서 프레젠테이션을 준비하는 사람은 주제, 이유, 방법의 3각 구도를 늘 잊어서는 안 된다. 예를 들어, 신상품을 소개하는 프레젠테이션이라 할 때 신상품을 설명하고 보여주는 것이 주제이고, 신상품을 통해 소비자가 누릴 수 있는 혜택이 이유이며, 신상품의 구매방법, 사용방법에 대한 설명이 방법이 되는 것이다.

또한 프레젠테이션의 구성요소를 다른 각도에서 알아보면, 다음과 같다.

▌ 바람직한 프레젠테이션의 구성요소와 내용

구분		내용
컨텐츠	스토리라인	- 키 메시지가 명확할 것. - 주장에 대한 근거가 있을 것(논리성). - 이해하기 쉽도록 전개될 것.
	비주얼에이드	- 메시지가 눈에 잘 들어오도록 할 것. - 청중의 이해를 돕도록 할 것. - 포인트가 인상에 남도록 할 것.
실행(Delivery)		- 상대의 관심, 이해도에 맞추어 설명할 것. - 주제를 중심으로 논의가 활발해지도록 할 것. - 이후의 논의의 동기가 되도록 할 것.

위에서 제시된 바와 같이 컨텐츠는 두 가지 요소로 나뉜다. 첫째는 자신의 주장을 납득시키기 위해 논리를 세우고 스토리를 만드는 것이다. 둘째는 스토리를 확실하게 이해시키기 위해 한 장, 한 장의 자료를 알기 쉽게 만들어 가는 것, 곧 비주얼(시각적 요소)이다. 컨텐츠를 작성하는 데에는 이 두 가지 요소가 매우 중요하다.

스토리를 만들 때 중요한 것은 상대에게 전달할 '메시지'를 명확히 한 뒤, 이 메시지를 증명하는 것이다. 이 때 논리성을 갖고 상대가 중요시하는 부분에 초점을 맞추면서 상대가 이해하기 쉽도록 이야기를 전개해 가야 한다.

비주얼은 기본적으로 말하고 싶은 것을 확실하게 전달하기 위한 보조적인 도구이다. 그 차트에서 전달하고자 하는 사실을 잘 전달하기 위해 데이터를 그래프로 만들거나 개념적인 그림을 덧붙이거나 만화를 넣는다. 그러나 한 장, 한 장의 비주얼 자료는 전체적으로 하나의 메시지를 전달하는데 도움이 되어야 하므로 이들 자료를 통해 포인트가 상대의 머릿속에 선명하게 남도록 연구해야 한다.

실행은 대부분 시간제한이 있다. 따라서 일정 시간 내에 컨텐츠를 완전히 이해시키고 메시지를 정확하게 전달하는 게 중요하다. 그러나 모든 자료가 생각처럼 쉽게 이해되기는 어려우므로 청중의 이해 정도를 살펴본 후 프레젠테이션에 임해야 한다. 위에서 제시한 세 가지 요소들에 주의를 기울이면서 실천할 시에 설득력 있는 프레젠테이션이 실행될 수 있다.

기본적으로 프레젠터가 특정 목표 청중을 대상으로 정보 제공이나 설득을 위해 메시지를 전달하는 과정으로 이뤄지는데 이때, 청중은 프레젠터가 보내온 언어적·비언어적 메시지에 대해 다시 언어적·비언어적 반응을 하게 되고, 이러한 반응은 프레젠터에게 피드백 되어 프레젠터는 이러한 피드백을 바탕으로 메시지를 수정해 보내게 된다. 이러한 과정 중에 잡음이 부정적인 영향을 주어 효과적인 프레젠테이션을 방해하게 된다.

따라서 커뮤니케이션 차원에서 볼 때, 성공적인 프레젠테이션은 프레젠터가 준비한 메시지가 잡음의 영향을 받지 않고 채널을 통해 청중에게 잘 전달됨으로써 프레젠터와 청중 간의 공감대가 최대한 넓게 형성된 상태라 할 수 있다. 청중과의 공감대를 넓히기 위해서는 청중의 관심을 이끌고, 논리적으로 납득할 수 있는 메시지를 개발하며, 이를 가장 효율적인 채널을 통해 전달해야 한다.

프레젠테이션에 필요한 구성요소들은 정보원(프레젠터), 메시지, 매체(채널), 수용자(청중) 등이었으며, 그 외로 잡음, 효과, 피드백 등이 있다. 또한 전통적 커뮤니케이션 모형과 프레젠테이션 모형에서 제시하고 있는 구성요소에서는 많은 차이를 보이고 있는데, 전통적 커뮤니케이션에서는 커뮤니케이션 상황을 구성하는 모든 요소들이 반영되었다면 프레젠테이션 모형에서는 프레젠터가 청중에게 메시지를 전달하는 기본 상황에서 출발하기 때문에 전달하고자 하는 '메시지'와 어떻게 전달할까에 관한 '매체' 에 초점을 두고 설명하고 있다. 또한 전통적 커뮤니케이션 모형에서 구조적 관점하의 여러 모형들은 전달자가 전달하고자 하는 내용을 어떻게 부호화하고 수용자가 어떻게 해독하는지에 많은 비중을 두고 있음을 확인할 수 있다.

프레젠테이션의 구성 요소들 중에서 정보원(프레젠터), 메시지, 매체(채널), 수용자(청중), 효과, 피드백 등에 대해 좀 더 자세히 제시하면 아래와 같다.

1) 프레젠터

첫 번째 구성요소인 프레젠터는 프레젠테이션의 행위자를 뜻한다. 이는 한 개인일 수도 있고, 또는 집단·기관일 수도 있는데, 그 나름대로의 의도와 속성을 갖고 있다. 여기서 의도란 프레젠테이션을 하는 목적을 의미하며, 속성이란 프레젠터 자신이 가지고 있는 태도·지식·커뮤니케이션 기술·공신력 등으로서, 이들도 프레젠테이션 효과에 영향을 미치는 요인이 되고 있다.

2) 메시지

두 번째 구성요소인 메시지(message)는 프레젠터가 자기의 목적을 달성하기 위하여 고안한 내용과 기호들 또는 자극들의 집합이라 할 수 있다. 여기서 기호란 어떤 객관적 사물·사상·상황을 대신하는 언어·그림·도식 등을 의미하는 것으로써, 이는 프레젠터가 머릿속에 가지고 있는 생각 그 자체와는 구별된다. 즉, 메시지란 프레젠터의 머릿속에 있는 생각이 기호로 바뀌어져, 겉으로 표출된 상태를 의미한다. 이러한 메시지는 내용과 기호 및 처리로 구성되어 있다고 볼 수 있다.

3) 매체

세 번째 구성요소인 매체는 메시지를 담는 용기 및 그 용기의 운반체와 회로 등을 말하는 것으로서 이것을 통하여 메시지가 청중에게 전달된다. 여기서 용기란 빔

프로젝터, OHP, 노트북, 스마트폰, 태플릿pc 등을 말하며 예를 들어 파워포인트와 같은 시청각 도구로 제작해, 빔 프로젝트, 노트북, 스마트폰, 태플릿pc 와 같은 매체를 통해 전달하는 과정으로 이뤄진다. 그런데 매체에는 잡음이 끼어들어 메시지의 전달을 방해하는 경우가 많다.

4) 청중

네 번째 구성요소인 청중은 프레젠터가 보내는 메시지를 받게 되는 한 개인이나 집단을 말한다. 그런데 이때 청중은 프레젠터의 메시지뿐 아니라, 프레젠터의 속성이라든가 매체 속성에 의한 영향도 함께 받아들이게 된다. 따라서 청중이 메시지를 받고 그것에 대해 반응을 보이게 되는 메시지 하나 만에 대한 반응이라기보다는 그가 지각한 모든 복합적 자극에 대한 반응이라고 보아야 하겠다. 또한 청중은 그러한 자극을 받고 무조건 반사적으로 반응을 보이는 것이 아니라, 복잡한 심리적 과정을 거치면서 청중의 내부에 존재하는 여러 선유요인들과 외적환경의 영향 또는 지배도 받아, 그 효과로서 반응을 나타내게 된다.

5) 효과

다섯 번째 구성요소인 효과란 청중이 커뮤니케이션 자극을 받고 나타내는 반응들 중에서, 특히 프레젠터가 바라고 있는 반응을 뜻한다. 청중은 프레젠터의 자극을 받고 프레젠터가 바라는 대로만 반응하지는 않는다. 때로는 프레젠터의 의도와는 상반된 반응을 보일 수도 있다. 따라서 프레젠터가 바라고 있는 반응 즉, 효과를 얻는 것은 쉬운 일이 아니며 그것이 쉬운 일이 아니기 때문에 커뮤니케이션에 대한 지속적인 연구가 요구된다.

6) 피드백

마지막 구성요소인 피드백은 프레젠터에게 되돌아오는 청중의 반응이라 풀이 할 수 있겠는데 구체적으로 말해서 프레젠터가 수용자의 반응을 보고 자기의 의도와 비교·평가해서 차이가 있을 때 커뮤니케이션 자극을 수정·보완해서 되돌리는 것을 말한다. 이러한 피드백 작용이 없다면 커뮤니케이션은 직선적·일방적인 체계가 되겠으나, 이것이 있기 때문에 하나의 연속적이고 순환적인 과정이 되며, 그 결과로 프레젠터와 청중간의 상호작용이 가능하다.

Ⅱ 프레젠테이션의 여러 가지 형태와 절차

사람이 일생에 걸쳐 경험하는 프레젠테이션은 다양하다. 프레젠테이션이 이루어지는 형태에 따라서, 프레젠테이션에 참여하는 청중의 규모에 의해서, 프레젠테이션을 실시하는 목적에 따라서, 프레젠테이션의 성격에 따라서 유형이 다양하다. 따라서 프레젠터는 자신이 실시하는 프레젠테이션이 어떤 유형인지를 정확하게 파악함으로써 좀 더 좋은 결과를 얻을 수 있을 것이다.

프레젠테이션은 어떻게 준비해야 할까? 즉 프레젠테이션의 과정이 어떤 절차로 진행되는지 이해해야 할 필요가 있다. 즉석에서 실시하는 프레젠테이션을 제외하고는 보다 효과적인 프레젠테이션이 이루어지려면 계획적인 절차에 따라 진행되어야 할 것이다. 여기에서는 프레젠테이션의 이해를 위해 프레젠테이션의 유형을 어떻게 분류하는지와 그리고 어떤 과정을 거쳐 프레젠테이션이 진행되는지를 살펴보고자 한다.

1. 프레젠테이션의 유형

프레젠테이션은 매우 다양한 형태로 실시되고 있다. 예를 들어 프레젠터가 학생인 경우에는 프레젠테이션의 유형을 수업중의 발표, 소규모 그룹 발표, 학생대표로서의 발표, 선거 및 모임에서의 발표, 잡 인터뷰 등의 발표로 구분하기도 한다. 이러한 다양한 프레젠테이션은 다음과 같이 형태, 성격, 규모, 목적에 따라 분류할 수 있다

.

가. 형태에 의한 분류

일반적으로 가장 많이 알려진 프레젠테이션의 형태는 광고 프레젠테이션이라고 할 수 있다. 광고회사가 특정 제품이나 브랜드의 광고 기획을 광고주에게 프레젠테이션 하는 것이다. 광고 프레젠테이션에는 새로운 광고주의 광고를 수주하기 위해 여러 광고회사가 경합하는 경합 프레젠테이션이 있고 기존 광고주의 연간 광고 기획을 프레젠테이션 하는 애뉴얼(annual) 프레젠테이션 등이 있다.

최근에 관심을 끄는 프레젠테이션 형태의 하나는 IPO(Initial Public Offering)를 위한 사업 설명회이다. 사업 설명회는 투자자들에게 사업 계획을 설명해 자사 주식을 구매하도록 유도하고자 하는 것이다. 이 외에도 신제품 발표, 업무 보고, 영업 보고, 프로젝트 제안, 세미나 주제발표나 강의, 교육 및 판매촉진 행사 등 기업 내외부에서 다양한 형태의 프레젠테이션이 실시되고 있다.

나. 규모에 의한 분류

프레젠테이션에 참석하는 청중의 규모에 따라 프레젠테이션을 다음과 같이 분류할 수 있다. 1대1 프레젠테이션은 프레젠터 1명이 청중 1명을 대상으로 하는 것을 말하며, 미니 프레젠테이션은 2~5명 정도의 청중을 대상으로 하는 것을 말한다. 소

그룹 프레젠테이션은 10~20명 정도의 청중을 대상으로 하는 것이며, 대그룹 프레젠테이션은 50~100명 이상의 청중을 대상으로 하는 것을 말한다.

다. 목적에 의한 분류

프레젠테이션을 실시하는 목적에 의해 다음과 같이 분류할 수 있다. 먼저 동기부여를 위한 프레젠테이션은 청중의 특정 주제에 대한 무관심을 관심으로 전환하기 위한 것이며, 정보 제공을 위한 프레젠테이션은 청중들이 특정 주제에 대해 모르는 것을 알게 하기 위한 것이다. 설득 목적은 청중으로 하여금 특정 사안에 대해 태도를 갖게 하거나 변화시키고, 어떤 일을 하기로 결심하게 하기 위한 것이다. 즉, 행동화란 청중으로 하여금 특정 사안에 대해 태도를 갖게 하거나, 변화시키고, 어떤 일을 하기로 결심하게 하기 위한 것이다. 행동화란 청중으로 하여금 특정 행동을 취하게 하기 위한 것이다. 오락 목적은 청중에게 즐거움을 주기 위한 것이다. 대부분의 프레젠테이션은 설득이나 정보제공을 달성하기 위해 행해진다고 할 수 있다.

종종 둘은 구분이 어렵다. 설득적 프레젠테이션은 설득뿐만 아니라 정보를 알려야 한다. 같은 방법으로 많은 정보를 제공하기 위한 프레젠테이션은 간접적으로 설득한다. 만약 당신의 목적이 당신의 청중들이 자신들의 신념을 변화시키도록 설득하는 것이라면 당신의 프레젠테이션은 설득적 프레젠테이션이다. 그러나 당신의 의도가 단순히 청중이 문제를 이해하도록 일깨우는 것이라면 정보적 프레젠테이션이다. 화자의 의도가 프레젠테이션의 유형을 결정한다. 화자로서, 당신은 프레젠테이션의 두 유형은 서로 다른 접근을 요구하기 때문에 프레젠테이션을 하기 전에 이러한 결정을 해야만 한다. 다음 영역에서 이들을 좀 더 상세하게 살펴보면,

1) 정보적 프레젠테이션

정보적 프레젠테이션의 최우선의 목적은 지식을 공유하고 상호간의 이해를 형성하는 것이다. 즉, 정보적 프레젠테이션은 누가, 언제, 어디서 무엇을 등과 같은 질문

에 답함으로써 청중과 지식을 공유하는 것이다. 정보적 프레젠테이션에서 프레젠터는 사물, 사건, 사람, 과정들, 절차, 개념 등에 대한 질문에 답을 하는 선생님이라 할 수 있을 것이다.

정보적 프레젠테이션을 포함하는 모든 프레젠테이션은 목적에 그 근거를 두고 있다. 아래 그림에서 보는 바와 같이 프레젠테이션의 목적이 다양함을 알 수 있을 것이다. 정보적 프레젠테이션의 성공과 실패는 청중이 그들 자신의 삶에 전달된 내용들을 얼마나 잘 이해하고 유지하고 적용하는가에 달려있다.

정보적 프레젠테이션에서 유념해야 할 사항은 청중들의 주의집중을 획득하는 것과 이를 유지하는 것이다. 실제로 프레젠테이션 상황에서 청중들을 주의집중 하도록 하게하고 이를 유지하는 것은 매우 어려운 일이다. 청중들을 주의집중하게 함으로써 정보적 프레젠테이션의 목적을 달성할 수 있을 것이다.

▌ 프레젠테이션의 연속

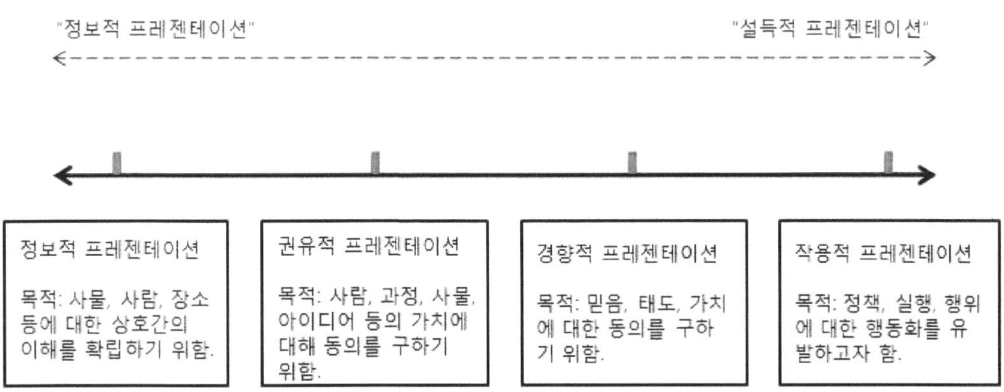

가) 정보적 프레젠테이션의 유형

정보적 프레젠테이션의 유형은 이해의 방향에 따라 구분하는 것으로써 서술적(Description), 설명적(Explanation), 논증적(Demonstration) 프레젠테이션으로 유형화할 수 있다. 좋은 프레젠테이션은 이들 3가지 유형들을 포함하고 있지만 주요 초점은 하나에 집중하게 된다. 프레젠테이션의 유형은 프레젠터가 무엇을 명확하게 하길 원하는지에 의해서 결정된다.

① 서술적 프레젠테이션: 서술적 프레젠테이션은 청중의 마음속에 명확한 그림을 그리도록 하는 것으로 표현할 수 있을 것이다. 이 유형의 프레젠테이션은 "누가", "무엇을", "어디에서" 와 같은 질문에 답을 제시해주는 형태이다.

② 설명적 프레젠테이션: 이 유형은 청중에게 명확하게 해석할 수 있도록 해주는 방법으로 "왜" 와 같은 질문이라든지, 이슈, 개념, 아이디어, 신념 등에 초점을 두고 있다.

③ 논증적 프레젠테이션: 이 유형은 절차나 과정 등을 명확하게 해 주는 방법으로 기계가 작동하는 방법, 업무가 진행되는 과정 등과 같이 "어떻게" 와 같은 질문에 답을 제공해 준다.

나) 높은 품질의 정보적 프레젠테이션의 특성들

대부분의 비즈니스 프레젠테이션은 간략하고, 명확하고, 직접적인 것을 선호한다고 제시하고 있다. 또한 비즈니스 프레젠테이션은 객관적이고, 직설적이며, 분명해야 성공적인 프레젠테이션이 될 수 있다고 제시하고 있다. 따라서 정보적 프레젠테이션이 성공적으로 진행되기 위해서는 아래의 7가지 특성들을 고려해야 할 것이다.

① 정확성(Accuracy): 실제 상황 또는 활동을 보고
② 객관성(Objectivity): 편견이나 사실에 대한 느낌보다는 상황 또는 활동의 사실을 보고
③ 완전성(Completeness): 관련된 모든 사실 보고
④ 선별성(Selectivity): 관련된 사실만을 보고
⑤ 공정성(Impartiality): 모든 또는 양면을 보고(한쪽 측면만을 보고하는데 객관적일 수 있기 때문에 객관성과 다르다.)

⑥ 해석성(Interpretation): 독자 또는 청중의 이해를 위해 필요한 배경지식을 제공
⑦ 명확성(Clarity): 독자나 청중에게 명확한 용어로 상황 또는 활동들을 설명

2) 설득적 프레젠테이션

설득이란 사람의 태도, 신념, 가치, 행위에 영향을 주는 과정이라 할 수 있으며, 설득적 프레젠테이션이란 연설이나 발표를 통해 다른 사람의 태도, 믿음, 가치, 행위 등에 영향을 주는 과정이라 할 수 있다. 많은 설득적 프레젠테이션들은 매우 비형식적이고 조직 내에서 주어진다. 주제들은 조직원들에게 새로운 재 조직화 계획을 위한 요구를 확신시키기, 회사규제에 순응하도록 설득하기, 정책 변화 또는 데드라인의 연기에 대해서 변호하기 등을 포함한다.

그 외에 설득적 프레젠테이션은 조직외부의 개인 또는 그룹에게 주어진다. 그러한 프레젠테이션은 좀 더 형식적이다. 예를 들어, 조직의 한 기술자가 다른 회사에서 방문한 기술자를 위하여 새로운 생산품에 대한 형식적 프레젠테이션을 계획하는 것이다. 많은 회사들은 또한 훌륭한 공적 이미지 또는 부정적인 것을 변화시키기 위하여 일반 대중에게 설득적인 프레젠테이션을 한다.

설득적 프레젠테이션은 프레젠터가 영향을 주고자하는 것이 무엇이냐에 따라 경향적(dispositional) 프레젠테이션과 작용적(actuational) 프레젠테이션으로 구분한다. 먼저 경향적 프레젠테이션은 청중의 믿음, 태도, 가치 등과 같은 경향성에 영향을 주기 위한 방법으로 사용되는 프레젠테이션이며, 작용적 프레젠테이션은 청중의 행동변화에 영향을 주기 위해 활용되는 프레젠테이션 방법이다.

설득적 프레젠테이션 상황 속에서 청중을 설득하는데 영향을 주는 요소로써는 아래 그림에서 보는 바와 같이 ① 메시지의 증거와 논리성, ② 프레젠터의 신뢰성, ③ 청중의 심리적 요구, ④ 청중의 의견의 4가지에 의해 주로 영향을 받는다고 제시한다.

▌ 설득에 영향을 주는 요인들

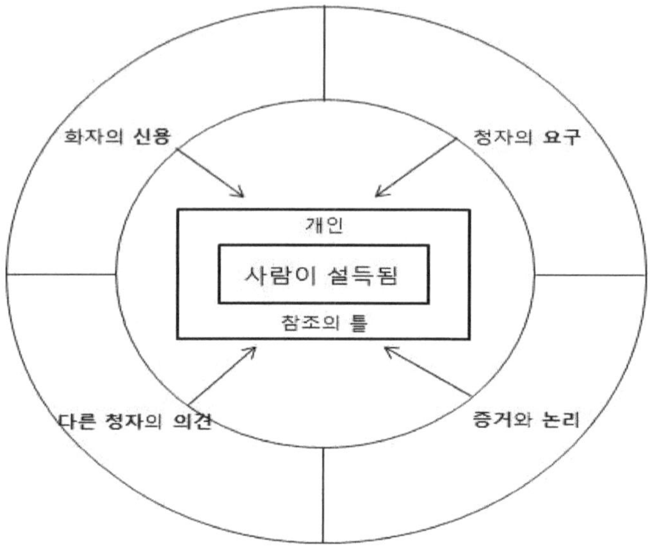

첫째로, 대부분의 사람들은 자신이 논리적인 사람이라 믿고 있으며, 프레젠테이션 상황 속에서 프레젠터가 증거와 논리성을 사용하기를 기대한다. 따라서 프레젠터는 뛰어난 논리성과 증거를 활용하여 청중을 설득하도록 해야 한다.

둘째, 설득에 영향을 주는 프레젠터의 신뢰성으로써 연구결과에 따르면 신뢰성이 높을수록 설득력이 올라간다고 한다. 이러한 신뢰성은 ① 믿음성, ② 역량, ③ 역동성, ④ 객관성을 확보함으로써 획득되어진다.

셋째, 증거와 논리성을 사용하고, 프레젠터가 신뢰성이 있다 하더라도 청중의 심리적 요구를 충족하지 못하면 설득은 실패할 수밖에 없다. 따라서 청중의 요구를 파악하는 것은 매우 중요하다. 성공적인 프레젠테이션이 되기 위해서는 프레젠터는 청중의 개인적, 직무보상의 요구가 무엇인지를 분석한 후 이런 요구와 관련된 설득적 제안을 해야 한다. 마지막으로 설득에 영향을 주는 요인인 '그 밖의 청중의 의견'은 조직이나 단체에서 주요 인사를 파악하여 이들을 설득함으로써 다른 조직원들을 설득할 수 있음을 의미한다.

가. 성격에 의한 분류

프레젠테이션은 그 성격에 따라 공식적인 것에서부터 비공식적인 것까지 분류할 수 있다. 공식적인 것은 광고 프레젠테이션이나 기관 행사에서의 브리핑과 같이 형식을 갖춰 시행되는 것으로 대개 어떠한 기관이나 조직을 위해 이뤄지는 것이다. 대부분의 프레젠테이션이 공식적인 성격을 띠지만, 보다 자유로운 분위기에서 형식에 구애받지 않고 이뤄지는 프레젠테이션이 있을 수 있다.

비형식 프레젠테이션과 형식 프레젠테이션 모두 선행 연구, 주의 깊은 계획, 적합한 조직을 필요로 하고 이러한 모든 것들이 효과적이기 위해서는 청중의 요구와 관련이 있어야 한다. 단지 비형식 프레젠테이션과 형식 프레젠테이션의 실제적인 차이는 청중의 크기와 화자의 위치에 있다. 비형식 프레젠테이션은 1~2사람을 대상으로 하는 반면에, 형식 프레젠테이션은 보통 더 큰 그룹을 대상으로 주어진다. 비형식 프레젠테이션은 보통 앉아서 하게 되고 형식 프레젠테이션은 화자가 서 있어야 할 것을 요구한다.

2. 프레젠테이션의 과정

프레젠테이션의 과정은 프레젠테이션의 유형이나 목적, 프레젠터의 특성 등에 따라 차이를 보이는 것은 당연할 것이다. 약간의 차이가 있을 수 있지만 대동소이할 것이다. 프레젠테이션의 과정과 관련하여 다양한 과정들이 제시되었는데 이들 각각을 살펴보면 다음과 같다.

가. 최환진과 유종숙의 프레젠테이션 과정

프레젠테이션의 과정은 크게 프레젠테이션 계획, 프레젠테이션 제작, 프레젠테이션 실시 등 3단계로 구분하고 있다. 첫 단계는 프레젠테이션 계획으로 청중 분석과 목표 설정 등 전략을 수립하고 메시지를 구성한다. 그리고 이러한 메시지를 효과적으로 전달할 시청각 계획을 수립한다. 다음으로 프레젠테이션 준비를 하는데 여기에는 슬라이드 디자인 제작과 프레젠테이션 편성이 포함된다. 마지막으로 프레젠테이션 실시를 하는데 여기에는 프레젠테이션 실행과 프레젠터의 전달, 후속 조치 등이 포함된다.

1) 프레젠테이션의 계획

프레젠테이션 계획은 전략을 명확히 수립하고, 그러한 전략 아래에서 메시지를 구성하며, 그러한 메시지를 효과적으로 전달할 수 있는 시청각 매체를 결정하는 것을 말한다.

가) 전략

프레젠테이션 전략은 청중을 분석해 청중이 처한 상황이 어떠하고 원하는 것이 무엇인지를 명확히 하는 데서 비롯된다. 이러한 청중 분석을 바탕으로 프레젠테이션을 통해 달성하고자 하는 목표를 명확히 설정하고 이러한 목표 달성을 위한 프레젠테이션을 어떻게 전개할 것인지 하는 전략 방향을 결정한다.

나) 메시지

앞서 결정한 전략 방향에 따라 메시지의 주제를 명확히 정하고, 이러한 주제를 효과적으로 제시하기 위한 메시지를 구성한다. 먼저 전달한 메시지의 요점을 정하고 흥미를 끌 수 있는 시작 메시지와 강력한 인상을 남길 수 있는 종결 메시지를 정해 원고를 작성한다. 이때 청중을 설득할 수 있는 논리를 개발해야 함은 물론 청중을 감동시킬 수 있는 방법도 강구해야 하며, 핵심 메시지를 청중에게 기억시킬 수 있는 방안도 고려해야 한다.

다) 시청각 매체

앞서 구성한 메시지를 효과적으로 전달할 수 있는 시청각 매체의 사용 계획을 세운다. 어떠한 형태의 시청각 매체를 사용할 것인지, 이러한 시청각 매체를 기능별로 어떻게 사용할 것인지를 결정한다. 예를 들어, 광고 프레젠테이션의 경우 전략을 제시할 때는 파워포인트로 제작한 메시지를 빔 프로젝터를 통해 보여주고, TV광고 표현은 VTR로 보여주고, 인쇄 공고 표현 안은 시안을 하드보드에 붙여 보여주는 등의 방법을 생각할 수 있을 것이다.

2) 프레젠테이션의 준비

프레젠테이션 준비 단계에서는 시청각 도구를 통해 전하고자 하는 메시지를 슬라이드로 디자인해 제작하는 작업과 프레젠테이션을 편성하는 작업을 동시에 진행한다.

가) 슬라이드 디자인/제작

시청각 도구를 통해 구성한 메시지를 전달하기 위해서는 슬라이드 디자인과 제작 과정을 거쳐야 한다. 메시지를 도해화(圖解化)하는 작업에서 시작해, 화면이나 글자의 색, 크기, 레이아웃까지의 슬라이드 디자인 작업을 통해, 메시지를 효과적으로 전달할 수 있으면서도 세련되고 감각적인 느낌을 줄 수 있도록 디자인의 완성도를 높여야 한다.

나) 프레젠테이션의 편성

프레젠테이션 편성이란 프레젠테이션 실행을 위한 제반 여건을 준비하는 것을 말한다. 즉, 각 프레젠터 간의 역할 분담을 결정하고 프레젠테이션 현장에서 각 팀원의 임무를 정한다. 현장에서 청중의 좌석 배치 및 프레젠터와 시청각 도구의 위치를 결정한다. 리허설을 실시하고 시청각 도구 등이 제대로 작동하는지 최종 점검한다. 아울러 프레젠테이션에서 배포할 문서를 준비해야 할 것이다.

3) 프레젠테이션 실시

프레젠테이션 실시 단계에서 프레젠터는 자신의 목소리와 바디랭귀지를 통해 메시지를 전달한다. 이때 첫 인상을 좋게 하고, 청중과 상호작용을 활성화해 효과를 높일 수 있도록 한다. 질의응답도 프레젠테이션 실시단계에서 고려해야 할 중요한 부분이다.

가) 프레젠테이션의 실행

프레젠테이션은 프레젠터의 개인 스타일에 맞게 실행되어야 한다. 프레젠터는 명확한 자아 이미지를 살리고 표현해야 한다. 프레젠터는 시청각 도구를 잘 활용하면서 청중과 눈 맞춤을 통해 상호작용을 해야 한다.

나) 프레젠터의 메시지 전달

프레젠터는 목소리와 바디랭귀지를 통해 메시지를 전달한다. 프레젠터의 바디랭귀지는 프레젠터에 대한 신뢰와 호감을 좌우하는 중요한 요소로써 메시지 전달에도 큰 영향을 준다. 이때 긴장을 해소해 평정심 속에서 자신 있게 메시지를 전달하는 것이 매우 중요하다.

다) 질의응답

프레젠테이션 동안 질문을 받고 답변을 한다. 이때, 질문에는 청중의 프레젠테이션 내용에 대한 반응이 나타나므로 이를 잘 파악하고 대응해야 한다. 특히 프레젠터의 답변은 프레젠테이션 전반에 대한 인상을 남기게 되므로 마무리를 잘 해야 한다. 궁극적으로 대부분의 비즈니스 프레젠테이션에서는 청중의 주관적인 평가가 이루어지므로 어떻게 좋은 평가를 받아서 소기의 성과를 거둘 것인지 까지 생각해야 한다.

나. Zelazny의 프레젠테이션 과정

Zelazny는 성공적인 비즈니스 프레젠테이션을 위해서는 3단계의 절차, 즉, 첫 번째 단계는 '상황의 정의' 이고, 두 번째 단계는 '프레젠테이션 계획' 이며, 세 번째 단계는 '프레젠테이션의 실행' 을 제안하였다.

먼저 '상황의 정의' 에서는 비즈니스 현장에서 청중의 행동을 원하는 방향으로 유도하기 위해 무엇을 해야 하는지 점검하는 단계이다. 여기에서는 왜 이 프레젠테이션을 준비하였는가?, 이를 통해 달성하고자 하는 바는 무엇인가?, 이 프레젠테이션에 참석하는 청중들 중에 결정권자가 누구인가?, 청중들로부터 예상되는 어려운 질문은 무엇인가?, 효과적으로 메시지를 전달하기 위해 어떤 매체를 활용해야 하는가? 등의 질문들을 통해 방향을 설정한다. 이를 위해서 다음과 같은 4가지 사항들을 제안하였다.

① 프레젠테이션의 목표를 구체화 하라.
② 청중을 분석하라.
③ 시간을 확인하라.
④ 매체를 선택하라.

다음으로 '프레젠테이션은 계획' 은 청중들에게 전달하고자 하는 메시지를 정의하고 작성하는 단계이다. 여기에서는 청중의 문제에 답을 하기 위해 메시지를 확정하고 확정된 메시지에 대해 어떻게 논리적으로 전개하기 위해 줄거리를 구성하며, 효과적으로 메시지를 전달하기 위한 방법들을 어떻게 활용할 것인지에 대해 실용적인 차원에서 다음과 같은 8가지 사항을 제시하였다.

① 메시지를 확정하라.
② 줄거리를 구성하라.
③ 서론을 작성하라.
④ 결말을 계획하라.
⑤ 비주얼을 활용하라.
⑥ 그래프를 도안하라.
⑦ 문자 비주얼을 고안하라.
⑧ 스토리보드를 이용하라.

마지막으로 '프레젠테이션의 실행'은 청중에게 전달하고자 하는 메시지가 작성된 이후부터 청중 앞에서 실행하는 과정을 포함하는 단계이다. 이 단계에서 중요한 것은 프레젠터가 자신감·확신·열정을 가지고 프레젠테이션에 임하는 것이다. 청중들은 프레젠테이션을 주도하는 프레젠터에게서 자신감, 열정, 확신을 확인하려 하기 때문에 이것들이 표출될 때 청중들은 프레젠터의 메시지에 집중하고 프레젠터의 이야기에 따라갈 것이다. 이를 실천하기 위해서 다음과 같은 7가지 사항들을 제시하였다.

① 자신감·확신·열정을 투사하라.
② 연습하라.(결점을 찾아서)
③ 시설과 장비를 설치하라.
④ 전달의 기술을 이용하라.
⑤ 질문에 답하는 것을 두려워하지 마라.
⑥ 유머는 진지하게 사용하라.
⑦ 침묵에 귀를 기울여라.

CHAPTER 2

프레젠테이션의 스킬

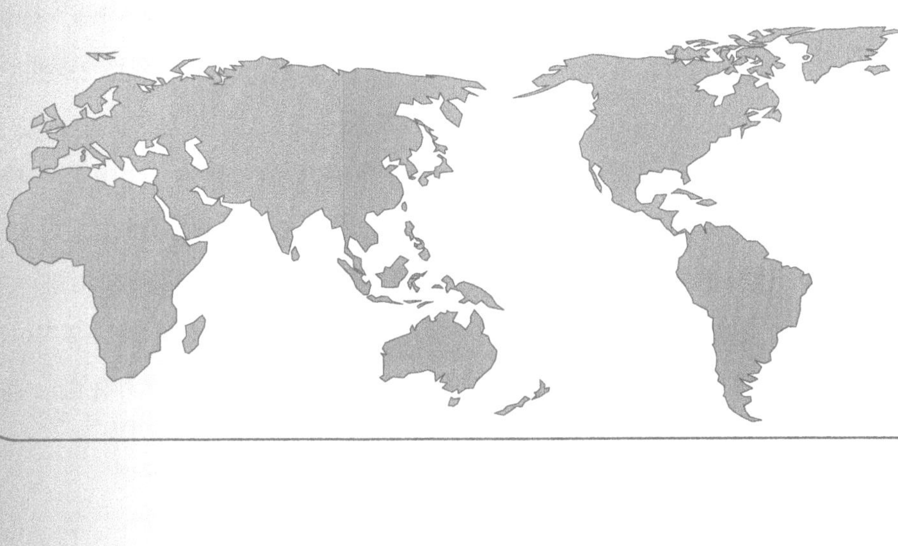

02

프레젠테이션의 스킬

I 프레젠테이션하기

1. 연습하기

최근 그 어느 때보다 소통이 중요하게 여겨지는 요즘. 프레젠테이션은 소통의 방법 중 하나로 그 중요성이 부각되고 있다.

프레젠테이션하면 떠오르는 사람은? 최근 젊은이들의 워너비 CEO인 화제의 인물, 스티브 잡스일 것이다. 그의 프레젠테이션은 많은 청중을 사로잡는 매력이 있다. 사실 청바지에 티셔츠 차림으로 슬라이드에는 사진밖에 없는 허술한 구성에 불과하다. 그런데 어떻게 그의 프레젠테이션은 많은 사람들로 하여금 관심을 가지게 하는 걸까?

첫째, 스티브 잡스의 프레젠테이션의 주재료는 열정이라 할 수 있다. 신제품을 소개하는 스티브 잡스의 프레젠테이션을 본 적이 있다면 그의 열정도 느꼈을 것이다. 그의 목소리, 표정, 제스처 하나하나에서 제품에 대한 자부심이 드러나 있다. 프레젠테이션을 잘 하는 사람들을 보면 눈빛이 살아있다고 한다.

무대에서 공연을 하는데 아무런 감정을 싣지 않고 뻣뻣하게 노래만 한다거나 국어책 읽듯이 대사를 읊는다면 어떨까? 프레젠테이션이라는 것은 자신이 품은 뜻을 다른 이들에게 전달하는 일종의 퍼포먼스로 볼 수 있다. 사람의 마음을 움직이는 것은 결국 마음이다. 어쩔 수 없이 하는 프레젠테이션은 청중도 같은 마음으로 들어야 할 뿐이다. 주어진 시간에 감사하는 마음으로 프레젠터로서 열정을 보이면 청중도 최선을 다해 귀 기울여 줄 것이다.

둘째, 프레젠테이션의 양념은 슬라이드(PPT)이다. 스티브 잡스가 슬라이드로 우리나라에서 프레젠테이션을 하게 된다면 어떨까? 상당수의 사람들이 어색해 할 것이다. 스티브 잡스의 슬라이드의 특징은 검은 바탕에 큼지막한 단어 하나, 이미지 하나가 덩그러니 등장을 한다. 하지만 신기하게도 필요한 순간에 필요한 만큼의 임팩트를 제공하고 있다. 텍스트가 많이 들어간 슬라이드가 잘못되었다고 할 수는 없지만 청중이 프레젠터에게 집중하기보다는 슬라이드의 텍스트를 읽느라 정신없거나 프레젠터가 슬라이드에 쫓기고 있다는 느낌을 받을 수가 있다. 슬라이드는 필요한 순간에 이야기를 보조해주는 수단으로 작용해야 효과적이다. 요즘은 슬라이드에 음악, 영상, 그림 등 멀티미디어 자료를 삽입하는 일이 쉬워졌다. 자신의 이야기를 리듬있게 보조해줄 슬라이드를 만들어보는 노력이 요구된다.

셋째, 프레젠테이션의 조리법은 소통이다. 프레젠테이션을 위해 앞에만 나가면 굳어버리는 사람들이 많다. 남들 앞에서 무언가를 발표해야한다는 것은 쉬운 일이 절대 아니다. 그렇지만 프레젠터는 그 분위기를 깨고 청중과 소통하려는 노력을 해야 한다. 너무 긴장한 나머지 슬라이드 설명만 하고 프레젠테이션을 마쳤다면? Oh no~ 청중들은 프레젠터를 기억하지 못할 것이다.

프레젠테이션에서 필요한 것은 과도한 오버 액션이 아니라 담백한 소통이다. 스티브 잡스는 프레젠테이션을 할 때 무대 위를 거닐면서 자유로운 분위기를 유도한다. 또한 청중들의 눈을 바라보며 아이컨택을 하기도 한다. 프레젠테이션이라는 타이틀과 압박 때문에 이것 역시 커뮤니케이션, 즉 소통의 일환이라는 것을 잊어서는 안 된다. 나의 이야기를 전달하는 데만 그치지 않고 청중의 반응과 마음을 이끌어 내는 것이 진정 소통하는 프레젠테이션인 것이다.

참고하세요 !

2011년 7월 6일 남아프리카 더반에서 열린 국제올림픽위원회(IOC) 총회에서 2018년 동계올림픽 개최지로 우리나라 평창이 유치되었다. 2번의 실패를 경험으로 도전하여 다른 후보도시와의 표 차이를 벌리며 유치에 성공을 하게 되었다. 유치성공 요인들이 많이 있지만, 프레젠테이션의 중요성에 대한 요인을 빼 놓을 수가 없다.

조양호 2018 평창동계올림픽유치위원장의 인터뷰에서 밝힌 올림픽 위원회 위원들에게 했던 프레젠테이션의 내용을 소개하면,

조 위원장은 평소 나서는 성격이 아니다. 스스로 '무대 울렁증' 이 있다고 밝히기도 했다. 그런 그가 이번 유치 프레젠테이션에서 화려하게 변신(?)했다. 유려한 영어로 평창의 유치 당위성을 정중하면서도 호소력 있게 전달했다는 평이다. '무대 울렁증' 을 극복한 배경에는 "제가 평소 스피치를 많이 안 했습니다. 처음 프레젠테이션 무대에 올라가니 아무것도 안 보이고 외운 것도 기억이 안 납디다. 그래도 내가 프레젠테이션를 못해서 떨어졌다는 소리를 들으면 안 되겠다는 생각으로 전문가를 수소문해서 영국을 수차례 오가며 훈련을 했습니다. 한국에 있을 때는 나승연 대변인과 함께 연습하고요. 명연설집인 '링컨처럼 서서 처칠처럼 말하라' 는 책도 구입해서 연습하고, 오바마, 케네디, 마틴 루터 킹 등 명 연설가들의 연설을 들으며 스피치 훈련을 했죠." 그렇게 피나는 훈련을 하는 동안 '에피소드' 라면 "딸 같은 선생님에게 야단맞으면서 열심히 했죠. 그래도 공부할 때는 '사제지간' 의 예의를 갖추며 지시를 따랐습니다. 영국 강사를 인천으로 초빙해 수업받던 날이 연평도 포격 사건이 터진 날이어서 잊히지가 않네요."

훌륭한 프레젠테이션을 위해서는 스피치(Speech)가 우선 되어야 한다. 스피치와 프레젠테이션은 어떤 차이가 있을까? 스피치는 귀, 프레젠테이션은 눈이라 할 수 있다. 즉, 스피치는 목소리, 귀에 의존한다. 스피치는 Speak에서 파생된 단어이다. 당연히 말하기에 초점이 맞추어져있다. 반면에 프레젠테이션은 목소리뿐 아니라 다양한 시각자료와 더불어 사용하므로 정보처리에 있어 눈의 역할이 중요하다.

오늘날 거의 모든 프레젠테이션은 '파워포인트'(Power point)를 이용하고 있는데 파워포인트는 시각자료를 작성하는 프로그램으로서 스피치가 라디오라면 프레젠테이션은 비디오인 셈이다.

훌륭한 프레젠터가 되기 위해서는 스피치를 하는데 많은 시간을 할애해야 한다. 사람은 누구나 일상생활 속에서 스피치를 할 기회가 많게 마련이다.

대학에서 학과 또는 학부의 장을 선출하기 위해 후보자들이 같은 반 친구들 앞에서 스피치를 할 기회를 얻게 된다거나, 수업 중 레포트 발표, 또는 학교행사의 사회, 결혼식에서의 사회 등 스피치를 할 기회가 많이 있을 것이다. 스피치를 한다는 것도 결코 쉬운 일은 아니다. 많은 사람들 앞에서 이야기를 한다는 것은 프레젠테이션과 마찬가지이기 때문이다. 따라서 반복적인 연습(Practice)만이 훌륭한 프레젠터가 될 수 있는 조건이다.

▌ (스피치 연습하기) 새로운 단체법인 창립기념 식순(예)

식 순	사회자의 진행
개회	여러분 안녕하십니까? 저는 전략총무부 홍길동입니다. 바쁘신 가운데도 이렇게 많은 내빈 분들과 임원, 직원들이 참석한 가운데 한국호텔 창립기념식을 주최하게 되어 기쁘게 생각합니다. 그럼 지금부터 한국호텔 창립기념식을 시작하겠습니다.
국민의례	먼저, 식에 앞서 국민의례가 있겠습니다. 모두 단상에 있는 국기를 향해 일어서 주시기 바랍니다. 국기에 대하여 경례! 바로! 모두 자리에 앉아주시기 바랍니다.
내빈소개	이어서, 오늘 저희 한국호텔 창립기념식에 바쁘신 가운데도 참석하여 자리를 빛내주고 계신 내빈 한분 한분을 소개해 드리겠습니다. 소개할 때마다 힘찬 박수로 환영해 주시기 바랍니다.
인사말씀	다음은 한국호텔의 대표이사로 선임되신 000대표이사께서 인사말씀을 해주시겠습니다.
추진경과보고	다음은 당 호텔 기획본부장 000께서 오늘 한국호텔 창립에 관한 그동안의 추진경과 보고를 하시겠습니다.

축사	오늘 저희 한국호텔 창립을 축하해주시기 위해 참석해주신 한국호텔협회장이신 000님의 축사가 있겠습니다.
격려사	이어서, 서울지역호텔협회장님이신 000님의 격려사가 있겠습니다.
선서	여러분! 오늘 저희 한국호텔이 창립하였습니다. 창립에 즈음하여 한국호텔 임원 및 직원 일동은 다음과 같은 선서를 통해 나라와 지역사회, 고객들을 정성을 다해 보실 것을 다짐하고자 합니다. 임원, 직원 일동은 일어나 주시기 바랍니다. 선서는 당 호텔 객실부 000 직원이 선창을 하면 오른 손을 들어 함께 힘찬 목소리로 따라해 주시기 바랍니다.
폐회	저희 한국호텔은 임원, 직원 선서에서 밝혔듯이 최고의 서비스를 창출하는 호텔로 성장할 것입니다. 이것으로 한국호텔 창립기념식을 마치도록 하겠습니다. 감사합니다.

▌ (스피치 연습하기) 결혼식 진행 순서(예)

식 순	사회자 진행
개회 선언 및 양가 어머님 촛불점화	먼저, 화창한 날씨에 좋은 기일을 택하여 결혼식을 올리게 된 신랑 김잘난군과 신부 조이쁜양의 결혼식을 축하해주시기 위하여 참석해주신 내빈분들과 친지, 가족, 친구 및 직장 동료분들께 사회자로서 감사의 인사를 드립니다. 저는 오늘 사회를 맡게 된 신랑 친구 000입니다. 특히 오늘 결혼식에 주례사를 해 주실 분은 신랑이 졸업한 대학 은사님입니다. 은사님을 모시고 식을 거행하겠습니다. 훌륭한 결혼식이 될 수 있도록 모두 정숙하여 주시면 감사하겠습니다. 식에 앞서 양가 어머님들께서 입장하셔서 단상 앞의 촛불 점화를 해주시겠습니다.
신랑, 신부 입장	그럼 오늘의 주인공들인 신랑신부 입장이 있겠습니다. 입장할 때 큰 박수로 맞이해주시기 바랍니다. 먼저 신랑입장!, 이어서 신부입장이 있겠습니다. 신부입장!
신랑, 신부 맞절	다음은 신랑 신부 맞절이 있겠습니다.

혼인서약 및 성혼선언문 낭독	다음은 주례선생님께서 신랑 신부에게 혼인서약을 받고 이어서 성혼선언문을 낭독해주시겠습니다.
주례사	조금 전 주례선생님으로부터 성혼선언문을 낭독해주셨으므로 이제 신랑신부는 주례선생님과 많은 하객분들이 증인이 되어주셔서 정식 부부가 되었습니다. 이에 주례선생님께서 주례사를 해주시겠습니다. 오늘 주례선생님은 신랑 김잘난군의 대학은사님이며 사회적으로 훌륭한 분이신 000교수님입니다. 새 출발을 하는 신랑신부에게 삶에 귀감이 될 좋은 말씀을 지금부터 듣도록 하겠습니다.
축하 행사	000주례님으로부터 귀한 말씀을 들었습니다. 다시 한번 감사의 박수를 부탁드립니다. 이어서, 오늘 결혼식을 축하하기 위해 신랑 신부 친구들이 합창으로 축가를 준비했습니다. 힘찬 박수로 축가를 청하겠습니다.
신랑 신부 행진	다음은 신랑 신부가 부부로서 힘찬 출발을 하기위한 행진을 하겠습니다. 박수로서 힘찬 출발을 격려해주시기 바랍니다. 신랑신부 행진!!
폐회 선언	이것으로 000교수님과 많은 하객여러분을 모시고 진행한 신랑, 신부의 결혼식을 모두 마치겠습니다. 감사합니다.

프레젠테이션을 앞두고 바쁜 일들이 아무리 많다 해도 연습 스케줄만은 우선적으로 잡아 두어야 한다. 절대 생략해서는 안 된다. 많은 청중 앞에 서거나 중요한 고객 앞에서는 누구나 긴장하게 된다. 익숙해지면 긴장도 쾌감으로 바뀔 수 있지만, 긴장을 하게 되면 청중 앞에서 말해서는 안 될 속 얘기가 나와 버릴 수도 있다. 노트카드 순서가 잘못 될 수도 있다. 혹은 슬라이드를 거꾸로 비추는 일마저도 일어날 수 있다. 연습에서 기교를 부리려 해서는 안 된다. 몇 번이라도 말이 막히고, 실수를 하는 것이 연습이다. 실제 상황에서 실수하기 전에 연습에서 실수를 확인함으로써 같은 실수를 되풀이 하지 않게 되기 때문이다.

일반적으로 프레젠테이션이 연습은 원고만 가지고 하는 연습과 시청각도구를 활용한 연습, 그리고 최종 연습 등 세 단계로 실시할 수 있다. 단계별로 부족한 부분이나 수정할 부분을 체크하면서 프레젠테이션의 완성도를 높일 수 있도록 해야 한다.

가. 원고 중심의 연습

원고 중심의 연습은 초고를 소리 내어 읽으면서 프레젠테이션을 연습하는 것이다. 주로 원고 중에 어색한 단어, 긴 문자, 불명확한 표현을 발견하는데 주력한다. 새로운 예나 더 좋은 비유를 모색하기도 하고, 띄어 읽기, 잠시 멈추는 부분, 강조할 부분을 결정한다. 특히 프레젠터의 음성이나 어조, 말하는 속도, 쓸데없는 말 습관 등을 확인한다.

프레젠테이션을 할 때에는 청중이 듣기 편한 속도, 듣고 이해할 수 있는 속도로 전해야 하므로 대상과 내용에 따라 말의 속도는 달라진다. 파도의 높낮이가 다르듯이 프레젠테이션을 할 때에도 속도의 변화가 있어야 청중이 주의를 집중하기가 수월하다.

또한 원고중심이 연습에서는 내용이 전개되었는지를 점검하게 되고 필요한 경우 내용을 줄이거나 보충할 수 있고, 또 일부 순서를 바꿀 수도 있다. 이러한 수정에 따라 시각자료 역시 수정을 하여야 한다. 이러한 점을 모두 고려한 원고 읽기 연습이 만족스럽게 진행되면 그 다음은 거울 앞에 서서 연습하는 것이 필요하다. 거울은 모습을 그대로 비추어줄 뿐만 아니라 청중의 역할도 할 수 있기 때문이다. 원고와 거울, 즉 청중과 원고를 자연스럽게 오가며 보고 있는지, 표정과 제스처는 어떤지 등을 확인할 수 있다.

또는 오디오 테이프에 녹음을 한 후 들어보는 것도 많은 도움이 된다. 가끔 녹음된 음성이 자기가 기대하고 있던 음성과 달라 실망하는 사람도 있지만 녹음기에서 나오는 음성이 청중이 듣게 되는 바로 그 음성이다. 캠코더나 디지털 카메라가 일반화되면서 프레젠테이션 전문 교육기관이나 대학에서는 프레젠테이션 교육의 평가에 많이 사용하고 있는 편이다.

나. 시청각도구 중심의 연습

두 번째 연습은 시청각 도구를 쓰면서 연습하는 것이다. 슬라이드를 비추면서 프레젠터가 스크린 옆에서 필요한 제스처를 쓰면서 연습하는 것이다. 이때 첫 슬라이드는 원고를 보지 않고, 키워드 중심으로 새로 작성한 메모 카드를 이용한다. 프레젠테이션을 할 때 원고를 읽지 말아야 하는 이유는 다음과 같다.

첫째, 프레젠터가 원고를 읽으면 청중과 시선을 맞추기가 어렵기 때문이다. 둘째, 원고를 읽으며 청중을 바라보는 것을 반복하면 원고의 어느 부분을 읽고 있는지 잊어버리는 경우가 발생할 수도 있기 때문이다. 셋째, 원고를 읽으면 억양의 변화가 없이 목소리가 단조로울 수 있기 때문에 지루해지는 결과를 낳는다. 마지막으로 프레젠터가 원고의 주제를 잘 이해 못하고 있다는 인상을 줄 수 있다.

다음으로 메모카드를 활용하기 위해서는 첫째 문자를 쓰는 것이 아니라 핵심 단어를 기록하며, 둘째 시작부터 끝까지 순서대로 작성하며, 셋째 띄어 읽기, 잠시 멈춤, 강조할 부분을 표시하고, 넷째 시간 관리를 위해 생략할 수 있는 부분을 표시하며, 10매 내외로 작성하는 것이 좋다.

시청각 도구를 이용한 연습 과정은 동료가 봐 주거나 캠코더로 녹화하도록 한다. 이를 통해 프레젠터의 얼굴표정, 손놀림, 고개 짓, 제스처 등을 관찰하고 메모카드와 시청각 도구를 활용하는데 문제점이 없는지 체크한다.

다. 최종 연습

마지막으로 실제 프레젠테이션 장소에서 의상을 갖추고 시청각 도구를 이용하여 연습을 실시한다. 최종연습은 내용 연습보다는 환경 여건의 방해요소를 사전에 발견해 제거하기 위한 것이다. 최종 연습에서 체크할 사항은 다음과 같다.

구 분	점 검 사 항
내용 전달	메시지가 명확하고 쉽게 전달되는가?
제스처	표정, 제스처가 자연스럽고 설득력이 있는가?
시선 처리	청중에 대해 자연스럽게 시선 배분을 하는가?
음성	음성이 낭랑하고 발음이 명확한가?
속도	말의 속도가 지나치게 빠르거나 늦지 않은가?
변화	음성이나 제스처 등에 변화를 주는가?
인상	강한 인상을 남기고 있는가?

그러나 현실적으로 프레젠테이션을 할 장소에 연습이 항상 가능한 것은 아니기에 이러한 경우 실제 장소와 유사한 환경에서, 또는 유사하게 환경을 만들어놓고 연습을 하는 것이 훨씬 도움이 된다. 또한 프레젠테이션은 현장에서 이뤄지는 것이기 때문에 현장을 사전에 점검해야 한다. 최종점검에는 장소에 대한 점검과 프레젠테이션 기자재 관련, 전기 관련, 기타 등으로 구분할 수 있다. 이와 관련된 사항은 다음을 참조할 수 있다.

구 분	점 검 사 항
장소	장소의 크기가 청중의 수에 비해 적당한가?
	좌석 배치가 프레젠테이션 의도에 맞게 배열되었는가?
	시청각 기자재의 배치가 청중의 시야, 프레젠테이션 동선을 감안해 제대로 되었는가?
기자재	마이크가 이동성이 있는가? 음량은 제대로 조정되는가?
	시청각 기자재는 제대로 작동하는가?
	컴퓨터 하드웨어와 소프트웨어의 버전은 문제가 없는가?
	슬라이드의 색이나 음량 등은 제대로 조정되었는가?
전기관련	전압과 조명시설은 시청각 도구와 맞는가?
	변압기와 연결선은 준비되었는가?
	위치별 전등 점멸 스위치는 어디에 있고, 어떻게 작동하는가?
	냉난방은 어떻게 조정되는가?
기타	음료 서비스는 준비되어 있는가?
	음료는 언제 누가 제공하는 것이 좋은가?
	건물 내 방송은 차단되어 있는가?
	프레젠터가 볼 수 있도록 시계가 비치되어 있는가?

라. 최종점검

총연습을 한 후에는 총 연습 때 발견된 부족한 점, 보충할 점, 수정할 점을 수정 보완하도록 한다. 따라서 총연습은 프레젠테이션이 있기 몇 시간 전에 또는 하루 전에 하는 것이 아니라, 수정할 충분할 시간을 가지고 이루어져야 한다. 수정이란 시각 자료의 오타를 고치는 간단한 작업일 수도 있고 일부 멀티미디어 자료를 다시 만들어야 하는 큰 작업이 될 수도 있다.

참고하세요 !

▶오바바 미국 대통령 연설문

I'll be a president who harnesses the ingenuity of farmers and scientists and entrepreneurs to free this nation from the tyranny of oil once and for all.

나는 우리 농부들과 과학자들과 기업인들의 충정을 오일의 횡포로부터 영원히 벗어나게 해주는 대통령이 될 것입니다

And I'll be a president who ends this war in Iraq and finally brings our troops home..(Applause)... who restores our moral standing, who understands that 9/11 is not a way to scare up votes but a challenge that should unite America and the world against the common threats of the 21st century....(Applause)....common threats of terrorism and nuclear weapons, climate change and poverty, genocide and disease.

또한 나는 이락의 전쟁에 종지부를 찍고 드디어 우리의 군대를 귀국하게 하는 대통령이 될 것입니다 (박수 갈채). 그리하여 우리의 도덕 기준을 회복하고 9/11 사태가 우리의 선거 투표에 영향을 미치는 사건으로 활용하는 계기가 아니라 미국과 전 세계를 중심으로 합심하여 21세기를 위협하는 폭력에 일치 항거할 것을 기약하는 하나의 도전으로 받아드려야 할 것입니다.(박수갈채) 테러행위와 핵무기와 기상변화, 가난, 집단학살 그리고 질병에 대한 항거 말입니다.

Tonight, we are one step closer to that vision of America because of what you did here in Iowa. And so I'd especially like to thank the organizers and the precinct captains, the volunteers and the staff who made this all possible.

오늘 밤, 여러분들께서 이곳 아이오와에서 보여주신 그 과업으로 인하여 이제 미국은 우리의 꿈을 향하여 한 발자국 더 가까이 갈 수 있게 된 것입니다. 그리고 본인은 또한 특별히 이 모든 행사를 가능하게 해 주신 프로그램 기획자와 이 구역장들과 자원봉사자 및 임원들에게 심심한 감사의 뜻을 표현하고자 합니다.

And while I'm at it on thank yous, I think it makes sense for me to thank the love of my life, the rock of the Obama family, the closer on the campaign trail. Give it up for Michelle Obama.

그리고 본인이 감사의 뜻을 전하는 이 자리에서 내 인생의 사랑이자 오바나 가족의 기둥이시고 선거유세의 가장 측근이신 분에게 감사의 뜻을 전하는 것이 합당하다고 생각하여 그 모든 것을 Michelle Obama에게 바칩니다.

I know you didn't do this for me. You did this-- you did this because you believed so deeply in the most American of ideas -- that in the face of impossible odds, people who love this country can change it.

본인은 알고 있습니다 여러분들께서 이 모든 일을 본인을 위하여서만 행하는 것이 아님을 알고 있습니다.

여러분들께서는 이렇게 하셨습니다. 왜냐하면 여러분들께서는 불가능하게 보이는 과업 앞에서도 이 나라를 사랑하는 미국인이라고 하면 기필코 변화시킬 수 있다고 하는 사실을 믿고 있기 때문인 것입니다.

I know this. I know this because while I may be standing here tonight, I'll never forget that my journey began on the streets of Chicago doing what so many of you have done for this campaign and all the campaigns here in Iowa, organizing and working and fighting to make people's lives just a little bit better.

나는 이것을 압니다. 나는 이것을 압니다. 왜냐하면 오늘밤 여기 서서 내가 잊을 수 없는 인생여로가 있기 때문입니다. 수많은 여러분들께서 이번 선거유세기간 특히 이곳 아이오와 유세기간 동안 행한 것, 국민들의 생활수준을 더욱 신장시키려고 유세단체를 조직하고, 또 활동하고 투쟁할 때 시카고 거리에서 나는 내 인생 여정을 시작했음을 잊을 수 없습니다.

I know how hard it is. It comes with little sleep, little pay and a lot of sacrifice. There are days of disappointment.

그 모든 일들이 얼마나 어려운 가를 본인은 알고 있습니다. 잠도 제대로 자지 못하고 보수는 너무나 적고 너무나 많은 희생이 따르며 실망의 날들이 많음을 잘 알고 있습니다.

But sometimes, just sometimes, there are nights like this; a night that, years from now, when we've made the changes we believe in, when more families can afford to see a doctor, when our children--when Malia and Sasha and your children inherit a planet that's a little cleaner and safer, when the world sees America differently, and America sees itself as a nation less divided and more united, you'll be able to look back with pride and say that this was the moment when it all began.

그러나 때때로 정말 때때로 오늘밤과 같은 날들이 있습니다. 우리가 믿는 변화를 우리손으로 성취하였을 때 더욱 많은 가정들이 의료진의 혜택을 받을 수 있고 우리의 자녀들, 마리아와 사싸 그리고 여러분들의 자녀들이 좀 더 깨끗하고 안전한 지구를 물려받아 전 세계가 미국을 달리 우러러 바라보고 미국자체도 자국을 분열이 적고 화합이 많은 국가로 자랑스럽게 뒤 돌아 보면서 오늘 이 순간이야 말로 그 모든 여정의 출발점이었다고 회상할 수 있는 그날이 오기를 기대합니다.

참고하세요 !

▶ 대한민국 대통령 취임 선서(헌법 제 69조)

나는 헌법을 준수하고 국가를 보위하며 조국의 평화적 통일과 국민의 자유와 복리의 증진 및 민족문화의 창달에 노력하여 대통령으로서의 직책을 성실히 수행할 것을 국민 앞에 엄숙히 선서합니다.

2. 훌륭한 프레젠터의 요건

훌륭한 프레젠터가 되기 위해서는 앞서 설명한 것처럼 자신의 단점을 보완하고 남들에게 자신을 내세울 수 있는 장점을 부각시키면서 청중을 이해하고 경청할 줄 아는 능력을 겸비해야 할 것이다. 또한 훌륭한 프레젠터가 되기 위해서는 다음과 같은 요건들을 갖출 필요성이 있다.

1) 도덕적 성품을 지녀야 한다.
2) 지식이나 경험이 풍부해야 한다.
3) 판단력이 좋아야 한다.
4) 군중심리를 알아야 한다.
5) 신체가 건강해야 한다.
6) 유머 감각을 지녀야 한다.
7) 호흡이 활발해야 한다.
8) 제스처를 잘 사용할 수 있어야 한다.
9) 배짱이 두둑해야 한다.
10) 연설의 기교를 연마해야 한다.
11) 연설의 경험을 쌓아야 한다.

3. 훌륭한 프레젠터의 비결

훌륭한 프레젠터는 누구에게나 선망의 대상이 되게 마련이고 때론 존경의 대상이 되기도 한다. 이러한 훌륭한 프레젠터들은 자신만이 가지고 있는 노하우를 잘 활용하게 되는데, 훌륭한 프레젠터의 비결을 살펴보면 다음과 같다.

1) 프레젠테이션을 위한 준비.

프레젠테이션은 정해진 시간만큼 남에게 무엇을 말하는 것이다. "무엇을 말해야 할까?" 스스로 생각하게 된다. 그렇게 생각하고 정리하는 것이 프레젠테이션을 위한 첫 번째 준비라 할 수 있다. 바로 이때 프레젠테이션의 성패가 결정되게 된다.

프레젠터는 남보다 더 많이 준비 했다면 더 잘 말 할 수 있을 것이고, 준비를 하지 못했다면 못한 만큼 말을 할 수 밖에 없다. 프레젠테이션은 연단에 올라가기 전에 얼마나 준비를 했느냐에 따라서 이미 90%가 결정 난다고 한다.

2) 처음 10초의 중요성.

연단에 올라서서 처음 말하는 첫머리, 그것이 아주 중요하다. 첫머리를 잘하라는 것은 청중의 주의력을 집중시키기 위해서이다. 청중이 경청 할 준비를 갖추어야 프레젠터는 말이 나오고 프레젠테이션의 분위기가 형성되는 것이다.

3) 말의 실수를 조심 한다.

말은 생각의 표현이기 때문에 반드시 생각이라는 여과기를 거쳐서 말해야 한다. 자신감이 넘치는 프레젠터 일수록 잠깐 생각 할 겨를도 없이 말의 리듬에 맞추어 나오는 대로 발설하는 경향이 있다. 청중이 모두 프레젠터의 편일 수는 없다. 청중

중에는 프레젠터에게 호감을 갖지 않는 사람들도 있으며, 또 반대자, 비평가들도 있다는 것을 잊지 말아야 한다.

4)교훈적이고 유익한 말을 한다.

훌륭한 프레젠테이션을 하기 위해서는 그 내용이 빈약하거나 딱딱하거나 누구나 알고 있는 내용은 피해야 한다. 또한 청중을 가르치고 이끌어 가는데 있어서는 유쾌하고도 가치 있는 말이 효과적이다. 프레젠테이션 중에 우스운 이야기를 하는 것을 싫어하는 분들도 있지만 대부분의 청중들은 긴 시간 지루할 수 있는 때에 적당한 유머가 들어있는 재미있는 이야기를 원하기도 한다. 따라서 교훈적이면서도 재미있는 말, 재미있으면서도 교훈적인 말을 하도록 노력해야 한다.

5) 예증으로 확신을 심는다.

많은 사람 앞에서의 프레젠테이션은 가급적 쉬운 말로 해야 한다. 어려운 용어나 전문용어를 써서 어려운 이론을 떠들어 대면서 청중이 알아듣고 공감하기를 바라는 프레젠터가 있다. 하지만 대중들 앞에서의 프레젠테이션은 어떤 형태든 대중문학이나 가요처럼 누구나 이해할 수 있고 알기 쉬워야 한다. 또한 많은 사람들 앞에서의 화술의 목적은 프레젠터가 자기 지식 자랑하거나 자기 수준에서 하는 것이 아니라 대중들의 수준에서 그들을 이해, 설득, 공감시키는데 그 목적이 있다는 것을 잊지 말아야 한다.

6) 열정적이고 생기 있게 말한다.

너무 점잖거나 힘없는 음성으로 프레젠테이션을 하면 지루하기 짝이 없다. 그런 자리에 앉아 있는 자체를 어떤 사람들은 학대라는 표현을 하기도 한다. 장작더미 앞에 성냥갑이 있다고 가정해보면, 성냥갑이 있다고 불이 붙는 것은 아니다. 먼저 성냥개비 불을 붙여 장작더미에 불을 댕겨야 비로소 불이 붙어 활활 타는 것이다. 이와 마찬가지로 청중이라는 장작더미에 불을 붙이려면 성냥이라는 프레젠터가 먼저 불을 붙여 청중에게 접근해야 한다. 프레젠터가 열정적인 모습일 때 청중들도 열정적으로 경청하게 되며, 활기가 넘치고 생기 있게 프레젠테이션을 해야 한다.

7) 너무 큰소리로 말하지 않는다.

많은 사람들 앞에서의 프레젠테이션은 무조건 큰소리로 웅변을 토해 내는 것이라 생각하는 사람들이 많다. 그러나 그것은 마이크가 없었던 옛날이야기 일 뿐이다. 오늘날에 와서는 대화형식으로 자연스럽게 이야기해야 한다. 현대에 와서는 많은 청중을 대할 기회가 별로 없다. 불과 몇 십명 또는 몇 백명을 상대로 프레젠테이션 하는 것이 대부분이다. 그러므로 마치 친구에게 말하듯 하되 여러 사람 앞이기 때문에 좀 더 크게 좀 더 감정을 넣어서 열정적으로 이야기를 하면 될 것이다.

8) 깊고, 짧게 말한다.

서양 속담에 "스커트와 스피치는 짧을 수록 좋다" 라는 말이 있다. 스커트가 짧다고 해서 무조건 긴 치마를 잘라 버리면 되는 것이 아니라 거기에도 높은 디자인 기술이 가미 되어야 한다. 아무리 짧아도 격식을 차린 프레젠테이션은 3분 정도의 시간을 필요로 한다. 그래서 훌륭한 프레젠테이션은 함축성 있는 말로 짧게 해야 좋다는 말이다. 프레젠테이션의 기준은 길이(시간)가 아니라 깊이(내용)이라 할 수 있다.

9) 여운을 남기는 프레젠테이션.

위대한 연설은 마지막 끝말을 모두 감동적이고 영원히 우리 가슴에 남아 있도록 끝을 맺게 된다. 미국 독립의 영웅인 페트릭 핸리는 "나에게 자유를 달라! 그렇지 않으면 죽음을." 또 맥아더 원수는 "노병은 죽지 않는다. 다만 사라질 뿐이다" 라는 말로 그의 퇴임 연설을 끝냈다. 프레젠테이션의 끝내기를 어떻게 하느냐에 따라서 연설 전체의 인상을 강해 질 수 있고 또 빛을 잃을 수도 있음을 명심해야 한다.

참고하세요 !

'평창'으로 본 프레젠테이션 기술

최근 2018평창 동계올림픽의 성공적인 유치로 프레젠테이션 기술이 자신의 능력을 알려 상대의 의사결정을 유도하는 기법으로 주목 받고 있다.

프레젠테이션에서 중요한 기술은 스토리텔링, 호소력, 센스있는 표현력, 마인드콘트롤 등이라 할 수 있다.

김연아 선수는 자신의 경험을 통해 전달하려는 메시지를 잘 살리면서도 주제의 논리성과 당위성을 적절히 부여했다. 또 콘텐츠를 통해 이성에 어필하면서도 친근감을 통해 감성에 호소하는 등 다양한 각인효과를 노리는 고수의 면모를 보여줬다.

김연아 선수는 프레젠테이션으로 극찬을 받은 그 비결을 묻는 질문에 "감정에 치우쳐서 말하지 않으려고 노력했다. 감정을 계속 추스르려고 노력했다" 고 답했다.

또 나승연 유치위원회 대변인도 현장 분위기에 맞는 감각적이고 센스있는 표현과 시각화, 절제된 어법 등을 통해 프레젠테이션의 완성도를 극대화시켰다. 또 수많은 리허설에서 축적된 마인드콘트롤을 통해 프레젠테이션의 흐름을 주도해 나가며 적절한 시간 배분을 통해 자신의 것으로 소화시키는 능력을 발휘했다.

음식의 맛을 살리는 것은 첫 번째가 신선한 재료이고 두 번째가 요리사의 손맛이라고 할 수 있을 것이다. 신선한 재료와 더불어 요리사의 손맛이 함께 했을 때 잊을 수 없는 음식이 만들어 질 수 있기 때문이다. 프레젠테이션도 콘텐츠뿐만 아니라 프레젠터의 능력을 갖춰져야만 상대방의 마음을 움직이는 명품이 나올 것이다. 청중을 고려한 스토리텔링과 함께 객관적인 분석과 논리성, 그리고 이것을 공감하게 만들 수 있는 적절한 감성적인 이야기의 조율이 하나의 드라마를 완성시키게 되는 것이다.

4. 열정적으로 프레젠테이션 하기

프레젠터로서 당신이 유능한 프레젠터를 꿈꾼다면 명확한 주요 메시지를 제시하는 것만으로는 불충분하다. 또한 참가자와 관련된 의미 있는 메시지를 전달하는 것만으로도 역시 불충분하다. 유능한 프레젠터가 되기 위해서는 열정을 가지고 프레젠테이션을 진행해야 한다. 이러한 열정은 전염성이 있기 때문에 청중에게 전파되어 그들의 집중도를 높이고 결국 프레젠터와 청중이 상호작용하게 만들어 준다. 이처럼 열정적인 프레젠테이션은 다음과 같은 특성과 효과를 가지고 있다.

- 열정적인 프레젠테이션은 인간의 감성에 호소한다.
- 열정적인 프레젠테이션은 청중을 하나 되게 하는 힘을 가지고 있다.
- 유능한 프레젠터와 평범한 프레젠터의 차이점은 열정적인 프레젠테이션의 수행여부에 의해 결정된다.
- 열정적인 프레젠테이션은 청중에게 제시되는 프레젠테이션 내용뿐만 아니라 프레젠터로서 당신의 모습을 기억하게 한다.

위에서 언급한 것처럼 열정적인 프레젠테이션은 청중의 이성과 함께 감성을 자극하여 청중들로 하여금 프레젠테이션 상황에 몰입하게 해주며, 프레젠테이션 내용 못지않게 프레젠터로서의 자신을 기억하게 해주는 매우 중요한 효과를 지니고 있다. 이런 열정적인 프레젠테이션의 기능은 다음과 같다.

가. 프레젠테이션 지원도구의 보충

컴퓨터와 같은 프레젠테이션 지원도구는 당신의 프레젠테이션을 시각적으로 보완해 줄 수 있는 효과적인 도구이다. 그러나 컴퓨터와 같은 것들이 할 수 없고 프레젠터인 당신만이 할 수 있는 유일한 것이 있다. 그것은 프레젠테이션에 열정과 열성과 같은 에너지를 불어넣는 것이다.

불행하게도 많은 프레젠터들은 이 사실을 잊고 있는 경우가 있다. 그들은 프레젠테이션에서 중요한 것은 많은 단어로 이루어진 제시 내용이라고 생각하며, 그것에 많은 시간을 투자한다. 그리고 그들은 단조로운 억양으로 그것을 줄줄이 읽어 내려간다. 게다가 청중을 바라보고 있어야 하는 두 눈은 뒤쪽의 흰 벽만을 멍하게 쳐다보고 있는 경우가 많다.

그들은 제시되는 내용만을 명료하게 구성되어 있고 정확하다면 청중의 관심을 계속 끌 수 있을 것이라고 착각한다. 그렇다면 전자메일로 전달하는 것이 더 편할텐데 굳이 사람들을 모아 놓고 프레젠테이션을 하는 이유는 무엇인가? 열정적인 프레젠테이션을 함으로써 청중들을 참여하게 할 수 있을 것이며 재미있는 프레젠테이션이 될 수 있게 만들 것이다.

나. 설득적 프레젠테이션의 강화

당신이 프레젠테이션을 수행할 때 당신조차도 확신시킬 수 없는 목소리로 프레젠테이션을 한다면 청중을 설득시켜서 변화시킨다는 것은 기대할 수 없다. 열정적인 프레젠테이션은 당신뿐만 아니라 청중들까지도 프레젠테이션에 몰입하게 만들 수 있을 것이다. 청중을 몰입케 함으로써 청중을 프레젠터의 편으로 만듦으로써 보다 효과적인 설득을 달성할 수 있을 것이다.

열정적인 프레젠테이션을 수행하기 위해서는 시각적이고 음성적인 요소를 잘 활용해야 할 것이다. 먼저 시각적인 측면에서는 적절한 제스처를 활용하는 방법이다. 효과적인 제스처는 프레젠테이션을 돋보이게 하고 청중의 몰입도를 증가시킬 것이다. 시각적인 프레젠테이션을 하면 할수록 청중의 관심을 유도할 수 있을 것이다. 이와 더불어 프레젠테이션 상황에 맞는 표정을 보여주는 것이 좋다. 프레젠테이션을 할 때 웃거나 찌푸리는 것에 대해서 걱정할 필요는 없다. 일반적으로 무표정한 프레젠터보다는 얼굴에 진실한 감정이 담겨 있는 사람을 좋아하기 마련이기 때문이다.

다음으로 음성인 측면에서는 시종일관 점잖은 목소리로 말을 한다면 참여한 청중에게는 자장가처럼 들릴 뿐이다. 청중 앞에서 말을 할 때는 상황에 따라 목소리의 크기, 혹은 어조를 바꿔가면서 전달해야 할 것이다. 프레젠테이션을 할 때에는 처음에는 강한 목소리로 중간에는 음성 또한 중간 정도로 사용하며, 종료시점에서는 당신이 할 수 있는 가장 열정적으로 마무리하는 것이 좋다.

다. 열정과 자신감의 개발

프레젠테이션에서 청중의 참여를 유도하기 위해 프레젠터의 열정이 매우 중요하므로 이를 개발하기 위한 노력이 필요하다. 이의 개발이 단시간에 이루어지는 것이 아니라 많은 시간을 투자해야 하기 때문에 체계적인 관리를 통해 개발해야 할 것이다.

▶ 열정과 자신감 개발 방법

열정과 자신감의 개발 방법에 대해서 다음과 같은 방법을 제시하면,

1) 공포감의 실체를 알아라.

스피치 전문센터에 오는 성인들을 조사하면 학력이나 지식의 정도에 상관없이 100%가 연단이나 청중들에 대한 공포증이 있다고 답한다. 이처럼 인간은 감정을 가진 동물인 이상 많은 사람들 앞에서면 떨리는 것은 당연하다고 할 수 있다. 문제는 오히려 나만 특별히 떤다고 생각하는 자체가 당신을 더 떨리게 만든다는 점이다. 프레젠테이션의 전문가들도 그런 상황에서는 긴장하기 마련이다. 그런 상황에 처하게 되면 있는 그대로의 모습, 그대로의 마음을 받아들이는 마음가짐이 필요하다, 그렇게 하다 보면 오히려 편안함을 느끼게 되고 자신감을 줄 것이다.

1. 공포감의 실체를 알아라
2. 철저한 준비를 하라.
   - 철저한 준비는 강한 자신감을 준다.
   - 암기하지 말고 이해하라.
   - 해보면 자신감이 붙는다.
3. 잠재능력을 활용하라.
   - 당신의 잠든 거인을 흔들어 깨워라.
4. 자신감 있게 행동하라.
   - 적극적, 긍정적 사고로 무장하라.
   - 태연한 척 하라.
5. 전문가의 도움을 받아라.

2) 철저한 준비를 한다.

전문가라 하더라도 사전준비가 철저하지 못하면 별 것 아닌 프레젠테이션을 망치게 된다. 하물며 경험이 없는 초보자들이 당황하게 되는 것은 두말할 필요가 없을 것이다. 철저한 준비는 발표자에게 보다 당당한 자신감을 줄 뿐만 아니라 오히려 연단에 서는 것이 기다려지게까지 한다는 장점을 지니고 있다. 당신이 준비하는 프레젠테이션은 프레젠터에게 두려움으로 다가오는 것이 아니라 점점 더 즐거움을 주는 대상으로 변하게 될 것이다.

철저한 준비를 위해서는 암기를 해서는 안 된다. 청중들이 가장 싫어하는 프레젠테이션은 틀에 박힌 로봇이나 앵무새처럼 똑같이 말하는 것이다. 암기해서 발표하는 내용은 감정이 살아있는 마음속에서 우러나오는 것이 아니라 기억의 창고 속에서 단순히 꺼내오기 때문에, 감정이 메말라버려 청중들에게 호소력을 불러일으킬 수 없을 것이다. 암기보다 말하고자 하는 내용을 메모노트에 요점정리 해가면 오히려 진행을 하는데 더 편안하고 도움을 준다. 에이브라함 링컨은 연설의 암기에 대해 이렇게 말했다. "나는 틀에 박힌 설교는 듣고 싶지 않다. 내가 진정 듣고 싶은 것은 벌떼가 싸우고 있는 것처럼 흥분된 연설자의 이야기이다."

(체크 포인트) 열의를 느끼게 하는 기술

- 커다란 목소리로 확실히 말한다.
- 억양을 주어 리듬감 있게 말한다.
- 몸짓 / 손짓을 넣어 말한다.
- 때로는 청중과 거리를 좁혀서 말을 건다.
- 눈에 힘을 주어 아이 콘택트를 취한다.
- 항상 긍정적인 표현을 말한다.
- 슬라이드를 읽지 말고 자신의 언어로 말한다.
- 자신의 생각을 말한다.

3) 잠재능력을 활용하라.

세상일이 마음먹기에 달렸다는 말이 있듯이 우리가 어떻게 생각하느냐에 따라서 우리의 행동에도 변화를 주기 마련이다. 우리의 뇌는 보이지 않는 엄청난 능력을 가진 괴물이라 할 수 있다. 학자들에 의하면 우리가 사용하는 능력은 우리가 가진 뇌의 능력에 10%도 못쓰고 죽는다고 한다. 무궁무진한 잠재적인 능력은 적극적으로 활용할 수 있도록 해야 한다.

4) 자신감 있게 행동하라

자신감 있게 행동하기 위해서는 적극적이고 긍정적인 사고를 지녀야만 한다. 앞에서 말했듯이 우리가 어떻게 생각하느냐가 우리의 행동에 영향을 준다. 따라서 우리가 적극적이고 긍정적인 사고를 갖게 되면 우리의 몸도 적극적인 방향으로 움직이게 되어 자신감과 열정이라는 것이 생겨나게 된다. 반대로 우리가 부정적인 사고를 갖게 되면 우리의 행동도 소극적이 되고 부정적인 사람이 되어 열정과 자신감도 결여되게 된다. 따라서 자신감 있게 행동하기 위해서는 적극적이고 긍정적인 사고를 갖도록 해야 할 것이다.

또한 이와 함께 청중들 앞에 섰을 때 이미 용기를 갖고 있는 것처럼 늠름한 태도를 취해야 한다. 남들 앞에서 말할 때나 프레젠테이션을 할 때 마치 경험이 많은 전문가처럼 자신감 있게 행동하는 것이 대단히 중요하다.

5) 전문가의 도움을 받아라.

강한 자신감이나 뜨거운 열정, 뛰어난 프레젠터가 되기 위한 가장 효과적이고 빠른 방법 중의 하나는 전문가들의 조력을 받는 것이다. 특히 프레젠테이션이나 스피치 등은 이론 중심의 학습보다는 실천 중심의 경험이 요구된다. 집에서 아무리 벽이나 거울을 보고 연습을 하여 보라. 그렇게 연습을 하여 막상 대중들 앞에 나서면 긴장을 하여 말 한마디 못하고 연단을 내려올 수밖에 없을 지도 모른다. 그 분야의 전문가들의 살아 있는 경험을 공유하고 자신이 그런 상황에 처했을 때 보다 효과적으로 대처함으로써 보다 훌륭한 프레젠테이션이 될 가능성이 높을 것이다.

5. 청중과 상호작용하기

가. 청중이 말하도록 유도하기

프레젠테이션 상황 안에서 청중은 수동적으로 프레젠터가 전달하는 내용을 듣기만하는 존재는 아니다. 앞에서 프레젠테이션의 구성요소에서 제시한 바와 같이 프레젠테이션은 청중과 프레젠터가 서로 상호작용할 때 올바른 프레젠테이션이 진행된다고 할 수 있다. 그러나 대부분의 프레젠터들은 발표자로서의 무거운 책임을 혼자 떠맡으려 한다. 흔히 프레젠테이션 전체에 대한 책임을 자신에게 부담 지우려고 하는 경향이 강하다. 즉, 프레젠테이션을 진행하는 동안에는 발표자가 처음부터 끝까지 모든 말을 해야 한다고 알고 있다는 것이다.

그러나 프레젠테이션 시 청중이 적극적으로 참여할 수 있도록 유도함으로써 프레젠테이션은 보다 성공적으로 이끌어나갈 수 있다. 청중에게 적절한 질문과 제스처에 따른 반응을 유도함으로써 더 쉬운 프레젠테이션이 될 수도 있을 것이다. 훌륭한 프레젠터는 이야기를 멈추고 청중에게 말 할 기회를 주어야 할 때를 잘 알고 있어서 청중이 프레젠테이션에 참여하도록 유도한다. 그렇다고 청중의 주의를 끌기 위해서 욕심을 부려서는 안 된다. 이렇게 하면 오히려 역효과를 낼 것이다.

청중에게 참여의 기회를 줌으로써 즉, 발표자가 청중에게 일방향적으로 말하던 것에서 프레젠터와 청중이 쌍방향적으로 이야기하게 될 것이다. 이렇게 함으로써 참여한 모든 사람을 프레젠테이션으로 끌어들이게 될 것이다. 청중의 입장에서는 그들의 생각이 반영됨으로써 좋아할 것이다.

나. 폐쇄형 질문은 피하라.

질문을 던지는 목적은 당신의 청취자와 대화를 시작하기 위해서이다. 프레젠터는 청중이 말하기를 바랄 것이다. 불행하게도 어떤 형태의 질문은 청중으로부터 거의 응답을 이끌어 내지 못할 것이다. 이런 질문들을 바로 폐쇄형 질문이라고 한다. 이런 폐쇄형 질문은 생각을 막아 버리게 한다. 단도직입적으로 결론을 내라고 강요하는 질문, 단답형 질문, 또는 "무엇", "언제", "얼마나 많은"으로 시작하는 질문 등이 있다. 반면 개방형 질문이 가능성, 감정, 원인에 주목하는 반면 폐쇄형 질문은 대상, 시간, 장소 등 정보에 치중한다. 이런 폐쇄형 질문들의 예는 아래와 같다.

- 손을 들어 거수로 응답해야 하는 질문
  예 : 이곳 발표장에 오신 분은 모두 몇 명입니까?
- '예/아니오'로 대답해야 하는 질문
  예 : 당신은 학교의 성적관리 프로그램을 개선해야 한다고 생각하십니까?
- 단 하나의 정답이 있는 경우
  예 : 현재 한국의 스타벅스 체인점은 몇 개입니까?

폐쇄형 질문과 유사하게 유도질문은 특정 대답을 강요한다. 예를 들자면 "아무개가 문제라고 생각하지 않습니까?" 혹은 "아무개를 어떻게 생각합니까? 너무 독단적이지 않습니까?" 이는 문법적으로 의문문일 뿐, 이것은 명령문에 가깝다. 이런 유도형 질문이 폐쇄형이 되면 청중은 문초를 받는다는 느낌을 받을 것이다.

다. 개방형 질문으로 대화하라.

청중과 대화를 시작하기 원하고, 그들에게 의미 있는 응답을 이끌어 내고 싶으면 개방형 질문으로 물어보아야 한다. 개방형 질문(Open-ended question)은 맞거나 틀린 답이 없거나, 1개의 단어로 응답하지 못한다. 개방형 질문을 통해 청중의 의견,

태도, 느낌과 경험을 물어볼 수 있다. 일반적으로 개방형 질문은 솔직하고 개인적이며 자발적인 답을 이끌어내어 청중이 적극적으로 참여할 수 있게 한다. 폐쇄형 질문보다 정서적 표현을 촉진시킬 수 있다는 장점이 있는 반면에 단점으로는 길고, 모호하고 완전하지 않은 답을 이끌어낼 수 있고 때로는 구체적 정보가 부족하게 될 수 있다. 이러한 단점이 있음에도 개방형 질문을 사용하는 것은 청중들로 하여금 참여율을 높일 수 있기 때문이다.

개방형 질문들의 예로서는 "겨울과 같이 건조한 날씨에 어떻게 대처하세요?", "학교에서 제공하는 급식은 어떤가요?" 등의 질문이 있을 수 있다. 이러한 질문들은 자신들의 경험을 말할 수 있어서 모두가 응답할 수 있는 질문들이다. 또한 정답이 없다는 것도 특징이다. 이렇게 질문함으로써 발표자는 자신의 발표주제에 대해 청중이 어떻게 행동하는지를 알 수 있을 것이다.

이처럼 질문을 하는 것도 프레젠테이션 기술 중의 하나이다. 따라서 청중이 모든 상황을 접해보지 않았을 가능성이 있으므로 발표를 준비할 때 질문할 내용에 대해 생각해 보아야 한다. 그것은 청중이 참여를 유지시키는 좋은 방법이다.

라. 대화 형 질문을 효과적으로 사용하라.

청중의 참여를 유도하기 위해서는 대화 형 질문을 하는 것은 적절한 방법이다. 대화형 질문의 한 예로서 아이스 브레이커(Ice breaker)가 있다. 이는 발표자와 청중 간에 대화나 상호작용을 시작할 때 던지는 질문이다. 전달하려는 주요 주제와 관련된 질문을 던지면서 프레젠테이션을 시작해서 청중들의 반응들을 이끌어 낸 다음, 메시지에 대해서 자세히 소개하면 된다. 이런 대화 형 질문을 할 때에는 다음의 몇 가지 사항에 대해 명심해야 한다.

- 프레젠테이션 계획단계에서 세밀하게 질문을 준비하라, 발표 대상인 청중이 누구인지를 생각해보고, 어떤 개방형 질문이 청중에게 호소력이 있는지를 생각해 보라.

- 개방형 질문과 폐쇄형 질문간의 차이점을 기억하라. 어떤 경우에는 폐쇄형 질문을 던진 다음, 이어서 개방형 질문을 할 수 있을 것이다.
- 개방형 질문을 할 때에는 청중에게 응답할 시간적인 여유를 주어야 한다. 청중은 자신들을 프레젠테이션에 참여시키기 위해 당신이 질문했다는 것을 뒤늦게 알아차릴 수 있기 때문이다. 따라서 청중에게 대답을 정리할 시간이 필요하다.
- 청중 중 누구도 응답하지 않는다면, 다시 두 번째 질문을 던지지 말고 당신이 얘기하려 했던 것을 말하라. 청중에게 무언가를 말할 수 있는 시간을 주어야 한다.
- 여러 사람으로부터 질문에 대한 답변을 듣고 나서는 곧바로 발표내용으로 되돌아가야 한다. 이 시점에서 청중의 답변을 요약 정리하는 것도 좋다.

위에서 언급한 것과 같이 대화 형 질문의 기본 목적은 청중을 끌어들이는 것이다. 특히 설득적 프레젠테이션을 한다면, 청중을 당신의 편이 되도록 설득시켜 주기 때문에 매우 유용할 수 있다. 또한 청중의 관심을 불러 일으켜 그들이 들어볼 필요가 있다. 라고 느끼게 해 준다. 그렇다고 개방형 질문에 너무 많은 것을 바라지는 말아야 한다. 청중을 프레젠테이션에 참여시키는 것으로 만족하는 것이 적당하다.

6. 성공적 프레젠테이션 전략

프레젠테이션을 성공적으로 이끌기 위해서 다양한 전략을 제시하고 있다. 장용진(2002)은 성공적인 프레젠테이션 전략으로 ① 전략을 세워라 ② 준비를 하라 ③ 자신감과 열정을 길러라 ④ 커뮤니케이션 스킬을 습득하라 ⑤ 바디 랭귀지를 활용하라 ⑥ 비주얼로 승부를 걸어라 ⑦ 리허설을 하라는 7가지 원칙을 제시하였다. 장용진의 전략은 프레젠테이션 전반에 걸친 성공전략이라면 George(2003)가 제안한 10가지 전략 즉, ① 눈 맞춤하라 ② 모든 경로를 통해 시작하라 ③ 리듬을 타라 ④ 제스처를 사용해서 활력을 불어넣어라 ⑤ 대화 형 질문을 사용하라 ⑥ 겁먹지 마라

⑦ 흐름을 타라 ⑧ 장비에 대해 알아두라 ⑨ 발표내용을 외우려하지 마라 ⑩ 자신을 평가하라는 전략은 프레젠테이션의 실행 중에 실천해야 할 전략이라 할 수 있다. 여기에서는 George가 제안한 전략에 초점을 맞춰 프레젠테이션 실행의 성공전략을 살펴보고자 한다.

가. 포인트 1: 눈 맞춤하라.

연단에 올라 청중을 둘러보고 나면 순간적으로 당황하기 쉽다. 당신의 주의를 한 사람의 눈에 고정시키고 발표를 1:1 대화로 바꿔야 한다. 당신이 전체 관중을 향해 발표를 하고 있어도 한 사람을 바라보고 말해야 한다. 즉, 당신은 비록 한 사람을 보고 있지만, 그 주위의 다른 사람들은 당신이 자신을 보고 있다고 믿고 있음을 잊지 말자. 처음 한 문장을 끝마치고 나면 다른 사람의 눈을 찾고 그 사람을 보며 계속 이야기해야 한다.

이런 기술을 발표 중에 잊어버리기 쉬우므로 또 다시 관중 모두를 바라보려 할 것이다. 절대 그러지 말아야 한다. 관중 모두를 보려고 하면 당신의 발표는 강한 힘을 잃게 된다.

나. 포인트 2: 모든 경로를 통해 시작하라.

많은 발표자들은 자신이 내뱉는 말 하나하나에 초점을 둔다. 그들이 한 말 모두가 결국 옳은 말이 되길 바란다. 하지만 많은 연구결과에서 보여주듯, 청중은 말 자체가 아니라 당신이 전달하는 내용을 가장 많이 기억한다. 또한 청중은 당신이 생각하는 것보다 훨씬 더 관대하다. 그들은 발표자의 실수, 머뭇거림, 망설임 등을 잘 참아준다. 따라서 구두적, 시각적, 음성적 이 모든 경로를 통해 발표의 도입부분을 시작하라.

두 손을 포개고 낮은 어조로 발표를 시작하면 청중의 주의를 끌지 못할 것이다. 당신은 청중이 권위 있는 연설가 앞에 앉아 있다는 것을 깨닫도록 해야 한다. 당연히 당신은 그 누구보다도 발표주제에 대해서 더 잘 알고 있다. 가능한 모든 힘을 쏟으며 발표하라.

다. 포인트 3: 리듬을 타라.

발표내용이 짧고 간단하지 않다면, 발표가 끝날 때까지 열정적인 태도를 유지하기란 불가능할 것이다. 발표자인 당신과 함께 청중 또한 기진맥진해질 것이다. 좋은 발표는 마치 밀물과 썰물의 흐름과 같다. 도입부분에서는 열정적인 에너지를 발산시켜서 좋은 인상을 만들어야 한다. 높은 에너지는 발표 불안감(Performance anxiety)을 없애줄 것이다.

그러나 당신이 발표하는 중에 에너지 수준은 높아지고 낮아질 수 있다. 이는 청중이 기억해야 할 요점을 강조할 수 있게 해준다. 특히 중심 메시지를 반복하거나 전달 내용을 행동으로 옮기게 할 때에는 높은 수준의 에너지로 말하도록 한다.

라. 포인트 4: 제스처를 사용해서 활력을 불어넣어라.

만약 청중을 둘러보았을 때, 청중이 재미없어 지루해하고 있으면 당신은 힘이 빠질 것이다. 그때에는 제스처를 사용하면서 전체 발표 분위기를 상승시킬 수 있다. 많은 제스처를 사용할 때에는 단조로운 말투가 절대 나오지 않는 법이다. 높은 수준의 시각적 에너지는 음성적 에너지도 증가시켜 준다. 갑자기 당신의 발표가 활기를 되찾으면, 청중은 다시 돌아와 집중할 것이다.

불행하게도 당신은 이 기술을 적용하기 위해서는 오랫동안 기다릴 시간이 없다. 아마도 당신이 결론에 도착했을 즈음엔 청중이 모두 지쳐 있을 것이다. 발표하는 동안 말만 사용하여 프레젠테이션을 잘 할 수 있다고 기대하지 말라. 청중에게는 청각적 자극뿐만 아니라 시각적 자극이 필요하다.

마. 포인트 5: 대화 형 질문을 사용하라.

대화 형 질문은 다양한 목적을 제공한다. 이런 질문을 이용하여 청중이 프레젠테이션에 참여 하도록 유도할 수 있다. 청중의 말을 들음으로써 그들의 체온을 감지할 수 있고, 그들이 어떠한 입장이며, 당신의 아이디어에 대해서 어떻게 생각하는지 파악할 수 있다. 당신의 의견에 대해 청중이 변경을 원하거나 망설이고 있는지를 확인할 수 있다. 이는 당신의 메시지를 '관철시키기(sell)' 위해서는 더 많은 노력을 해야 함을 나타낸다.

청중의 대답을 들은 후에는 짧게 요약해 보라. 그런 다음, "저는 이 주제에 대한 여러분의 폭넓은 견해를 이해하게 되었습니다.", "이 문제에 대한 여러분의 느낌을 파악하는데 도움이 되었습니다." 라고 청중에게 말할 수 있다. 그러고 나서 곧바로 당신의 이야기로 돌아가도록 하라.

바. 포인트 6: 겁먹지 말라.

가끔씩 이야기가 느슨해지거나 다음에 말해야 할 내용이 떠오르지 않을 수 있다. 이런 상황에 처하면 당황하거나 겁을 먹게 된다. 당황하는 것이야말로 프레젠테이션에서 최악의 것이다. 겁먹지 말고, 1~2초 동안 잠시 여유를 갖고 노트를 참고하라. 다음에 발표할 내용이 시각자료에 있다면 고개를 돌려 시각자료를 살펴보라. 그러면 안심이 될 것이다.

침묵하고 있는 것을 두려워하지 말고, 청중에게 사고해야 한다고 생각하지 말라. 청중은 완벽한 프레젠테이션을 기대하지는 않는다. 짧은 침묵이 당신에겐 긴 시간으로 느껴질지라도 청중에게는 그저 자연스러운 모습으로 보일 것이다.

사. 포인트 7: 흐름을 타라.

당신은 3번째 혹은 4번째 발표자일 수 있다. 그런데 앞서 발표한 사람들이 너무 오랫동안 프레젠테이션을 했기 때문에, 사회자가 주어진 시간보다 짧게 발표해 달라고 요청했다고 가정해보자. 당신이 핵심 위주로 발표 내용을 구성한다면 그리 어려운 일이 아니다. 당신의 주요 메시지를 말하라. 그 메시지가 바로 전달하려는 내용의 핵심이며, 나머지는 단지 뒷받침해 주는 자료이다.

전달하려고 계획했던 자료의 양을 줄이고, 의견을 뒷받침해 주는 가장 중요한 자료를 맨 처음에 제시하도록 하라. 당신은 새로 정해진 시간에 발표를 끝낼 수 있게 될 것이다.

아. 포인트 8: 장비에 대해 알아두라.

시청각 자료를 서투르게 작동시키는 것보다 더한 난리를 일으키는 일은 없을 것이다. 파워포인트와 연결된 빔프로젝터는 제조업체마다 조작방법이 다를 것이고, OHP, 노트북, 스마트폰, 태플릿pc 등과 같은 기타 프레젠테이션 보조 기구와 마이크 등의 사용법도 다를 것이다.

여기서 말하고자 하는 것은 간단하다. 시청각 장비를 사용하기 전에 그 장비에 익숙해져야 한다. 청중에게 첨단장비에 대해 이른바 기계치라고 비춰지면, 당신에 대한 신뢰와 전문성에 심각한 타격을 입을 것이다.

자. 포인트 9: 발표내용을 외우려하지 말라.

발표할 내용을 외우는 것은 당신을 곤경에 빠뜨릴 수 있다. 한 줄 정도는 잊어버리기 십상인데, 이는 뒤에 남은 발표내용에 영향을 미치고 당신이 말하려 했던 내용에 공백이 생기게 한다.

단어가 아니라 전하려는 생각에 집중하도록 하라. 한 번 이상 발표를 하게 되면 몇 구절은 이야기 속에 남기 마련이다. 다른 것들은 기억 속에서 사라지게 된다. 더 좋은 문구로 대체하도록 한다. 청중은 당신의 말 중에서 극히 일부만 기억할 것이다. 그들은 당신의 생각을 기억한다. 노트에 내용을 적어두고, 필요할 때 참고하도록 하라.

차. 포인트 10: 자신을 평가하라.

발표를 끝마친 다음에는 당신의 발표를 평가해 보도록 하라. 의사소통의 세 가지 매체에 대한 완성도를 평가해 보라. 자신을 비난하지 말라. 당신이 잘한 부분에 초점을 맞추어 평가를 시작하라. 그리고 개선해야 할 부분을 찾아라. 그리고 목표를 세워라. 아마도 당신은 다음번에는 지금 목소리의 두 배로 발표할 수 있을 것이다.

프레젠테이션에 참여한 청중에게 피드백을 해줄 것을 요청하라. 그러나 단순하게 발표가 괜찮았는지 물어보면, 당신의 감정을 상하지 않게 하려고 괜찮았다라고 말할 것이다. 이런 말은 당신에게 도움이 되지 못한다.

대신에 당신의 눈 맞춤, 주요 메시지의 정확성, 에너지 수준, 시청각 자료 등등에 대해서 특별히 의견이나 조언을 해줄 것을 요청하라. 조그마한 조언이라도 당신이 다음 발표할 때 도움을 주는 유용한 피드백이 될 것이다.

Ⅱ 언어적 전달 전략

목소리에 자기의 감정을 실을 수 있는 것은 사람뿐이라고 말할 수 있다. 희로애락은 목소리의 울림으로 표현된다. 예를 들어, "아아, 즐거워!" 하는 말을 해도 목소리가 가라앉아 있을 때는 청자에게 무겁고 어두운 느낌을 준다. 반대로 마음이 개운할 때는 명랑한 목소리로 청자의 미소를 일으킨다. 말이란 목소리를 어떻게 내느냐에 따라 실로 다양한 뉘앙스를 나타낸다.

인토네이션, 즉 목소리의 고저, 강약, 완급, 장단 등을 씀으로써 청자에게 화자의 이야기를 한층 더 잘 이해시킬 수 있다. 목소리는 마음의 울림이다. 목소리에는 온도가 있고 깊은 사람의 빛깔이 있다. 청자는 화자의 말을 들을 때 이와 같은 생생한 것을 목소리의 표현으로 실감 있게 받아들인다.

두 사람의 화자가 똑같은 말을 해도 두 사람이 청자에게 주는 이야기의 감정은 각각 다르다. 여기에 언어적 전달의 숨은 비결이 있다. 탁한 목소리나 변성에 신경을 쓰는 나머지, 성우의 목소리를 흉내 내어 말하려는 사람도 있지만, 주어진 목소리를 구태여 감출 필요는 없다. 빠르게 말할 수 있는 훈련을 쌓은 방송자의 사회자나 탤런트, 무드에 잘 적응하는 나레이터들의 목소리는 모두 장식된 목소리이다. 말을 듣는 사람들이 듣고 싶어 하는 것은 그 사람의 타고난 목소리이다. 목소리의 매력은 그 사람의 개성, 정신 연령, 인생 체험의 깊이에 의해서 뒷받침 되는 것이다. 그러나 타고난 목소리라고 해도 청자를 향해서 말하는 이상, 정확한 발음이 요구되는 것은 당연하다. 제 아무리 매력 있는 목소리를 가졌더라도 발음이 부정확하면, 상대방은 무엇을 말하는지 이해하기 어렵다. 발음 뿐 만 아니라, 목소리의 크기, 말의 속도, 억양, 포즈의 간격 등 또한 언어적 전달에서 중요하다. 여기에서는 이런 언어적 전달에 대해 살펴보고자 한다.

1. 목소리와 발음

프레젠테이션은 소리를 통한 커뮤니케이션의 한 형태이기 때문에 프레젠테이션의 실행에 있어 기본이 되는 것은 목소리이다. 따라서 목소리가 좋아야 프레젠테이션을 효과적으로 실행해 낼 수 있다. 목소리가 좋아야 한다는 것은 타고난 목소리가 미성이어야 한다는 것과는 전혀 다르다. 타고난 목소리와 상관없이 프레젠테이션에 적절한 목소리가 있다.

가. 좋은 목소리

프레젠테이션은 자신의 아이디어를 효과적으로 전달함으로써 청중에게 특정한 영향력을 행사하기 위해서 실시하는 것이다. 프레젠테이션에 좋은 목소리는 이러한 프레젠테이션의 기본 목적을 달성시켜주는 목소리이다. 자신의 아이디어를 잘 전달하려면 우선 목소리와 발음이 분명해야 한다. 그러나 목소리는 단순히 아이디어만을 전달하는 것이 아니라 프레젠터 자신에 대한 여러 가지 정보를 동시에 제공한다.

프레젠터가 어느 정도 확신을 가지고 있는가 또는 프레젠터가 어떠한 감정에 놓여 있는가 등이 목소리를 통해서 드러난다. 청중에게 의도한 바의 영향력을 행사하기 위해서는 프레젠터 자신이 확신에 차 있으며 안정된 감정 상태에 놓여 있다는 것을 보여주어야 한다. 그렇게 하려면 무엇보다도 목소리 자체에 확신이 차 있어야 하며 굳건해야 한다.

(체크포인트) 언어적 전달의 체크리스트

자신의 언어적 전달 능력에 대해서 아래의 질문에 답해보시오.

- 나의 목소리는 작은 편인가? 혹은 너무 큰 편인가?
- 나의 목소리는 거친 편인가? 혹은 지나치게 부드러운 편인가?
- 나는 너무 빨리 이야기하는가?
- 나는 너무 느리게 이야기하는가?
- 나의 목소리는 단조로운가?
- 나의 목소리는 매우 명료한가? 혹은 중얼거리는 편인가?
- 나의 억양이 청중들에게 어려움을 주는가?
- 나는 이야기 하는 동안 숨을 급하게 쉬는 편인가?

1) 확신에 찬 목소리가 좋은 목소리다.

프레젠테이션을 실행하는 목소리는 무엇보다도 확신에 차 있어야 한다. 확신에 찬 목소리는 말 한마디 한마디에 힘을 실음으로써 스스로가 하는 말을 진정으로 믿고 있다는 느낌을 준다. 말에 힘을 싣는다는 것은 고래고래 고함을 지르는 것과는 다르다. 낮고 작게 말해도 힘이 있는 목소리가 있으며, 높여 크게 말해도 힘이 실리지 않은 목소리가 있다. 프레젠터가 확신에 차 있지 않으면 청중은 좀처럼 프레젠터의 말 속으로 이끌려 들어오지 않는다,. 따라서 설사 자신의 말을 스스로가 확신하지 못하는 경우가 있더라도 프레젠테이션을 할 때에는 그것이 불변의 진리인 양 확신에 찬 목소리로 발표해야 한다.

2) 굳건한 목소리가 좋은 목소리다.

청중은 자신감에 차있고 상황을 장악할 줄 아는 프레젠터를 존중한다. 분위기에 위축되어서 어찌할 바를 모르는 프레젠터를 보면 측은함은 느낄지언정 감동을 받지는 않는다. 자신이 상황을 파악하고 있다는 사실을 보여주기 위해서는 목소리가 굳건하게 나오도록 해야 한다. 목소리가 가늘어지거나, 찢어지는 소리가 나거나, 깊은 소리가 나오지 않고 얕은 소리가 나면 청중들은 곧 프레젠터가 자신감을 잃고 있다는 사실을 눈치 챈다.

웅변 학원에서 수강생들에게 고함지르듯이 큰 소리로 발표하도록 하는 것은 목소리를 굳건하게 내는 훈련을 시키기 위해서다. 그러나 고함을 지른다고 목소리가 굳건해지는 것은 아니다. 굳건한 목소리를 내기 위해서는 우선 자신의 발표에 대한 정열을 가져야 한다. 정열을 가지고 임하면 두려움도 없어지고 목소리는 절로 굳건해진다.

선천적으로 약한 목소리를 타고난 사람은 아랫배로 소리를 내는 훈련을 쌓음으로써 목소리를 굳건하게 만드는 것이 좋다. 항상 몸을 똑바로 세우고 아랫배에 힘을 주면서 소리를 내면 굳건한 소리를 낼 수 있다.

3) 발음이 분명한 목소리가 좋은 목소리다.

프레젠테이션을 할 때는 대화를 할 때보다 발음을 더욱 분명하게 해야 한다. 대화를 할 때는 말끝을 흐리더라도 상대가 알아들을 수 있지만 프레젠테이션을 할 때는 문장이 완전히 끝날 때까지 분명하게 발음해야 한다. 그렇다고 해서 문장의 끝에 힘을 주라는 것은 아니다. 억양은 대화하듯이 하되 끝까지 분명하게 발음해야 한다는 것이다.

서둘러 발음하거나, 어린아이들이 어리광을 부릴 때 하는 것처럼 콧소리를 내거나, 지나치게 흥분해서 숨찬 목소리로 이야기를 하게 되면 발음이 불분명해진다. 따라서 여유를 가지고, 깊은 목소리를 내며, 침착하게 이야기하는 습관을 길러두는 것이 좋다.

4) 목소리의 6요소

목소리의 6요소는 빠르기(rate), 크기(volume), 높이(pitch), 길이(duration), 쉬기(pitch), 그리고 힘주기(emphasis)다. 프레젠테이션을 할 때는 이 6요소를 적절히 구사할 줄 알아야 한다. 또 단조로움을 피하고 박력 있는 스피치를 하기 위해서는 각 요소를 변화무쌍하게 사용할 줄 알아야 한다. 이들 각각에 대해서는 아래 부분에서 좀 더 자세히 살펴보고자 한다.

2. 목소리크기

목소리를 조절한다는 것은 말할 때 좋은 목소리를 낸다는 것이다. 좋은 목소리를 낸다고 해도 모든 미성을 낸다는 것은 아니다. 또 배우, 성우, 성악가에게 요구되는 특수한 목소리를 낸다는 것도 아니다. 프레젠터의 목소리를 조절한다는 것은 청자에게 정확하게 들리고 잘 알아들을 수 있게 나타내야 하고, 목소리의 강약, 고저, 장단을 조절 하는 것이다. 따라서 특별한 발성법 연습을 할 필요는 없다. 때문에 보통의 화자에게 좋은 목소리라고 하면 다음의 조건을 구비해야 한다.

가. 적당한 크기

적당한 크기의 목소리라고 하면, 굵거나 가늘거나 한 목소리의 크기가 극단적이 아니고 강약의 변화가 들어가는 소리이다. 목소리 크기의 조절이 부적당한 경우를 예로 든다면, 많은 청중 앞에서 약한 목소리를 내는 것과, 대화나 전화할 때 강한 목소리로 말하는 사람이 많다는 것을 들 수 있을 것이다.

이것은 목소리의 조절 문제이므로 조금만 신경을 쓰면 곧 고칠 수가 있다. 가까운 사람에게 부탁하여, 자기로부터 30cm, 1m, 2m쯤 떨어지게 하고, 어느 정도 떨어져야 자기의 평균 크기의 목소리가 듣기 좋은지를 시험해 본다. 또 전화를 통한 자기 목소리의 크기가 어느 정도인지를 친구에게 들어보기도 한다.

이런 것으로도 자기 목소리의 크기가 조절된다. 즉 목소리 크기의 문제로 다음에 생각해야 할 것은, 프레젠터가 목소리를 크게 낼 수 있는 습관을 붙여야 한다는 점이다. 호흡작용이 강하지 못하고 입을 벌리는 크기가 적절하지 못하면 정열적인 목소리를 낼 수 없다. 약하고 여린 목소리는 여성들에게 많고, 특히 여성은 말의 뒤끝을 흐리는 수가 많다. 목소리가 약한 것은, 소리 낼 때의 에너지가 적고 목소리를 낼 때의 공명이 약한 때문이다. 이와 같은 사람이 큰소리로 노래를 부르든지 호흡연습을 하면 좋아질 수 있다.

나. 적당한 높이

좋은 목소리는 피치(pitch, 음의 고저)가 지나치게 극단적이지 않고 고저에 적당한 변화가 있는 것이다. 보통 여성의 피치는 남성보다 높지만 여음은 남성의 것이 여성보다 길다. 말하려 할 때의 기준 어조는 청자에게 명백한 인상을 준다. 대개 자기의 평균 피치는 대화할 때의, 의식하지 않고 내는 자연스런 높이의 목소리이다.

자기의 평균 피치를 미리 알아본다. 방송국에서의 아나운서의 피치는, 한 시간 동안 계속 말해도 목소리에 아무 이상이 생기지 않을 정도의 것이 자기의 평균 피치로 되어 있다. 피치가 높아야 하는지 낮아야 하는지는 그 때 그 때의 경우에 따라 다르겠지만, 말할 때만은 높은 피치보다 낮은 피치로 말하는 편이 좋다. 처음부터 높은 피치로 말하면, 말하는 도중 점점 높아지기는 쉬워도 낮아지기는 어렵다. 그러면 프레젠터는 곧 피로하게 된다.

계속 높이 올라가는 피치는 취약성·흥분, 그리고 젊음이 암시되고, 계속 아래로 내려가는 피치는 확신·안정, 그리고 무한한 힘이 암시된다. 긴장하게 되면 얼마간의 포즈(pause, 잠시 멈춤)를 취하고 피치를 낮추어야 한다. 또 흥분된 감정에 따라서 음성의 피치는 높아진다. 그러나 다소 억제된 감정이 억제되지 않은 감정보다 청중에게 인상적이다. 그리고 감정이 외부에 모두 노출되지 않는 한, 감정과 절정에 이른 흥분이 청중에게 의식된다.

연극에서의 배우의 피치 변화는 극적인 분위기 조성에 힘을 준다. 올라가는 피치는 질문·우유부단함·불확정·의문 또는 불안을 나타내고, 내려가는 피치는 강경성·결심·확신 또는 자신을 나타낸다. 이 경우의 피치는 감정적인 내용보다는 사상적인 내용을 표현하는 데 우선 유용하다. 그러므로 말할 때라도 그 스피치에 극적인 역점을 주는 경우라면 이 기술이 크게 도움을 준다. 이 기교를 익힐 때까지는 피치가 다양하게 들어가는 문장을 큰 소리로 충분히 읽어보는 것이다. 이 피치가 프레젠테이션에 곁들여지면 프레젠터의 발음에 다양성을 줄 뿐만 아니라 충분한 표현 능력을 발휘할 수 있다.

다. 목소리의 힘

목소리가 크면 자연히 그 힘도 세기 마련이다. 그러나 크기와 힘의 변화는 엄밀히 말해 차이가 있다고 할 수 있다. '나는 너를 좋아한다.' 고 할 때, '나는' 에 힘을 줄 때와 '너를' 에 힘을 줄때, 그리고 '좋아한다.' 에 힘을 줄때는 각각 말의 뉘앙스에 차이가 뚜렷하다.

어느 말에 힘을 주느냐에 따라 감정의 미묘한 변화를 찾을 수 있다. 힘은 주로 강조하는 정도에 따라서 그 변화를 나타낸다. 힘의 정도에 변화를 주면 청자의 시들해진 흥미를 다시 일깨워 주는 하나의 수단이 된다. 만일에 화자가 재빠르게, 힘을 주면서 중요한 대목을 말한다면, 졸린 듯한 청중은 곧 원상태를 되찾는다. 그러나 그 효과는 가해진 힘의 정도 변화에 의해서 거두어진다. 고요는 시끄러운 방에서 잠자고 있는 사람을 깨울 수 있다.

일반적으로 가해지는 힘의 형태는 화자의 극단적인 감정을 드러낸다. 과장된 형태로 힘이 가해지면, 그 힘을 화자에 감정을 조절할 뿐만 아니라 깊이를 나타내기도 한다. 힘과 과장되는 형태는 흔히 고귀·위엄·존경 등을 나타낸다. 그리고 힘이 급하고 격하게 일어나면 결단성·활력·신중성 등을 나타낸다. 또 힘의 돌발적인 형태는 분노·공포 또는 우발적 감정과 연결된다.

3. 말의 속도

말의 속도는 포즈와 완급으로 나누어진다. 여기에서는 말의 완급에 대해서만 설명한다. 고속도로에서는 흔히 운전자가 졸기 때문에 자동차 사고가 자주 일어난다고 한다. 이것은 일직선상의 길을 똑같은 속도로 달리고 있기 때문에 그 단조로움이 사고의 원인이 된다.

스피치도 마찬가지이다. 똑같은 속도로 말하면 청중은 반드시 졸게 된다. 그러므로 이야기의 속도를 바꿀 필요가 있다. 누구의 프레젠테이션이라도 이야기의 장면, 청자의 이해 능력, 감정의 반응에 부합시켜 말의 속도를 적절히 조절해야 한다.

계속 재빠르게 말하든지 계속 느리게 말하든지 하면 청자를 잠재우게 한다. 템포가 느려야 하는 곳은 강조하고 싶은 것, 엄숙한 사실, 억제되는 감정, 의혹을 일으킬 만한 것으로부터 숫자, 인명, 지명 같은 것을 말할 때이다.

결국 템포를 어디서 늦추고 어디서 몰아치느냐를 잘 알고 있어야 한다. 가령 통계표의 내용을 말할 경우, 빠르게 말하면 한 번에 전반적인 내용을 인상 깊게 할 수 있다. 그러나 느리게 천천히 말하면 한 항목 한 항목의 내용을 보다 중요한 것으로 보여줄 수 있다. 가령 '......이상의 사실을 셋으로 나누어 설명한다면.....' 까지는 빠른 템포로 말하고 '첫째......, 둘째......, 셋째......' 하고 여기서는 천천히 말한다.

이렇게 느린 템포로 말할 대목과 빠른 템포로 말할 대목이 따로 있다. 이야기가 처지는 것은 템포에 변화가 없기 때문이다. 절도 있는 리듬이 없기 때문이다. 이야기의 흐름에 따라 도입에서 전개·종결로 속도에 변화를 주어야 한다.

4. 말의 억양

말에 자신의 감정을 나타내는 억양, 즉 인토네이션(intonation)의 기술이 필요하다. 우리의 모든 감정, 희로애락의 미묘한 어감은 이러한 인토네이션에 의해 표현된다. 글자가 나오기 전부터 음성언어가 있어서 사실에 주목하게 된다. 글자가 나오기 전, 인류는 목소리에 의한 말로 마음과 마음을 이어 나갔다.

(체크포인트) 다음의 말에 소리의 표정을 붙여보자.

- '이것이 만 원?' (야 놀랐다) - 놀라움
- '이것이 만 원?' (흥 어이없군) - 경멸
- '이것이 만 원?' (아뿔싸) - 후회
- '이것이 만 원?' (틀렸다) - 절망
- '이것이 만 원?' (기쁘다) - 기쁨
- '이것이 만 원?' (놀랐는데) - 호기심
- '이것이 만 원?' (천만에) - 의구심

우리 속담에 "어 다르고 아 다르다."는 것도 이와 같은 인토네이션의 미묘한 차이를 잘 말해주는 것이다. 그리고 이 인토네이션과 비슷한 것에 인플랙션(inflexion)이 있다. 즉 구조를 말한다. 아나운서의 구조, 성우의 구조, 웅변의 구조, 선교사의 구조, 초등학교 교사의 구조 등이다.

5. 목소리와 어조

화자의 메시지에 대한 태도를 어조라 하고, 청자에 대한 태도를 목소리라 한다. 그리고 어조와 목소리의 간격을 적절히 유지시키는 것을 자세라고 한다. 코미디언들은 괴상한 발성 변화로 목소리 변화를 주고, 부모는 자녀를 대할 때 홍분, 열광,

온유, 엄격 등의 어조를 구사한다. 또한 자세의 문제는 마치 권투 선수가 링 위에서 계속 발의 변화를 주시하면서 적절한 균형을 취하는 것이나, 야구선수가 타자석에서 타격 자세의 균형을 취하는 것 등과 비교된다. 목소리란 프레젠터의 청중에 대한 태도를 말한다. 다시 말하면 프레젠터가 청중에게 드러내는 방식이라 정의되는 것이다. 일반적으로 목소리는 네 가지로 구분한다.

가. 과장된 목소리

과장된 목소리는 주관적이고, 고음이며, 흥분하기 쉬운 목소리이나 부담감 없는 친근한 목소리를 말한다. 대중 통속 잡지나 청소년 대상 잡지 기사들의 글이 대표적인 예이다, 이런 잡지들은 경박한 듯한 표현, 과장스런 언어유희, 선정적 유혹 가사, 그럴 듯한 흥미 중심으로 문장을 이끌어가고 있다.

과장된 목소리는 이런 통속적인 것만을 말하지 않는다. 오히려 서민적, 토속적, 전통적 감각을 살려서 독자에게 접근하는 각각의 목소리를 말한다. 흔히 과장적 목소리를 내는 데 쓰이는 방법은 다음과 같은 것이 있다.

① 의문문, 감탄문을 많이 써서 청중의 주의를 자주 환기시킨다.
② 속어, 은어, 사투리를 잘 활용한다.
③ 단어의 리듬, 운율 등을 이용하거나 유희를 많이 도입한다.

나. 언론 중립적 목소리

언론 중립적 목소리는 신문의 보도 기사나 방송 뉴스의 목소리와 같이 차분하고 냉정하며 객관적이어서 중립적 목소리를 드러내고 있다. 6하 원칙에 입각하여 객관적이고 중립적인 자세를 끝까지 유지하려고 노력한다.

다. 신 언론적 목소리

중립적 목소리의 제약을 극복하기 위해서, 세밀한 부분에 이르기까지 다양하고 풍부한 상황을 독자에게 전달하기 위해서, 객관적 태도를 유지하며 보도자의 주관적 태도를 나타내는 것을 신 언론적 목소리라고 말한다. 다음 글은 뉴욕 타임즈가 뉴욕시에서 있었던 동성애주의자들의 권익을 위한 연합시위를 보도한 기사로 언론적 중립의 소리 기사이다.

5천여 쌍의 동성애주의자들이 어제 오후 그리니지 빌리지에서부터 센트럴 파크까지 동성애주의자들의 긍지와 단합을 위한 연합시위를 벌였다.

그러나 같은 사건을 보도한 다른 신문의 다음 보도 내용은 신 언론적 다양한 목소리를 내고 있다.

어제 뉴욕에 관광 온 신혼 부부 한 쌍은 길모퉁이에서 롯의 아내처럼 얼어붙어 버렸다. 1만여 명의 남녀가 남성은 여성의 복장을, 여성은 남성의 복장을 한 채 온갖 괴기스런 복장으로 중세의 인간들처럼 스크럼을 짜고 피켓을 들고서 동성애 예찬의 노래와 구호를 외치며 지나가는 모습에 지난 밤 악몽을 꾼 것과 같은 느낌을 받았다.

위와 같은 신 언론적 기사는 현장을 극적 상황으로 바꿔 보도하고 있다. 또 복장과 의복을 신구로 대비시켜 다양한 상상력을 발동하고 있다. 단어사용에서 엄격성, 전통성에서 탈피하여 자유로이 구사하고 있다.

라. 관료적 목소리

이는 작가가 권위에 의존하여 목소리를 내는 것으로 정치, 교육, 종교 등에서 최고의 가치로 믿어지는 권위를 암시하면서 정중한 문체로 나타내는 것이다. 관료적 목소리의 글은 평이한 말로의 되새김질이 필요하다.

6. 쉬기의 활용

쉬기란 목소리를 내지 않고 잠깐 멈추게 되는 시간의 길이를 말한다. 성공적인 프레젠테이션을 하기 위해서는 적절하게 쉬기를 활용해야 한다. 이런 쉬기가 자연스럽게 사용되는 경우는 다음과 같다.

- 청중이 자리에 앉기를 기다리는 동안, 즉 프레젠테이션이 시작할 때
- 프레젠터가 프레젠테이션 지원을 변경하는 동안(새로운 페이지로 넘어가기 위해 마우스 클릭을 한다든지, 프로젝터를 작동하는 경우)
- 발표하는 주제와 관련하여 한 가지 측면에서 이야기가 끝나고 다음으로 넘어갈 때
- 특정 상황에서 강조하려고 할 때
- 프레젠터가 여러 명일 때 한 사람이 발표를 끝내고 다음 사람을 기다릴 때
- 프레젠터가 발표를 끝내고 질문을 기다릴 때

일반적으로 한 단어는 붙여서 읽는 것이 정상이지만 단어와 단어사이, 구와 구 사이에, 절과 절 사이, 문장과 문장 사이, 그리고 발표의 각 구성 요소들 사이에서는 일정 시간 동안 쉬어주어야 한다. 일반적으로 단어와 단어 사이에서 쉬는 시간이 가장 짧고, 구성단위가 점점 커갈수록 그들 사이에 쉬는 시간이 길어져야 하며, 서론과 본론, 그리고 본론과 결론 사이에서 쉬는 시간이 가장 길어야 한다.

쉬는 시간은 말의 빠르기와 함께 프레젠테이션의 템포를 결정하기 때문에 프레젠테이션의 속도를 잘 조절하기 위해서는 쉬는 간격을 적절히 조절해야 한다. 쉬는 시간이 보통보다 길어지면 프레젠테이션이 지루해지고 보통보다 짧아지면 호흡이 급박해지며 생각할 여유를 잃게 된다. 일반적으로 경험이 부족한 프레젠터들은 대화를 할 때보다 짧게 쉬기 때문에 목소리가 급해지는데, 가능한 한 여유를 가지고 쉬어야 할 때는 충분히 쉬어주는 것이 좋다.

더욱이 극적인 쉬기는 어떤 어휘의 표현보다 한층 강하게 정감을 나타낼 수 있다. 그런데도 대부분의 프레젠터들은 이 쉬기에 주의가 쏠리는 게 두려운 나머지, 쉼 없이 말하는 경우가 많다. 그러므로 프레젠터는 쉼 없이 그 말을 이어가든지, 또는 사이사이에 군말을 섞어 가며 이어나간다.

이따금씩 하는 쉬기는 말에 힘을 주고 프레젠터의 자제를 표현한다. 음성표현에서 쉬기는 항상 필요하다. 일찍이 셰익스피어는 "말이 제 구실을 다하지 못할 경우에는 차라리 순수하고 진지한 침묵이 사람을 설득 시킨다." 고 말했다. 즉 소리가 없는 소리, 말이 없는 말의 세계가 쉬기의 세계이다.

앞에서 언급한 것처럼 쉬기는 다양하게 사용될 수 있다. 청중이 자리에 앉기를 기다리는 동안의 쉬기는 청중의 주의와 관심을 자기에게 모으고자 하는 프레젠터의 의도를 힘 있게 뒷받침한다. 결국 쉬기에는 이야기를 쉽게 하기 위한 논리적인 것과, 이야기의 내용을 높이기 위한 감정적인 것, 그리고 청중과의 관계를 생각하는 것이 있고, 또 극적인 분위기를 만드는 극적인 것으로 나눌 수 있다. 이 쉬기의 기술을 체득하려면 많은 경험을 필요로 한다. 또 쉬기를 효과 있게 하는 방법으로는 아래와 같은 여러 가지의 타입이 있다.

참고하세요 !

▶ 쉬기의 적절한 사용 예

① 이야기의 구조를 보이는 것

⇒ "……한 까닭입니다. ……그래서……."

② 이해를 바라는 것

⇒ "아시겠습니까……그것은……."

③ 생략으로 암시하는 것

⇒④⑤⑥⑦

이것으로 알 수 있겠지만, 쉬기에 의해 숨겨진 중대한 사실을 청중은 앞뒤의 말을 미루어 짐작하는 것이다. 이 쉬기를 효과적으로 살리는 데는 앞에서 언급되었던 적절한 어조의 변화와 속도의 변화가 뒤따라야 한다.

7. 언어적 전달의 전략

프레젠테이션을 할 때, 발표자의 목표는 아무리 복잡한 아이디어라도 항상 명료하게 표현하는 것이다. 공식적인 석상에서는 프레젠테이션을 한다는 것이 무거운 말을 사용해야 한다는 의미는 결코 아니다. 신문기자들은 초등학교 6학년 수준으로 기사를 작성한다. 이는 전체 구독자의 수준이 6학년 수준이라는 것이 아니라 독자들이 빠르고 쉽게 기사를 읽게 하기 위함이다.

이것은 프레젠터가 프레젠테이션을 할 때에도 예외 없이 적용되어야 한다. 훌륭한 연설자들이 문장을 만들거나 청중에게 전달할 단어를 선별할 때 사용되는 다음의 아래에 기술된 전략을 활용하는 것이 적절하다.

가. 자연스럽게 말하라.

한 관리자가 다음과 같이 프레젠테이션을 시작하였다.

> 기본화학 점화반응 시스템과 한 차원 업그레이드된 화학 점화반응 시스템에 대한 취약성 비교 검사를 실시하여 DOT 기준에 맞는지 실험해 보고, 화학반응 사고가 일어날 경우 이 설비시설에 대한 취약성을 업그레이드한 시스템의 효과를 검사해 보았습니다.

지금 이 발표내용을 읽고 있는 당신이 발표자가 한 말을 잘 이해하지 못한다면, 발표장에 있는 청중 또한 잘 이해하지 못할 것이다. 사실 전달하고자 하는 내용은 매우 단순하지만 발표자가 아주 복잡한 단어를 사용한 것이다. 다음과 같이 간결한 문장으로 바꾸어 볼 수 있다.

> 우리는 새로운 화학반응 시스템이 기존 시스템보다 더 좋을지를 살펴보기 위해서 비교실험을 실시하였습니다.

40개가 넘는 단어를 사용한 대신, 발표자는 채 절반도 되지 않는 19개의 단어만으로 같은 의미를 표현할 수 있었다. 업그레이드, 취약성, 화학반응이라는 단어를 사용하는 대신, 간단하게 마치 대화를 나누는 것처럼 내용을 전달할 수 있었다. 말할 때는 그저 책상에서 마주보고 있는 사람에게 말하듯 하고 연설은 마치 대화를 나누는 것처럼 해야 한다. 장황하거나 모호한 단어를 사용해서 청중이 발표내용을 추측해야 하는 일이 없도록 해야 한다.

나. 능동태를 사용하라.

많은 커뮤니케이션 상황에서 대부분 수동태의 형태로 기술한다. 주어는 동사에 따라 움직인다. 예를 들어, “그 남자는 대들보에 맞았다.”, “새로운 프로젝트는 2/4분기에 그 팀에 의해서 시작되었다." 에서처럼 대부분의 발표자는 수동태를 사용할 뿐만 아니라 가능한 한 정보의 주체를 사람이 아닌 사물로 간주하려고 한다.

수동태를 사용하는 것이 원래 잘못된 것은 아니다. 하지만 청중이 행동으로 옮기도록 설득해야 한다면 절대 수동태로 말해서는 안 된다. 수동태를 사용하면 의미가 너무 약해져서 설득시킬 수 없을 것이다. 수동태 대신 능동태를 말해야 한다. 주어를 능동태로 사용하면 실제로 행동하게 할 수 있을 것이다. 수동태와 능동태를 비교하는 2가지 예를 아래와 같이 제시하였다.

능동태 : 생산팀은 증가된 작업량을 조절하기 위해 3교대 근무를 실시해야 한다. 수동태 : 3교대 근무는 증가된 작업량을 조절하기 위해 생산팀에서 실시되어야 한다.
능동태 : 그 회사가 유럽시장에 새로운 제품을 팔기 위해서는 더 많은 돈을 써야 한다. 수동태 : 더 많은 돈이 유럽시장에서 새로운 제품을 팔기 위해 그 회사에 의해 사용되어야 한다.

어떤 경우라도 능동태는 수동태보다 강하고 더 많은 힘을 발휘한다. 또한 능동태는 좀 더 적은 단어를 사용한다. 프레젠터가 어떤 사람을 설득해야 한다면, 특히 그 청중이 회의적일 경우에는 능동태를 사용하여야 한다. 프레젠터가 하는 단어 하나하나에 더 많은 힘이 실릴 것이다.

다. 전문용어(Jargon) 사용을 조심하라.

많은 프레젠테이션은 전문용어로 가득 채워져 있다. 우리나라에서는 영어를 많이 사용하는 것도 문제지만, 영어인데 단어를 과잉 해석하기 때문에 그 본뜻을 알 수 없는 경우가 많다. 프레젠터로서 발표를 할 때 의미를 알 수 없는 전문용어를 사용할 필요는 없다. 통용되고 있는 용어를 사용해야 한다. 그리고 가급적 국어를 사용해야 한다.

라. 인칭대명사로 대화하라.

대다수의 발표자들은 인칭대명사를 사용하지 않음으로써 불필요하게 형식에 사로잡힌 딱딱한 프레젠테이션으로 만들어버린다. 그들은 한결같이 '회사', '조직' 그리고 '부서'와 같은 명사를 사용한다.

군대에서는 '사령관이 천거하였다.' 그리고 '군 보급기지에서 결정하였다.'와 같은 구문을 익숙하게 사용해 왔다. 하지만 군대에서도 이제부터 형식에 얽매이지 않은 구어체를 사용하여 듣는 사람에게 친근하게 프레젠테이션 하도록 권장하고 있다. 일상적인 대화를 나눌 때 나, 너 그리고 우리와 같은 인칭대명사를 사용한다. 그러면 마치 식사 중에 대화를 나누듯이 구어체나 대화체를 유지할 수 있을 것이다.

마. 쉬운 어휘를 사용하라.

평이한 단어로 말할 수 있는 것을 왜 무거운 단어로 사용하여 어렵게 하는가? 평이하고 일상적인 단어들을 사용하기로 마음먹어보라. 그러면 좀 더 쉬운 단어들로 대치할 수 있을 것이다.

바. 불필요한 단어는 사용하지 말라.

어떤 프레젠터는 자신이 생각하는 중에 아~, 음~과 같은 불필요한 단어를 많이 사용한다. 이런 단어를 계속 사용하면 청중의 주의를 산만하게 할 수 있다. 이 문제를 해결하는 최고의 방법은 바로 효과적인 눈 맞춤을 하는 것이다. 생각하는 중에는 음~이라고 말하는 대신에 몇 초간 침묵하면서 정리하다가, 다른 사람에게 눈 맞춤을 옮기면서 다시 말하기 시작하면 된다. 이러면 즉시 대화에서 불필요한 단어의 사용을 줄일 수 있을 것이다.

사. 단어를 주의 깊게 선택하라.

때때로 발표자들은 말하고자 하는 것과는 다른 것을 의미하는 단어를 잘못 사용함으로써 당황하는 경우가 있다. 때때로 그런 실수들이 시각적으로 제시하는 자료에도 나타난다. 친구나 가족 앞에서 사전에 연습해 봄으로써 이와 같은 실수가 발생하지 않도록 할 수 있다.

Ⅲ 비언어적 전달 전략

프레젠테이션하면 흔히 말을 떠올리지만 프레젠테이션은 말로만 실행하는 것이 아니다. 말과 함께 자연스런 몸동작이 따라주어야 전달되는 내용도 빛을 발하게 된다. 자연스러운 몸동작은 프레젠테이션을 실행할 때 여러 가지 중요한 역할을 수행하게 된다.

첫째, 말을 통해 전달되는 내용이 어떻게 해석되어야 하는가에 대한 힌트를 제공한다. 당당한 자세와 확신에 찬 표정으로 어떤 이야기를 하면 청중에게 신뢰감을 주지만 청중을 바로 쳐다보지 못하고 굳은 표정으로 이야기하면 프레젠터가 자신이 말하는 것에 확신이 서 있지 않으며 청중들에게 전달하고자 하는 바를 정확하게 전달하지 못한다.

둘째, 청중의 감정 상태를 노출한다. 잦은 움직임, 굳은 표정, 방황하는 눈빛, 그리고 둘 곳을 몰라 이리저리 옮겨 다니는 손은 프레젠터가 불안해하고 있다는 사실을 보여준다. 반면에 굳건한 자세와 밝은 표정, 그리고 긴 응시와 명확한 제스처는 프레젠터가 자신에 차 있음을 보여준다.

셋째, 말을 통해 전달되는 메시지를 보완하는 역할을 한다. 말의 내용을 강조할 필요가 있거나 그 뜻을 더 분명하게 할 필요가 있거나 메시지를 반복할 필요가 있을 때에는 목소리의 조절만으로는 충분하지 않다. 이때는 목소리의 변화 이외에도 적절한 몸 움직임과 공간을 활용해야 한다.

이처럼 프레젠테이션에서 사용되는 비언어적 전달은 여러 가지 중요한 역할을 수행한다. 따라서 이들을 적절하게 구사하면 프레젠테이션의 효과를 증가시킬 수 있지만 그렇지 못할 경우에는 그 효과를 크게 떨어뜨릴 수 있다. 프레젠테이션을 실행해야 할 때 유의해야 할 중요한 비언어적 전달에는 자세, 몸 움직임, 눈 움직임, 얼굴표정, 제스처, 공간적 관계 등이 있다. 여기에서 이들 각각을 어떻게 관리하는 것이 효과적인지 살펴보고자 한다.

1. 자세(Posture)

프레젠터의 자세는 그의 정신적 준비 상태와 침착성을 반영한다. 자세가 바르고 굳건하면 그가 정신적으로 잘 준비되어 있으며 침착하다는 것을 보여주지만, 자세가 한쪽으로 기울어져 있거나 뒤로 비딱하게 기대고 있는 경우에는 정신적으로 해이한 상태에 놓여 있음을 방영하는 것이다. 한편 정신적 준비 상태를 돋보이게 하기 위해 너무 꼿꼿이 서게 되면 프레젠터 자신도 불편하고 보는 이로 하여금 마음도 불안해진다. 따라서 바르고 굳건한 자세를 유지하도록 하면서도 가능한 한 편안하게 서야 한다. 한마디로 프레젠테이션 하는 자세는 편안하면서도 정신을 바짝 차리고 있다는 인상을 주어야 한다.

가. 기본자세

프레젠테이션을 하는 기본자세는 두 발을 어깨 넓이로 벌리고 체중을 양발에 균등히 준 상태에서 허리와 어깨를 곧게 펴고 머리를 똑바로 든 자세이다. 이때 몸에 너무 힘을 주면 자세가 경직되어 불편해진다. 따라서 이런 바른 자세는 흐트러뜨리지 말되 가능한 한 편안하게 서야 한다. 몸무게를 한족 발에만 싣고 비딱하게 서는 자세, 체중을 발가락이나 발뒤꿈치에 실어 앞이나 뒤로 기울어진 자세, 그리고 두 손으로 탁자를 짚으면서 앞으로 수그리는 자세는 피해야 한다.

나. 자세의 적응

프레젠테이션의 시작과 끝까지 기본자세로 일관하기는 무척 힘들다. 오랫동안 같은 자세를 유지하면 육체적인 불편함을 느끼기도 하고 단조로움을 느끼기도 하기 때문이다. 따라서 간간이 자세를 바꾸는 것은 있을 수 있는 일이다. 때로는 체중을 한쪽 발에 더 많이 실어둘 수도 있으며, 때로는 한발을 약간 앞으로 내딛어도 좋다.

그러나 이러한 적응 자세는 기본자세에서 너무 크게 벗어나지 않아야 한다. 또 기본자세에서 벗어난 자세를 오랫동안 지속하는 것도 좋지 않다. 그렇다고 해서 새로운 자세를 취하자마자 기본자세로 돌아오라는 것은 아니다. 자세를 바꾸자마자 다시 원 자세로 돌아오는 것은 몸이 불안정하게 흔들리는 느낌을 주기 때문에 더더욱 좋지 않다. 따라서 불편함을 해소하기 위해 자세를 바꾼 경우에는 불편함이 어느 정도 없어진 후에, 단조로움을 깨뜨리기 위해 자세를 바꾼 경우에는 변화의 즐거움을 어느 정도 느낀 후에 다시 기본자세로 복귀해야 한다.

자세의 적응을 빠르게, 그리고 반복적으로 실시하는 것은 반드시 피해야 한다. 몸무게를 계속 이쪽저쪽으로 옮기거나 상체 또는 엉덩이를 좌우로 흔들거나 윗몸을 앞으로 흔들거나 한쪽 다리를 좌우로 흔들면 청중은 눈이 혼란스러워 짜증을 느끼게 된다.

다. 팔과 손의 처리

프레젠테이션 자세를 취할 때 가장 처리하기 힘든 것은 팔과 손이다. 경험이 부족한 프레젠터는 팔을 어떻게 처리할지 몰라 이렇게도 놓아보고 그것도 아니다 싶으면 또 다르게도 놓아보면서 많은 신경을 쓰지만 역시 자연스럽게 처리되지 않는다. 팔의 처리가 힘든 이유는 팔에 지나치게 신경을 많이 쓰기 때문이다. 프레젠테이션을 할 때에도 대화를 할 때처럼 팔이 스스로 움직이게 내버려두는 것이 최상이다.

팔을 처리하는 기본 원칙은 필요할 때 쉽게 움직일 수 있도록 가볍게 처리해 두는 것이다. 두 팔을 모두 가볍게 내려 뻗거나 한 팔을 내려 뻗고 다른 팔은 탁자 위에 가볍게 올려두어도 좋다. 아니면 두 손을 가볍게 모아 아랫배 위에 올려두거나 가슴 앞에 모아둘 수도 있다. 정 불편한 경우에는 한 손은 호주머니 속에 넣어두고 다른 손은 가볍게 내려 뻗거나 탁자 위에 살짝 올려주면 된다. 개요서를 작은 카드에 적어둔 경우에는 이것을 한 손에 쥐고 그 손을 가슴 부근으로 끌어올려 두면 다른 손은 자유로이 내버려두어도 좋다.

팔은 제스처를 만들어내는 중요한 기구이므로 이동이 어렵도록 꽉 붙들어 매어 두는 것은 좋지 않다. 두 손을 쭉 뻗어 교탁을 내려누르거나, 두 손을 깍지 끼어 아랫배 앞에 두거나 팔짱을 끼거나, 뒷짐을 지거나, 두 손을 모두 호주머니 속에 넣어두면 보기도 좋지 않고 필요할 때 쉽게 움직일 수가 없다.

이처럼 좋은 자세란 사람마다 그 특징이 있겠지만 그러나 조심해야 할 몇 가지 공통점을 요약해보면 아래와 같다.

① 두 다리 사이를 너무 넓게 벌리지 않는다.
② 몸의 체중을 한쪽 다리에 의존하지 않는다.
③ 지나치게 딱딱한 자세를 피한다.
④ 자세를 갑자기 바꾸지 않는다.
⑤ 뒷짐을 지거나 팔짱을 끼거나 손을 포켓 속에 넣거나, 옷자락을 같은 데를 만지작거리지 않는다.

2. 몸 움직임

몸을 고정시켜 둔 상태에서 스피치를 한다는 것은 불가능하기도 하고 바람직하지도 않다. 움직임은 청중의 시선을 모아주기 때문에 때로는 고의적으로 움직일 필요가 있다. 스피치를 할 때의 몸 움직임은 굵으면서도 단호하고 편안하면서도 절도가 있어야 한다. 작고 부단한 움직임은 청중들의 눈을 현혹하며, 불안한 움직임이나 위축된 움직임은 프레젠터가 자신이 없다는 것을 반영하는 것이다.

가. 단상 접근

프레젠터의 몸 움직임은 단상을 향하여 걸어 나가는 데서부터 시작된다. 자신감이 결여된 프레젠터는 허리를 숙이고 엉덩이를 뺀 자세에서 땅을 보고 걸어 나가서는 탁자 앞에 서자마자 청중을 볼 생각도 않고 프레젠테이션을 시작한다. 이러한 단상 접근 행위는 프레젠테이션을 시작도 하기 전에 망쳐버리는 결과를 낳는다. 설사 자신의 프레젠테이션에 자신이 없다 하더라도 허리를 곧게 펴고 당당하게 걸어 나가 단상에 서야 한다. 그런 후에는 한번 죽 둘러보고 천천히 프레젠테이션을 실시해야 한다.

나. 진행 중 몸의 이동

프레젠테이션을 진행할 때 몸과 팔을 전혀 움직이지 않고 목소리로만 내용을 전달하면 매우 부자연스럽고 딱딱한 느낌을 준다. 따라서 당당하고 군건한 자세로 프레젠테이션을 하되 목소리에 맞추어 몸과 팔이 자연스럽게 움직여야 한다. 그러나 중요한 것은 필요한 만큼만 몸을 움직여야 한다는 것이다. 몸을 지나치게 흔들거나 불필요하게 왔다 갔다 해서는 안 된다. 특히 별 이유 없이 단상을 이곳저곳 옮겨 다니는 것은 금해야 한다. 이렇게 하면 청중이 프레젠터를 보기 위해 계속 몸을 틀거나 고개를 돌려야 하기 때문에 성가심을 느끼게 되고, 앞자리에 앉은 사람들은 프레젠테이션에 집중할 수 없게 된다.

다. 퇴장

프레젠테이션은 결언에서 끝나는 것이 아니라 프레젠터가 퇴장해야만 끝나는 것이다. 바꾸어 말하면, 퇴장 행위도 프레젠테이션의 일부분이다. 따라서 좋은 프레젠테이션을 하려면 퇴장시의 몸 움직임에도 신경을 써야 한다. 단상을 접근할 때와 마찬가지로 당당하고 절도 있게 퇴장하되, 중요한 사명을 성공적으로 완수했다는 보람찬 표정을 지어야 한다. 프레젠테이션을 잘 해내지 못했다는 것을 자인하는 듯한 쑥스런 표정으로 퇴장하거나 고개를 숙이면서 퇴장하는 것은 좋지 않다.

라. 피해야할 움직임

모든 움직임에는 목적이 있다고 한다. 그러나 프레젠테이션을 실시할 때 프레젠터로서 주의해야 할 행동들이 있다. 먼저 신체의 일부분을 다른 부위에 접촉시켜 규칙적으로 움직이는 동작이 있다. 예를 들어 상인들이 무의식적으로 두 손을 비비는 행위라든지 또는 손으로 귀 뒷부분을 만질 경우 수줍어 할 때라든지, 알 수 없을 때, 곤란할 때 이러한 움직임을 보인다. 두 번째로는 사물을 본래 이외의 목적으로 사용할 때인데, 말을 들으면서 볼펜으로 소리를 낸다거나, 안경을 벗어 손으로 장난을 칠 경우 프레젠터가 포인터로 사람을 가리킨다거나 하는 경우도 바람직한 움직임이라 할 수 있다.

마지막으로 무의미한 행동의 반복이다. 무의미한 움직임은 청중의 시선을 현혹하고 그들의 집중력을 흐트러뜨려 놓는다. 이런 무의미한 동작들은 무의식적으로 나오는 것이 보통인데 가능한 한 의식적인 노력을 통해서라도 이런 동작들이 나오는 것을 막아야 한다. 프레젠터들이 프레젠테이션 중에 만들어낼 수 있는 좋지 않은 행위들은 다음과 같다.

① 몸을 좌우로 또는 앞뒤로 자꾸 흔들어대는 행위
② 다리의 무게 중심을 이 쪽 저 쪽으로 자꾸 옮기는 행위
③ 단추나 옷 또는 넥타이를 만지작거리는 행위
④ 귀를 잡거나, 이마를 문지르거나, 턱을 만지작거리거나, 머리를 쓰다듬는 행위
⑤ 머리칼을 뒤로 보내기 위해 고개를 급작스럽게 젖히는 행위

⑥ 손가락으로 탁자를 탁탁 두드리거나 손바닥으로 탁자의 가장자리를 문지르는 행위
⑦ 카드를 만지작거리거나 호주머니 속의 물건을 만지작거리는 행위
⑧ 호주머니에 손을 넣었다 뺐다 하는 행위
⑨ 팔찌나 시계 등 장신구를 만지작거리는 행위
⑩ 손을 비벼대는 행위
⑪ 팔소매를 걷어 올리는 행위

3. 눈 맞춤(eye contact)

눈 맞춤은 1:1 대화이든 다수간의 대화이든 인간의 상호작용 중 하나이다. 인간은 50% 이상의 정보를 시각적으로 받아들인다는 연구 결과가 있다. 당신의 눈은 항상 다른 사람들에게서 무엇인가를 말하고 있다는 것을 기억해야 한다. 당신은 그들의 신체언어를 관찰하며 그들이 당신에게 편안함을 느끼는지, 긴장감을 느끼는지, 놀라고 있는지를 발견할 수 있다. 또 그들의 눈을 통하여 당신에게 감정적으로 동조하는지 또는 냉담하게 반응하는지 알 수 있다.

전자메일과 실제 사람들 간의 교류와의 가장 큰 차이점은 상대방을 향한 당신의 눈이 민감한 반응을 나타내고 있으며, 숨겨진 메시지를 전달한다는 것이다. 이것은 결코 전자메일에서는 볼 수 없는 것이다. 세계의 지도자들이 직접 만나서 맞대면으로 대화하는 이유가 바로 거기에 있고 그들은 직접 만나 이야기함으로써 서로간의 인간적 가치를 느끼는 것이다.

프레젠테이션 할 때 청중과 더욱 친밀감을 느낄 수 있는 방법이 바로 눈 맞춤이다. 눈은 모든 감정을 내포하여 표현한다. 눈 맞춤을 함으로써 프레젠테이션에 참가한 청중 개개인에게 자신을 특별하게 여긴다거나 중요하게 생각한다는 믿음을 줄 수가 있다.

이처럼 올바른 눈 맞춤을 하기 위한 전략으로 다음과 같은 3단계의 눈 맞춤 방법을 George(2004)는 제안하였다.

1. **먼저 한 사람과 눈 맞춤을 시도하라.** 프레젠테이션을 시작할 때 청중 중 한 사람을 선택하여 그 사람과 1:1 면담을 한다는 생각으로 계속 눈 맞춤을 시도하라.
2. **한 가지 생각을 전달하라.** 그 사람에게 한 가지 생각을 전달할 때까지 계속 쳐다 보라. 그 시간은 어느 정도면 되는가? 그것은 하나의 완전한 문장을 말할 정도면 충분하며 또는 그것보다 더 짧아도 상관없다. 예를 들어 "우리는 유럽 시장이나 라틴 아메리카 또는 극동지방의 시장에 진출할 필요가 있습니다." 정도면 충분하다.
3. **잠시 숨을 들이쉬고 다른 사람을 쳐다보라.** 한 사람에게 한 가지 생각을 전달했으면 잠시 멈추고 시선을 다른 사람에게 돌려라. 그리고 다음 한 가지 생각을 그 사람에게 전달하라.

위에서 제시한 방법이 자신이 프레젠테이션을 할 때 익숙해질 수 있도록 평소에 연습을 통해 몸에 배이도록 노력해야 할 것이다.

가. 눈 맞춤의 중요성과 기본 원칙

흔히 눈을 마음의 창이라 한다. 즉, 사람의 눈은 그 사람의 현재 심리상태를 대변해 준다고 할 수 있다. 우리가 누군가와 대화를 할 때 상대방의 눈을 피하기 위해 왼쪽이나 오른쪽 또는 위를 쳐다보는 것은 심리적으로 위축되어 있다는 것을 표현하는 것이라 할 수 있다. 따라서 프레젠테이션을 효과적으로 실행하기 위해서는 청중을 똑바로 쳐다볼 수 있어야 한다. 어떤 프레젠터는 고개만 정면을 향하고 눈동자는 돌려서 엉뚱한 쪽을 비스듬히 쳐다보거나 천장을 올려다보기도 하는데 이것은 좋지 않은 습관이다.

가장 바람직한 것은 청중 개개인이 눈을 자연스럽고 따뜻하게 쳐다보면서 프레젠테이션을 하는 것이다. 따뜻한 눈 맞춤은 서로 간에 교감을 형성해 주기 때문에 프레젠테이션의 효과를 배가시킬 수 있다. 눈 맞춤이 지나치게 강렬하거나 한 사람만을 뚫어지게 쳐다보는 것은 좋지 않다. 상대가 부담을 느껴 눈길을 돌리게 되고 이런 모습을 보게 되면 프레젠터 자신도 어색함을 느끼게 된다. 따라서 천천히 시선을 옮기면서 한 사람 한 사람을 차례로 응시하는 것이 좋다. 청중을 골고루 응시하라고 하면 어떤 프레젠터는 빠른 속도로 고개를 이쪽저쪽으로 돌리는데 이것은 매우 비효과적이다.

나. 피해야 할 눈 맞춤 방식

George(2004)는 청중과 눈 맞춤을 할 때도 다양한 방식으로 할 수가 있겠으나 다음과 같은 눈 맞춤은 피해야 한다고 제안하였다.

- '까꿍' 식 눈 맞춤 : 어떤 프레젠터들은 랩탑 컴퓨터에 자신이 해야 할 프레젠테이션 내용을 저장해 놓고, 그 속에 숨어서 프레젠테이션을 진행하면서 가끔 청중에게 까꿍 놀이하듯이 눈 맞춤을 하는 경우가 있는데 이는 절대 금물이다.
- '나 바빠' 식 눈 맞춤 : 프레젠터는 미리 준비해 둔 원고를 읽을 뿐 청중을 절대 쳐다보지 않는 경우이다.
- '나 좀 도와줘' 식 눈 맞춤 : 이러한 부류의 프레젠터는 마치 신의 계시를 바라는 듯이 주로 천장을 보며 프레젠테이션을 진행하는 사람들이다.
- '난 지금 시력 검사 중' 식 눈 맞춤 : 프레젠테이션 내내 시력검사를 하듯이 뒷 벽만을 계속 쳐다보는 유형이다.
- '당신 앞에만 서면 작아진다' 식 눈 맞춤 : 이 부류의 프레젠터들은 시종일관 바닥만 쳐다보며 프레젠테이션을 한다. 그들은 자신을 프레젠테이션할 수 있는 자격이 있는 사람이라고 생각하지 않는다.

- '테니스 경기' 식 눈 맞춤 : 어떤 프레젠터들은 방안을 계속 스캐닝하듯이 눈 맞춤을 한다. 그들의 머리는 테니스 경기하듯이 끊임없이 앞뒤로 끄덕인다.

위에 기술한 좋지 않은 습관이 있는 프레젠터들은 대개 신경질적인 경향이 있거나 청중에 대한 막연한 두려움을 가지고 있는 사람들이다. 당신이 그 습관을 하나라도 가졌다면 청중과 진정한 신뢰관계를 쌓지 못할 것은 당연한 것이다. 그러나 당신이 많은 사람들 앞에서 무시당하거나 심지어는 모욕당할 수 있는 위험을 감수하더라도 진정한 의미의 눈 맞춤을 시도해볼 필요는 있다.

다. 눈 맞춤을 통한 피드백

눈 맞춤은 프레젠터와 청중간의 양방향 의사소통 채널을 제공한다. 청중과 당신의 주제에 대해 의사소통하게 해줄 뿐만 아니라 청중이 발표자로서의 당신의 발표에 대한 청중의 중요한 피드백 정보를 제공해 준다. 앞에서 언급한 바와 같이 눈이 마음의 창이라 했듯이 청중의 눈에서도 프레젠테이션 청취의 결과를 반영한다고 할 수 있다. 따라서 청중의 눈에서 어떤 반응을 보이고 있는지 파악함으로써 그 프레젠테이션을 좀 더 성공적으로 이끌 수 있을 것이다. 이와 관련하여 청중과의 눈 맞춤을 통해 청중이 보이는 반응과 이에 대한 프레젠터의 처리에 관한 예를 정리하면 다음과 같다.

청중의 신호:	몇몇 청중의 눈꺼풀이 반쯤 내려와 있다.
발표자의 반응:	프레젠터의 에너지 수준이 아마 너무 낮기 때문일 것이다. 당신의 시각적, 음성적 에너지 수준을 높여라.
청중의 신호:	프레젠터가 요지를 설명한 뒤에서 청중이 어리둥절해 하는 것 같다.

발표자의 반응:	아마 프레젠터의 설명이나 시각자료가 명확하지 못했기 때문일 것이다. 다시 한 번 설명해 보라.
청중의 신호:	의사결정자가 그의 머리를 양옆으로 기우뚱거리고 있다.
발표자의 반응:	확실히 프레젠터가 이 사람을 확신시키는데 실패했다. 좀더 설득력있게 말하여야 할 때이다.
청중의 신호:	상사가 우편물을 읽기 시작했다.
발표자의 반응:	아마도 프레젠터가 상사를 지루하게 했을 것이다. 프레젠터는 흥미를 끌 일화와 같은 몇몇의 정보를 투입해야 할 것이다. 아니면 프레젠터의 이야기가 이미 너무 길게 늘어져 있으므로 속도감 있게 이야기를 끝마쳐야 할 것이다.
청중의 신호:	듣는 자가 엄청난 집중을 하며 당신을 바라보고 있다.
발표자의 반응:	훌륭하다. 지금 매우 잘하고 있는 것이다. 계속 그렇게 하라.

일대일 눈 맞춤은 청중으로부터 즉각적인 평가를 받을 수 있는 한 방법이다. 당신은 그들의 눈과 신체언어를 통해 읽을 수 있을 것이다. 만일 부정적인 평가를 하고 있다면, 재빠르게 적절한 조치를 취해 당신의 발표를 정상궤도에 올려놓을 수 있을 것이다.

라. 자신만의 눈 맞춤 양식의 개발

청중과 시선을 맞추려고 할 때는 고정된 틀에 따라 움직이기 보다는 자연스럽게 시선의 움직임을 갖도록 하는 것이 좋다. 왼쪽의 사람과 눈 맞춤을 했으면 오른쪽 사람과 눈 맞춤을 하고, 그 다음은 중간에 앉아 있는 사람과 눈 맞춤을 하는 형식으로 하라. 눈 맞춤이 규칙적인 양식으로 되고 있다고 청중이 깨닫게 되면, 자기의 차례가 돌아올 때까지 공상에 빠지거나 졸수도 있기 때문이다.

모든 청중을 골고루 쳐다보는 것이 부담스러우면 한쪽 청중을 다른 쪽 청중보다 더 자주 쳐다봐도 좋다. 특히 자신의 프레젠테이션에 호의적인 반응을 보이는 쪽이 있어서 그쪽을 쳐다보는 것이 더 편안하게 느껴진다면 그쪽을 더 자주 쳐다봐도 좋다. 이 방법을 활용할 때에는 그쪽 청중들과 개인적인 대화를 하는 것처럼 보이지 않도록 하는 것이 중요하다.

또한 대화를 할 때 상대방의 눈을 쳐다보는 것이 부담스러우면 그 사람의 콧등을 쳐다보라는 말이 있다. 프레젠테이션을 할 때에도 이와 유사한 방법으로 응시하는 것의 부담을 줄일 수 있다. 즉, 청중의 머리 윗부분을 쳐다보는 방법이다. 일반적으로 프레젠테이션을 실시할 때 프레젠터의 시선이 청중의 시선보다 높기 때문에 청중이 볼 때에는 프레젠터가 자신의 정면에서 본다고 느끼기 때문이다. 이처럼 프레젠터로서 눈 맞춤을 자유자재로 활용하여 프레젠테이션을 하게 되면, 유능한 프레젠터로 한 단계 도약하게 될 것이다. 위에서 언급하였던 눈 맞춤을 토대로 효과적인 눈 맞춤을 위한 사용법을 제시하면 다음과 같다.

참고하세요 !

효과적인 눈 맞춤 사용법

① 가장 중요한 것은 청중 한 사람 한 사람에게 말을 거는 것이다.
② 왼편과 오른편에 시선을 균등하게 주자.
③ 앞좌석에 앉아 있는 청중에게는 의욕이 꺾이지 않도록 시선을 주자.
④ 핵심인물에게 주의를 주자.
⑤ 얼굴의 방향과 눈의 방향을 일치시키자.
⑥ 눈으로 독촉하고, 눈으로 수긍하게 한다.
⑦ 강한 시선으로 결의를 보낸다.
⑧ 눈의 표정에 기분을 담아라.

4. 표정

얼굴은 신체 중에서 가장 표현을 잘하는 부분이다. 잡지를 읽게 될 때 움직이는 사람이 실려있는 사진을 찾아서 손으로 그 사람들의 얼굴을 제외한 모든 부분을 가려보자. 그 얼굴만으로 어떤 종류의 정보를 얻을 수 있을까? 또는 어떤 종류의 정보를 얻을 수 없을까?

비록 그 사람이 무엇을 하는지는 알 수 없지만 감정과 태도는 확인할 수 있음을 발견할 것이다. 눈만 제외한 모든 것을 가리고도 여전히 감정과 태도를 감지할 수 있는지를 알아보라. 입 주위만 제외하고 모든 것을 가려보자. 어떤 감정들은 눈이나 입만 보고도 해석이 가능하다는 것을 알게 될 것이다. 그러나 얼굴을 많이 가리면 가릴수록 감정과 태도를 확인하기가 더 힘들어진다.

이처럼 얼굴 표정은 프레젠터의 감정 상태와 태도를 드러낸다. 경직된 얼굴표정은 프레젠터가 매우 긴장해 있다는 것을, 벌게진 얼굴은 불안에 떨고 있다는 것을, 그리고 찡그린 얼굴은 매우 초조해하고 있음을 반영한다. 긴장, 불안, 초조 등에 휩싸여 있다는 것이 청중에게 알려지면 좋을 것이 하나 없다. 따라서 프레젠테이션에 임할 때에는 표정을 관리하는 데 특별히 신경을 써야 한다.

프레젠테이션을 시작할 때 가장 이상적인 표정은 정색을 하면서도 약간의 미소를 띤 표정이다. 정색을 한다는 것은 정신을 바짝 차리고 있다는 것을 보여주며 미소를 띤다는 것은 여유를 가지고 있다는 것을 반영한다. 정색을 하는 것은 비교적 쉬우나 미소를 짓는 것은 결코 쉬운 일이 아니다. 그러나 의식적인 노력을 통해서라도 미소를 짓는 것이 좋다. 미소를 보는 사람들에게도 여유를 주지만 프레젠터 자신의 기분도 즐겁게 만든다. 불안하고 초조하더라도 억지로 미소를 짓고 나면 한결 마음이 편안해진다.

얼굴표정은 내용의 변화에 따라 적절히 변화해야 한다. 즐거운 이야기를 할 때는 즐거운 표정을, 진지한 이야기를 할 때는 진지한 표정을 지어야한다. 그러나 화난 표정이나 지나치게 흥분된 표정은 피하는 것이 좋다. 이러한 표정들은 프레젠터가 자신의 감정을 적절히 통제할 수 없다는 사실을 반영하기 때문에 공신력에 영향을 미친다. 또한 프레젠테이션을 하다가 실수를 했다고 해서 쑥스런 표정이나 머쓱한 표정을 짓는 것은 좋지 않다. 실수를 하더라도 예사스런 표정으로 지나쳐야만 그 실수가 필요 이상으로 확대 해석되지 않는다.

5. 제스처

제스처란 프레젠테이션에서 말하고자 하는 내용을 보충하거나 설명하기 위해서 신체부위를 의도적으로 움직이는 것을 말한다. 제스처는 말을 통해 전달되는 메시지의 의미를 명확하게 해주며, 특정한 단어나 구절을 강조하는 기능을 하고, 청중의 시선을 모으는데 역할을 한다. 무의식중에 손을 주머니에 넣는다거나 옷깃을 만진다거나 하는 행동들은 프레젠테이션에서 의미 있는 제스처라 보기에는 어렵고 오히려 이런 행동들이 프레젠테이션을 방해할 뿐이다. 이런 제스처를 사용할 때에는 기본적으로 지켜야 할 원칙이 있으며 연습을 통해 향상시킬 수 있다.

가. 제스처의 기본 원칙

프레젠테이션에서 제스처가 차지하는 비중은 매우 높으며 프레젠테이션을 행하는 사람이면 누구나 다 제스처가 중요하다는 것을 알고 있다. 이와 관련하여 프레젠테이션을 행할시 지켜야할 기본적인 사항들을 제시하면

프레젠테이션을 실행할 때는 의식적으로 제스처를 하려고 노력한다. 그러나 제스처에 대해 지나치게 많은 신경을 쓰다 보면 과장되거나 어색한 제스처가 나오게 된다. 제스처는 다른 몸짓언어와 마찬가지로 자연스러움을 그 생명으로 한다. 일상적인 대화를 할 때처럼 제스처가 말의 일부라고 느껴질 만큼 자연스러워야 한다. 제스처가 말과 동떨어져 따로 놀거나, 프레젠테이션으로부터 분리된 별개의 동작처럼 느껴져서는 안 된다. 여기에서 언급된 기본원칙을 충실히 이행할 때 프레젠테이션 상황에 맞는 적절한 제스처를 취할 수 있을 것이다.

나. 제스처의 기법

1) 프레젠테이션 전에 근육의 긴장을 풀어라.

앞에서 말한바와 같이 프레젠테이션에서 제스처가 중요한 역할을 수행하기 때문에 제스처를 자연스럽게 실행하기 위해서는 몸의 긴장을 풀어줄 필요가 있다. 우리가 평소에 운동을 하기 전에 준비운동을 하는 것과 마찬가지로 프레젠테이션을 실행하기 전에는 가볍게 몸을 풀어줘야 한다. 몸이 긴장하고 있으면 동작이 뻣뻣해지고 제스처는 어색해질 것은 자명한 사실이다. 따라서 프레젠테이션을 하기 전에는 가볍게 걸음을 걸어 보거나, 어깨를 움직이고, 근육을 유연하게 풀어 주면서 숨을 깊이 들이마시면서 긴장을 조절해야 할 것이다. 그러나 지나치게 긴장을 풀어주는 것은 오히려 프레젠테이션에 좋지 않은 영향을 주므로 적당한 수준에서 긴장을 유지하면서 몸의 긴장을 풀어주는 것이 적절한 방법일 것이다.

2) 타이밍은 효과적인 제스처에 결정적인 요소이다.

프레젠터가 제스처를 사용할 때에는 타이밍이 매우 중요하다. 이미 말하고 난 후에 제스처를 취한다는 것은 프레젠터나 듣는 청중의 입장에서도 매우 어색한 상황일 것이다. 손가락으로 가리킨다거나 팔을 움직이거나 주먹을 휘두르는 것과 같은 제스처는 강조하고자 하는 요점 바로 전이나 그때 해야 한다. 예를 들어 먼저 제스처를 취하고 다음에 말 하는 경우와 말과 제스처를 동시에 하는 경우 마지막으로 말을 먼저 한 후 제스처를 한 경우에 효과적인 측면에서 살펴보았을 때 동시에 하는 것도 나쁘지는 않으나 말보다 행동이 먼저 했을 경우에 좀 더 효과적인 것으로 나타났다.

실제 프레젠테이션에서 이러한 점을 간과하기 쉽다. 수업 발표 시간에 해마다 인구 증가율이 감소하고 있음을 설명하고 뒤늦게 손으로 하향하는 동작을 취한다면 의미 없는 동작이 될 것은 뻔한 사실이다. 따라서 제스처를 취할 때에는 항상 이점을 염두에 두고 습관이 될 때까지 연습을 하면 자동적으로 자연스럽게 말로 표현하기 전에 제스처를 사용할 수 있을 것이다.

3)제스처는 자연스럽고 활기가 있게 하라.

좋은 제스처는 프레젠터의 신뢰성과 관련된 활력을 전달해 준다. 제스처에 힘을 주어 확신과 열기를 보여주어야 한다. 별로 중요하지 않은 문제를 강조하기 위해 과장되고 같은 제스처를 반복하지 않도록 한다. 즉 제스처는 다양하게 변화를 주어야 한다. 흔히 프레젠테이션을 할 때는 제스처를 자주, 그리고 크게 하라고 한다. 그러나 이 말은 스피치의 성격과 청중의 크기 및 배치에 따라 제스처도 달라져야 한다는 것을 의미한다. 어떤 프레젠테이션은 성격상 역동적이고 정열적인 발표를 필요로 한다. 이를테면, 정치 연설이나 대 고객 프레젠테이션 또는 강연 등이 이러한 프레젠테이션에 속한다. 이런 프레젠테이션을 할 때는 제스처가 크고 잦아야 한다.

또한, 제스처는 말에 강세를 주고 청중의 시선을 모으기 위해서 하는 것이다. 따라서 제스처는 역동적일수록 더 효과적이다. 제스처를 역동적으로 하기 위해서는 어깨에서 손에 이르기까지 팔 전체를 유기적으로 움직여야 한다. 손만 움직이거나, 어깨를 고정시킨 상태에서 팔꿈치 아래만 움직이는 제스처는 좋지 않다. 손이 위로 올라가면 팔꿈치도 따라 올라가야 하고 어깨도 약간 들려야 하며, 손이 열리면 팔꿈치와 어깨도 바깥으로 따라 움직여야 한다.

4) 깊은 인상을 주고 싶을 때 효과적으로 사용하라.

프레젠테이션을 실시할 경우에 시선과 제스처를 일치시켜야 한다. 예를 들어 손으로 특정 방향을 가리킬 경우에 시선도 그 방향으로 돌려야 한다. 팔 전체로 크고 분명하게 하되 청중이 많을 경우에는 제스처를 크게 해야 한다. 크게 하라는 것은 손과 팔의 움직임을 보다 확대하라는 말이며, 분명하게 하라는 것은 한 움직임의 시작과 끝을 명확히 하라는 말이다. 제스처가 크고 분명하면 프레젠터가 열정적으로 프레젠테이션에 임하고 있다는 인상을 주기 때문에 프레젠테이션이 설득력을 갖게 된다.

또한 프레젠터는 제스처를 발표 내용의 변화에 따라 변화되어야 한다. 예를 들어 프레젠테이션의 서두에서는 왼팔과 왼손을 사용하여 제스처를 취했다면 다른 이야기로 바뀔 때 혹은 화제가 전환될 경우에는 오른손과 오른팔을 사용하는 것이 효과적일 것이다. 그렇다고 제스처를 과장되게 크게 하는 것은 좋지 않다. 제스처는 청중의 시선을 집중시키기 위해 하는 것이지 청중의 시선을 혼란시키고자 하는 것이 아니다. 따라서 청중이 눈길을 돌려야 집중할 수 있는 제스처는 피하는 것이 좋다.

5) 손과 팔을 다양한 각도로 움직여라.

프레젠테이션을 실시할 경우에는 특정한 목적을 지니고 취한 경우를 제외하고는 제스처를 할 때 손을 주먹 쥐거나 활짝 펴는 것은 좋지 않다. 손가락과 손바닥을 축구공을 쥔 듯한 정도로 약간 구부린 상태에서 여러 가지 제스처를 하되, 내용의 흐름에 맞추어 손바닥과 지면의 각도, 그리고 손바닥과 정면의 각도를 다양하게 바꾸어주는 것이 좋다. 손과 팔을 올리고 내리는 각도와 앞으로 밀어내고 몸 쪽으로 끌어당기는 각도도 내용의 흐름에 따라서 다양하게 변화시켜야 한다. 한마디로 손 움직임이 단조롭게 반복되는 것은 좋지 않다. 손의 자세와 관련하여 각각의 동작이 가지는 의미는 다음과 같다.

가) 손바닥을 펴는 자세

손바닥을 펴는 것은 진실, 정직, 충성 그리고 복종과 관련이 있다. 맹세는 가슴에 손바닥을 얹고 행해지며 법정에서 증언을 할 때 손바닥을 펴서 들고 한다. 손바닥을 펴서 제스처를 함으로써 다른 사람들에게 믿음직스럽게 보이도록 만든다.

나) 손바닥으로 명령을 내리는 자세

손바닥을 위로 편 것, 아래로 향한 것, 그리고 주먹을 쥐고 손가락으로 지시하는 형태의 세 가지가 있다. 손바닥이 위로 향한 것은 유순하고 위협적이지 않은 제스처이다. 동등한 위치에 있는 동료들 사이에서 "그것 좀 해 주세요."라고 말한다. 손바닥이 밑으로 향했을 때는 즉각적으로 권위를 갖게 된다. 손을 펴서 손바닥을 아래로 하고 "조용히 하라." 고 말하기도 하고, "그것 좀 해요." 라고 하기도 한다. 주먹을 쥐고 집게손가락으로 가리키는 제스처는 가장 자극적인 제스처 중의 하나이다. 만약 습관적으로 지시하는 제스처를 자주 사용했다면 손바닥을 위 또는 아래로 하는 것을 실천하도록 노력하는 것이 좋다.

다) 양 손바닥을 문지르는 자세

사람들의 긍정적인 기대감을 비언어적으로 의사소통하는 방법이다. 사회자가 손바닥을 서로 문지르며 "우리는 다음 발표자의 말을 고대하고 있습니다." 라는 말과 함께 사용하면 효과적이다.

라) 양손을 맞물려 쥐는 자세

적대감이나 좌절감을 보이는 제스처인데 맞물린 손을 올리는 높이와 그 사람의 부정적 기분과 상관이 있는 것처럼 보인다. 가능한 한 상대방의 손바닥과 상체를 열기 위해 맞물린 손을 풀 조치를 취해야 한다.

마) 손으로 산 모양을 만들어 올리는 자세

상하의 인간관계에서 자주 사용되며, 상사들이 부하들 앞에서 자신감이나 우월감을 표현할 때 자주 사용된다. 이 제스처는 긍정적인 것이지만 부정적인 상황에서도 사용될 수 있고 오해될 소지도 있다. 이 제스처 앞에 행해지는 동작들이 부정적인 것들이었다면 부정적인 결과를 나타내고, 긍정적인 동작들 후에 행해지는 것이라면 긍정적인 결과를 갖는다.

바) 팔짱을 낀 자세

비판적인 제스처이다. 팔짱을 끼고 있으면 방관자적인 태도를 보인다고 인식되며, 팔짱을 끼고 강연을 듣고 있는 사람들은 강연자와 강연에 대해서 비판적인 태도를 보인다고 한다. 어느 유명한 강연자가 청중이 존경하는 몇몇 인사를 심하게 비판하였다. 욕설을 한 후 그 강연자는 청중에게 그들이 취하고 있는 자세 그대로 가만히 있으라고 하였다. 90%정도의 청중이 팔짱을 끼고 있는 자세를 하고 있었다는 것이다.

청중이 팔짱을 끼고 있으면 자세를 바꾸게 하는 것이 좋다. 간단하면서도 효과적인 방법은 그 사람에게 펜, 책 같은 것을 건네주어 그것을 받기 위해 팔짱을 풀게 하는 것이다. 우월 형은 팔짱을 끼지 않음으로 해서 막 만난 사람 앞에서 우월감을 느낀다고 한다.

사) 두 손을 모으는 자세

뒤로 손을 모으는 자세는 '우월감/자신감'의 제스처이다. 이 자세는 무의식적으로 두려움이 없는 것을 나타내어 자신의 공격받기 쉬운 배, 심장, 목 부분을 드러내는 자세이다. 초조한 상황인데 이 자세를 사용하면 아주 편안하고 자신감이 있으며 권위 있는 사람으로 느껴질 것이다. 그리고 앞으로 손을 모으는 자세는 안정감을 느끼기 위한 것이라 할 수 있다.

6. 공간적 관계

근접학(proxemics)은 공간을 사용하는 방법을 통해 무엇을 의사소통하는가를 연구하는 학문이다. 이야기하는 상대에게서 얼마나 멀리 떨어져 있는가, 집에 가구를 어떻게 배치하는가, 다른 사람들이 자신의 영역을 침입하는 데 대해 어떻게 반응하는가 하는 것들 모두 중요한 비언어적 진술들이다. 근접학의 두 가지 구성요소인 물리적 배치와 거리는 프레젠테이션과 관련이 많다.

먼저 물리적인 배치는 프레젠터용 탁자의 유무를 포함해서 프레젠터가 연설하고 있는 장소의 배치도, 좌석 도면, 칠판이나 보조기구의 위치, 프레젠터와 청중 사이의 물리적 장벽을 말한다.

근접학의 아버지는 인류학자였던 에드워드 홀로, 그는 사람들이 무의식적으로 다른 사람들과 상호작용할 때 사용하는 거리의 정도에 따라 ① 친밀한 거리(intimate distance), ② 개인적 거리(personal distance), ③ 사회적 거리(social distance), ④ 대중적 거리(public distance)의 네 가지로 설명하였다. 각 사람은 개인적으로 규정한 공간이 네 개의 동심원으로 둘러싸여 있다고 상상해보자. 친밀한 거리에서 가장 가까운 거리는 접촉을 하는 것이고, 먼 거리는 신체에서 15~45cm 떨어진 거리이다. 이 영역은 연인이나 가까운 친구, 부모에게 안겨 있는 어린아이 사이에서 볼 수 있다. 만약 가깝지 않은 사람들에게 그들을 보호하는 아무런 장벽 없이 이 공간을 공유하도록 강요한다면, 그들은 당황하거나 위협감을 느낀다. 복잡한 버스나 엘리베이터에서 접촉을 피할 수 없을 때, 사람들이 어떻게 시선을 피하고, 긴장하고, 몸을 뒤로 빼는지를 관찰해 보라. 눈길을 마주치는 경우에는 종종 공손하거나 어색한 미소를 짓는 것을 볼 수 있다.

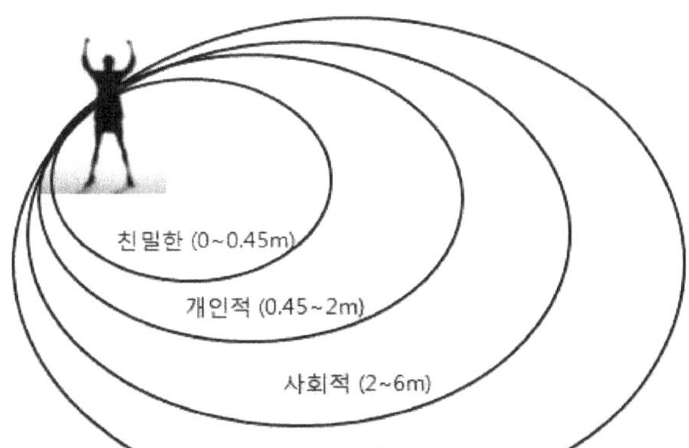

개인적인 거리(45cm~2m)에서 근접영역인 45cm~1m로 파티에서 편안하게 이야기할 수 있고, 여전히 파트너와 쉽게 접촉할 수 있는 거리이다. 반면에 원접 영역인 1m~2m의 거리에서는 접촉의 위험이 없이 비교적 사적인 이야기들을 주고받을 수 있다. 이 영역에서 가장 먼 거리는 파트너와 팔 길이만큼의 거리를 유지하는 것이다.

사회적 거리(2~6m)에서 근접영역은 2~3.5m로, 고객이나 서비스 맨에게 이야기할 때와 같이 주로 대인업무를 수행할 때 사용된다. 이 거리는 종종 지배를 나타내기 위하여 인위적으로 사용된다. 한 감독관이 자신의 높은 지위를 나타내기 위한 방법으로 이 거리에서 앉아 있는 고용인을 응시할 수 있다. 사회적 거리에서 원접 영역은 3.5~6m로 공식적인 사업이나 사회적 상호작용에 자주 사용된다. 가끔 회사의 사장들은 고용인들로부터 이 정도의 거리에 놓여 있는 책상에 앉음으로써 앉은 자세로도 고용인들에게 그의 높은 지위를 드러낼 수 있다. 이 거리는 또한 회사원들이 다른 동료들에게 무례한 느낌을 주지 않으면서 작업을 계속할 수 있는 개방적인 사무실 환경에서 유용하다. 또한 가정에서 남편과 아내가 독서를 하거나 TV를 볼 때, 일상적인 이야기를 할 때 서로에게서 이 거리를 유지하며 앉아 있을 수도 있다.

대중적 거리는 6~10m로 근접영역인 6m는 상대적으로 비공식적인 모임에 사용되며, 원접 영역인 10m는 정치가나 명사들의 연설에 사용된다.

네 가지의 영역은 문화마다 매우 다르기 때문에 가끔 다른 문화에서 온 사람이 다르게 전이된 영역을 이해하지 못해서 오해하는 수가 있다. 예를 들면, 라틴 문화에서는 앵글로 아메리카 문화보다 개인적인 거리가 더 가깝다. 이러한 두 개의 다른 문화에서 온 사람들은 방의 한쪽 끝에서 대화를 시작해서 다른 쪽 끝에서 끝낼 수 있다. 왜냐하면, 라틴인은 그가 가장 편안하게 느끼는 '개인적 영역' 으로 가까이 움직이고 앵글로 아메리카인은 그의 '친밀한 영역' 을 침범당하는 것을 거북하게 느껴 뒤로 물러날 것이기 때문이다. 라틴인은 앵글로 아메리카인이 냉정하다가 생각하면서 방을 나갈 것이고 앵글로 아메리카인은 라틴인이 뻔뻔하다고 느끼면서 떠날 것이다. 같은 문화의 구성원이라고 할지라도 이러한 영역의 크기는 개인에 따라 차이가 있다.

대부분의 상황에서 홀이 명명한 '대중적 거리'에서 프레젠테이션을 하게 된다. 이런 거리에서 청중과 커뮤니케이션하려면 보통 목소리나 조금 변화한 자세나 움직임으로는 할 수가 없다. 더 큰 제스처를 쓰고, 몸을 더 넓게 움직이며, 목소리에 힘도 더 주어야 그만큼의 거리를 보충할 수 있다. 반면, 더 가까운 거리에서 몇몇 사람을 상대로 할 때는 목소리를 줄이고, 제스처의 폭도 제한해야 한다.

Ⅳ 프레젠테이션 지원

프레젠테이션을 효과적으로 실시하기 위해서는 다양한 프레젠테이션 지원을 활용하는 것이다. 프레젠테이션 지원을 어떻게 활용하느냐에 따라서 그 효과는 천차만별일 것이다. 여기에서는 프레젠테이션 지원이 의미하는 바가 무엇이며, 왜 사용해야 하는지 그리고 프레젠테이션 지원의 유형과 이에 따른 활용 가능한 매체에 대해 소개하고자 한다. 마지막으로는 프레젠테이션 지원을 사용하는 방법에 대해 언급하고자 한다.

1. 프레젠테이션 지원

가. 프레젠테이션 지원의 개념

프레젠테이션 지원(Presentation Aids)은 프레젠테이션에서 아이디어를 표현하는 데 도움을 준다. 프레젠테이션 지원에는 시각적, 청각적, 시청각적 지원의 3가지 형태가 있다. 시각적 지원은 실물, 모델, 사진, 다이어그램, 그래프, 차트 등이 있으며, 청각적 지원은 소리에 초점을 두고 있으며 음악소리, 대화, 인터뷰, 연설, 환경소리 등을 포함한다. 시청각 지원은 시각과 청각의 결합된 형태로써 비디오, 영화 등의 동영상을 포함한다. 때때로, 프레젠테이션 지원에 촉각, 후각 등이 사용되는 경우도 있다.

언어를 보충하기 위해서 프레젠테이션지원은 청자를 위해 명료하고 간결한 아이디어를 만드는데 도움을 준다. 길을 잃고 방황하는 사람이 당신에게 길을 물어본다고 할 때 만약 당신이 지도를 보여준다면 길을 물어본 사람에게 아주 정확한 해결책을 제시한 것이다. 어린아이에게 신발 끈을 묶는 과정을 시연하지 않고 가르쳐주는 것을 상상해보아라. 또는 당신이 좋아하는 가수의 노래를 들려주지 않고 설명해주는 모습을 상상해보아라. 옛말에 '백문이불여일견' 이란 말이 있듯이 우리가 직접 보았을 때, 보다 잘 이해할 수 있다.

파워포인트와 같은 소프트웨어를 사용하여 잘 구조화된 프레젠테이션 슬라이드는 다양한 영역에서 성공적인 연설에 많은 도움을 준다. 연구에 따르면 파워포인트와 같은 도구를 사용한 프레젠터가 사용하지 않은 사람들보다 43%이상 설득력이 높았다는 것을 보여준다. 문제는 많은 사람들이 효과적으로 슬라이드를 만들기 위해 훈련을 안 한다는 것이다. 여기에서는 이와 관련된 노하우를 제공하고자 한다.

▶ (생각해보기) 소리, 냄새, 맛과 같은 것을 누군가에게 설명하고자 할 때를 상상해보아라. 이렇게 설명하는 것이 쉬울까요, 어려울까요? 어떻게 프레젠테이션 지원이 도움을 줄 수 있을까요?

여기에서는 어떻게 프레젠테이션 지원이 연설하는 것을 강화시키고, 당신들이 선택할 수 있는 지원의 유형과 이를 뒷받침해주는 매체에 대해 설명하고자 한다. 또한 효과적인 프레젠테이션 지원을 만들고, 그것들을 잘 활용할 수 있기 위해 고려해야할 요소들에 대해 설명하고자 한다.

나. 프레젠테이션 지원을 사용하는 이유

프레젠테이션 지원의 주목적은 음성 메시지를 좀 더 구체화하기 위해 사용된다. 프레젠테이션 지원은 또한 연설에 다양성을 부여해주고, 연설에서 불안감을 없애주며, 청중의 기억력을 높여주며, 정보를 간결하게 전달해주고, 설득적인 호소력을 높여주고, 학습주기(cycle of Learning)를 원활하게 함으로써 많은 청중에게 도달할 수 있도록 해 준다.

1) 음성메시지의 명료화

프레젠테이션 지원의 주요한 기능은 청중들이 프레젠터의 의미를 좀 더 잘 이해하기 위해서 음성메시지를 구체화시켜준다. 예를 들어, 개의 털이나 발톱을 다듬는 방법에 대해 정보를 전달하고자 할 때, 털을 깎거나 발톱을 다듬는 그림을 보여주는 방법을 사용해보자. 큰소리로 그 과정을 묘사하는 동안 그와 관련된 슬라이드를 함께 보여줌으로써 좀 더 구체적으로 설명할 수 있을 것이다. 만약 프레젠테이션 지원이 구체성에 도움을 주지 않는다면 사용하지 않는 것이 좋다. 따라서 지원들은 단지 단어나 화제에 날쌔게 움직이는 도구가 아니라, 단어나 어휘의 의미를 좀 더 명확하게 만들어주기 위한 보충물이라 할 수 있다.

2) 다양성의 지원

프레젠테이션 지원은 청중에게 보고 듣는 새로운 것을 제공해줌으로써 다양성을 지원해준다. 청중에게 프레젠테이션 지원을 소개해줄 때 프레젠테이션 중에 방황하고 있는 청중들은 다시 프레젠테이션에 집중할 수 있을 것이다. 창조적으로 만들어진 지원은 컨퍼런스라든지 비즈니스 미팅과 같은 장시간의 프레젠테이션에 효과적이다. 즉, 다양한 형태의 지원을 활용함으로써 청중의 이해를 높일 수 있는 기회를 제공하는 것이다.

3) 연설의 불안감 줄이기

프레젠테이션 지원은 연설의 불안감을 줄이는데 도움을 준다, 시각적 지원을 사용할 경우 청중은 시각적 지원을 보는 것이지 결코 프레젠터를 보는 것은 아니다. 모든 프레젠테이션 지원은 실패의 두려움으로부터 나오는 불안감을 줄일 수 있다. 왜냐하면 프레젠테이션 지원이 포함하는 정보는 연설의 일부분에 대한 프레젠터의 기억을 환기시켜준다.

4) 간결한 정보의 전달

프레젠테이션 지원은 정보를 간결하게 전달해준다. 아이디어나 개념들은 단지 단어나 문장을 통해 설명하는 것은 어렵고, 청중을 지치게 할 정도로 긴 설명을 요구한다. 지원의 활용은 짧은 시간 안에 개념을 명확하게 할 수 있고, 많은 언어적 설명을 필요로 하지 않는다. 15초 혹은 20초의 짧은 비디오 클립은 언어로 설명하는 10분과 같은 효과를 지닌다. 1950년대나 1960년대에 TV의 상업적 광고는 1분 동안 지속되었으며, 오늘날의 광고는 30초를 넘어가지 않는다. 이러한 변화는 좀 더 효과적으로 정보를 전달할 수 있는 방법을 활용했기 때문이다.

5) 설득적 호소의 강화

연설에 효과를 더함으로써 프레젠테이션 지원은 프레젠터의 신뢰성 혹은 설득적 호소를 증가시킬 수 있다. 3M의 연구에 따르면, 프레젠테이션에서 시각적 지원을 사용한 프레젠터가 시각적 지원을 사용하지 않은 프레젠터에 비해 2배 가까이 청중을 설득하였다는 연구 결과를 보여주었다. 물론 잘 구조화되지 않거나, 잘 만들어지지 않은 프레젠테이션 지원은 아무런 도움이 되지 않으며 오히려 설득적 호소를 해칠 것이다.

6) 학습주기의 원활

프레젠테이션 지원은 다양한 학습 유형을 다루기 때문에 프레젠테이션이 집중할 수 있는 청중의 수를 증가할 수 있다. 청중 개개인들은 다른 학습 스타일 - 느낌, 생각하기, 보기, 행하기-의 선호를 가지고 있다. 어떤 청중은 단지 경청을 함으로써 메시지를 잘 이해할 수 있고 다른 청중은 시각적이거나 또는 다른 형태의 강화물을 필요로 한다. 모든 형태의 학습 스타일을 제공해주는 것은 모든 청중에게 이로움을 제공한다. 왜냐하면 그들이 선호하는 학습 스타일에 상관없이 메시지를 보다 오래 유지할 수 있기 때문이다.

참고하세요 !

사례

지압에 관해 발표를 맡은 김미숙은 그녀의 발표에서 프레젠테이션 지원을 사용하였다. 그녀는 지압이 침술과 유사하지만 바늘이 아니라 손가락 끝의 자극을 사용하여 고통을 줄이기 위한 자연적인 방법이라고 설명했다. 그녀는 지압의 활용을 설명하기 위해 편두통을 경험하는 사람의 비디오클립을 제공하였다. 이런 실생활의 사례들은 시각과 느낌의 학습주기에 호소하였다.

그녀는 후에 지압 포인트의 위치와 각각의 위치에 관련된 고통들을 묘사하는 신체의 그림을 보여주었다. 이런 지원은 추상적인 개념의 논리적 설명을 제공함으로써 시각과 생각하기의 학습주기를 사용하였다.

프레젠테이션 지원의 한 유형으로써 그녀 자신을 활용하여 두통을 줄이는 지압 자극을 시연하였다. 그녀는 청중에게 그런 방법을 따라해 보라고 요청하였고 이는 행하기의 학습주기를 사용하였다.

그녀는 마지막으로 두통이 줄어들고 있는 것을 경험하고 있는 사람의 비디오 클립을 보여주는 것으로 프레젠테이션을 끝냈다. 그녀는 다양한 학습 유형을 다루기 때문에 프레젠테이션이 집중할 수 있는 청중의 수를 증가할 수 있었다.

2. 프레젠테이션 지원의 유형

프레젠터의 연설에 사용할 프레젠테이션 지원을 결정하기 위해서는 먼저 각각 형태의 장단점이 무엇인지를 이해하고 프레젠터의 메시지를 좀 더 견고하게 할 수 있는 방법을 선택할 수 있어야 한다. 프레젠테이션 지원은 실물과 상징적인 묘사로 구분할 수 있다. 상징적인 묘사에는 모델, 사진, 그림과 도형, 지도, 그래프, 차트, 음성자료, 시청각 자료 등이 있다.

가. 실물(Actual Objects)

실물은 시각적인 묘사의 가장 대표적인 형태라 할 수 있다. 그들은 생물(사람, 동물, 식물 등)이거나 무생물일 수 있다. 앞의 사례에서 김미숙은 그 자신을 프레젠테이션 지원으로 사용하였다. 당신은 발레 동작, 요가 자세, 테니스의 스트로크 등을 시연하는 것, 또는 한국 전통 혼례 복장을 입거나 우체국의 유니폼을 입는 것 등이 실물을 사용한 예라 할 수 있을 것이다.

사람을 사용하는 것은 청중의 주의를 유지하는 좋은 방법이라 할 수 있다. 특히 어떤 과정을 시연하는데 사람을 사용하는 것은 행하기와 느낌 차원의 학습주기에 이점을 가지고 있다. 사람을 활용한 방법의 단점은 시연을 볼 수 없는 사각이 존재한다는 것이다.

동물을 사용한 방법은 인간을 사용한 방법과 유사한 이익이 있지만 물류적인 문제를 가지고 있으며 청중에게 흥미를 줄 수 있지만 통제하기 어렵다는 단점을 지니고 있다. 예를 들어 고양이가 할퀸다거나 개가 짖는 것을 멈추게 하는 것이 쉽지 않을 것이다. 동물을 사용한 방법이 프레젠테이션 지원의 효과성을 감소시킬 수도 있고 프레젠터의 연설의 걱정거리를 증가시킬 수 있다.

무생물 다양한 프레젠테이션 지원은 효과적일 수 있다. 예를 들어 골프에 대해 정보전달을 주목적으로 하면 프레젠터는 우드와 아이언 사이의 차이점을 청중에게 보여주거나 드라이브와 퍼팅을 시연하기 위해 골프 클럽을 사용할 것이다. 무생물을 사용한 장점은 청중이 프레젠터가 말하고 있는 것을 직접 볼 수 있다는 점이다. 잠재적인 단점으로는 크기, 복잡성, 위험을 포함한다. 예를 들어 프레젠테이션에서 4륜 자동차의 장점을 소개할 때 현장에 4륜 자동차를 직접 가져와 보여주는 것은 크기에 제약이 따를 것이다.

나. 모델

모델을 실물을 축소하거나 확대한 형태를 띠고 있다. 예를 들어 귀의 구조에 대해 정보를 전달하고자 할 때 귀의 구조를 확대한 모델을 사용할 것이다. 모델은 프레젠터가 이야기하고자하는 사물의 대리물이기 때문에 효과적이다. 때때로, 모델을 만들거나 획득하는 것은 많은 시간을 소모하거나 비용이 많이 든다.

다. 사진

사진은 실물이나 모델이 불가능할 때 사용할 수 있는 대안이다. 사진은 모든 사람이 볼 수 있도록 하기 위해서는 확대를 하거나 파워포인트와 같은 도구를 사용하거나 슬라이드로 변환해야만 한다.

라. 그림과 도표

그림(drawing)은 실물과 모델의 다른 대안이다. 도표(diagram)는 그림의 한 형태로써 그림의 전체 혹은 일부를 보여주는데 사용된다. 그림과 도표는 만드는 것이 비교적 간단하고 저렴하지만 상대적으로 예술적인 능력을 요구한다. 프레젠테이션 지원의 한 형태로써 잘 준비되지 않은 그림과 도표는 프레젠터의 신뢰성과 설득적 호소를 감소시킬 것이다.

마. 지도

프레젠터가 전달하고자 하는 내용에 따라, 캠퍼스, 시, 도, 나라, 세계 등의 지도는 좋은 프레젠테이션 지원이 될 수 있다. 지도는 실제와 상상의 지리적인 영역의 도식적인 대리물이다. 지도는 찾아가고자 하는 곳의 길을 보여주고 건물들 간의 상대적 배치를 보여준다. 예를 들어, 독도가 한국과 일본의 어디에 위치해 있는지 지도를 봄으로써 상대적 위치를 파악할 수 있다.

바. 그래프

그래프(graph)는 통계, 통계적인 경향, 통계적인 상대성을 명확하게 하거나 좀 더 이해하기 쉽게 하기 위해 고안된 대리물이라 할 수 있다. 그래프는 복잡한 숫자들의 경향이나 관계들을 좀 더 간결하게 제시해준다. 그래프의 종류에는 대략 7가지 형태가 있다.

막대그래프(bar graph)는 단일 시점이나 다양한 시점에 서로 다른 품목이나 종류를 비교할 때 사용할 수 있다. 수직막대 그래프는 여러 기간 동안 여러 품목을 비교할 때 사용한다. 예를 들어, 지난해의 월별 공장 생산성을 나타낼 때 사용할 수 있다. 수평축에 월을 표시하고, 수직축에는 월별 생산량을 표시하면 된다. 이렇게 생성된 12개의 막대는 월별 생산량을 표시한다.

선 그래프(Line graph)는 막대그래프와 같이 시간에 따른 변화를 나타내지만, 지속적인 흐름이나 선을 나타낸다. 하나의 항목에 대한 변화 혹은 여러 가지 항목의 변화를 비교할 수 있다. 선 그래프를 사용할 때 가능한 한 단순하게 그리도록 하여야 하며, 서로 다른 항목을 지나치게 많이 그리거나 비교하는 것은 청중에게 전달하고자 하는 내용을 정확하게 전달할 수 없게 만든다.

원형 그래프(pie graph)는 전체와의 비율을 나타낼 때 사용된다. 일부 발표자들은 조각을 15~20개 정도로 너무 많이 나누기도 한다. 이러면 청중이 알아보기 힘들게 된다. 원형 그래프의 그래프, 글자, 배경의 색깔을 각각 다르게 하여 청중에게 시각적인 자극을 줄 수 있으므로 효과적인 프레젠테이션 지원이 될 수 있다.

사. 차트

차트(chart)는 절차와 위치간의 상대적인 관계를 명확하게 나타내준다. 순서도는 절차의 계열성을 나타내주며, 조직도는 조직 내에서 지위간의 위계적인 관계를 나타내준다.

아. 청각 자료

때때로 청각 자료(audio material)를 사용하지 않을 때 설명이나 기술이 부족할 경우가 있다. 예를 들어, 뉴에이지 음악에 관해 설명할 때, 뉴에이지 음악의 개념, 사상 등에 관한 정보를 제공하면서 음악을 함께 들려줌으로써 효과를 높일 수 있다. 청각자료에는 유명한 연설, 라디오 프로그램, 인터뷰, 대화, 환경 소리 등이 있다. 청각자료의 경우 학습자의 수준에 맞는 어휘를 사용하고, 배경음악이나 음향효과 등은 남용되지 않도록 하고, 배경음악이 너무 커서 내용을 듣는 데 방해가 되지 않도록 하며, 언어적 제시 뿐 아니라 음악, 음향효과, 목소리의 고저, 톤과 피치 등을 적절히 활용하여야 한다.

자. 시청각자료

시각과 청각을 동시에 사용하는 자료에는 비디오테이프, 영화, 컴퓨터를 활용해 만든 슬라이드 등이 포함된다. 예를 들어, 성 역할 고정관념을 살펴보기 위해서 영화나 드라마 속에 표현된 남성상, 여성상을 제시함으로써 효과적으로 사용할 수 있다. 시청각자료의 경우 장소와 청중의 수에 따라 매체를 준비하기 까다롭다는 단점이 있다.

3. 프레젠테이션 지원을 위한 매체들

매체(media)는 프레젠테이션 지원을 표시하기 위해 사용되는 장비들이다. 비 전자 매체에는 칠판, 플립차트, 포스터보드, 핸드아웃 등이 있다. 전자 매체에는 마이크, 슬라이드, 슬라이드 프로젝터, 투명도, OHP, CD/DVD 플레이어, VCR, 빔프로젝터, 노트북, 스마트폰, ipad 등이 있다.

가. 비 전자 매체들

1) 칠판

칠판의 형태는 다양한데 형태별에 따른 특징을 살펴보면, 고정 칠판은 활용하기 쉽고 늘 이용할 수 있고 이동 칠판은 방의 어느 위치에나 또는 방에서 방으로 이동시킬 수 있으며, 접는 칠판은 고정 칠판을 설치할 공간이 부적당할 때 활용될 수 있다. 칠판이 광범위하게 이용되는 이유는 다음과 같은 장점이 있기 때문이다.

① 거의 모든 장소에서 쉽게 이용할 수 있다.
② 상대적으로 활용하기 쉽고 편리하다.
③ 프레젠터와 청중에 의해 광범위하게 활용될 수 있다.
④ 설치비가 저렴하고 유지비도 적절하다.
⑤ 중요 요점을 요약하는데 적절하다.

반면에 칠판이 가지는 단점은 다음과 같은 것이 있다.

① 칠판에 충분히 가까운 소수의 청중들만이 참여하기 쉽다.
② 프레젠터가 칠판에 기록하기 위해 돌아서게 됨으로 청중과의 아이컨택트가 제한되고 연설의 흐름이 끊어질 수 있다.
③ 청중의 참여가 제한적일 수 있다.

2) 플립차트와 포스터보드

플립차트(flip chart)는 큰 종이를 걸 수 있도록 이젤 스탠드를 활용하여 언제 어디서나 간편하고 손쉬운 교육과 회의진행을 할 수 있도록 지원해주는 도구이다. 전문적인 강사는 기업교육 훈련 현장에서 많이 활용한다. 포스터보드(posterboard)는 포스터와 같은 형태의 유인물을 설치할 수 있도록 지원해주는 도구이다. 플립차트와 포스터보드는 상대적으로 저렴하며 쉽게 사용할 수 있다. 이들은 다양한 형태의 프레젠테이션 지원을 사용할 수 있으며, 잘 준비된다면 프레젠터의 신뢰성을 높이는데 도움을 준다. 특히 프레젠터가 그림에 소질이 있다면 매우 효과적인 도구일 것이다.

3) 핸드아웃

핸드아웃(handout)은 연설이 끝난 후 청중이 참고할 수 있는 효과적인 매체이다.

나. 전자 매체들

전자 매체(electronic media)는 좀 더 전문적이고 설득적 호소를 지니고 있을 때 비 전자 매체에 비해 효과적으로 사용될 수 있다. 불운하게도 그런 장비에 접근하기는 어렵고 불가능할 수 있다. 프레젠터가 발표하는 장소에서 필요로 하는 장비를 갖추게 하는 것은 프레젠터의 책임이다. 말하자면, 전자 매체는 슬라이드와 슬라이드 프로젝터, OHP, DVD/CD 플레이어, LCD 프로젝터 등을 포함한다.

1) 슬라이드와 슬라이드 프로젝터

한 장 한 장으로 구성되어진 슬라이드, 그림, 그것을 설명하는 문구가 찍혀져 있는 연속적인 매체로써 많은 현장에서 사용되는 것이다. 슬라이드는 많은 청중들이

보기가 쉽고, 의미를 간결하게 전달할 수 있는 대체물이다. 그러나 슬라이드 프로젝터를 사용하거나 사진을 슬라이드로 전환하기 위해 지불해야 하는 비용은 고려해야 할 단점이라 할 수 있다.

2) 환등기와 OHP

OHP를 사용하여 투사해서 보는 것은 시각적 지원 - 사진, 그림, 도표, 지도, 그래프, 지도 등 - 의 한 형태로 많이 활용된다. 투사도는 특히 복잡한 층을 가지고 있는 것을 설명할 때 매우 효과적이다. OHP를 사용하면서 프레젠터는 청중의 주의를 집중하기 위하여 투사도의 일부를 노출시킬 수도 있으며, 여러 장의 투사도를 이용하여 중첩시킬 수도 있다. 투명한 물체를 투사할 수 있으며, 불투명한 물체도 영상만이 나타나는 실루엣 투사가 가능하다. 색체 사용이 가능하며, 초보적인 단계에서의 움직임이나 애니메이션을 보여줄 수도 있다.

3) 오디오카세트와 CD/DVD 플레이어

프레젠터가 청각 자료를 사용하기로 결정하였다면, 청각 자료를 재생할 수 있는 매체를 준비해야 하고 소리의 품질을 향상시킬 수 있도록 해야 한다. 오디오카세트와 CD/DVD 플레이어는 청각 자료를 사용할 수 있는 매체이며, 컴퓨터가 기능이 확대된 시점에서 CD/DVD 플레이어를 많이 활용하는 편이다.

4) VCR과 LCD 프로젝터

프레젠테이션 지원의 한 형태로써 비디오 클립은 VCR과 LCD 프로젝터 혹은 모니터를 사용할 수 있어야 한다. 프레젠터는 LCD멀티미디어 프로젝터를 사용하여 사례를 보여줄 수 있을 것이다. LCD 프로젝터는 모든 청중들이 볼 수 있도록 이미지를 확대할 수 있으나, 이 장비의 가격이 고가이며, 초보자가 이용하기에는 많은 숙련을 요구한다. 비디오 클립의 재생은 모니터 혹은 TV를 통해 가능하다.

5) 컴퓨터와 LCD 패널과 프로젝터

마이크로소프트사의 파워포인트, 로터스사의 프리랜서 그래픽, 아도브사의 퍼스웨이전, 한글과 컴퓨터의 한컴슬라이드를 사용하여 제작된 슬라이드는 많이 사용되는 프레젠테이션 지원의 유형이다. 이들의 사용은 다양한 학습지원에 호소하기 때문에 매우 효과적이라 할 수 있다. 대부분의 컴퓨터 소프트웨어들은 프레젠터가 그림, 도표, 지도, 그래프, 차트, 목록, 사진, 비디오 클립 등을 통합할 수 있도록 지원해준다. 프레젠터가 상상할 수 있는 모든 형태를 슬라이드에 포함할 수 있으며, 여기에 사용되는 자료들은 인터넷, 혹은 소프트웨어에 포함된 자료, 스캔한 자료를 통해 확보될 수 있다.

이것의 가장 큰 단점은 컴퓨터와 LCD 패널과 프로젝터를 필요로 한다는 점이다. LCD 패널은 컴퓨터와 연결된 장치이며, OHP의 위쪽에 놓여 컴퓨터 모니터에 있는 화면의 회의실의 앞쪽에 있는 스크린에 투사하게 된다. 반면, LCD 프로젝터는 자체의 광원을 가지고 있다. LCD 패널은 LCD 프로젝터에 비해 가격이 저렴하고 이동이 간편하나, OHP가 필요하다는 단점이 있다.

앞에서 언급한 바와 같이 좋은 프레젠테이션 지원은 메시지를 좀 더 간단하고, 명료하며, 이해할 수 있고, 흥미로우며, 신뢰할 수 있도록 만듦으로써 음성메시지를 보완해준다. 그렇지 않고 잘못 사용할 경우에는 반대의 경우를 경험할 수 있을 것이다.

6)노트북, 스마트폰, ipad

최근 정보기기의 급속한 발달로 인하여 프레젠테이션에서 지원하는 매체들 가운데 가장 활용도가 높은 기기들이다. 파워포인트를 만들어 스마트폰을 이용하거나 노트북을 직접 빔프로젝트와 연결하거나 태플릿pc를 활용하여 프레젠터가 직접 자신이 발표하고자 하는 페이지를 청중에게 보여주면서 프레젠테이션을 실시하기 때문에 가장 효율적인 지원 매체라고 할 수 있다.

다. 프레젠테이션 지원의 사용

프레젠터가 아래의 5가지 제안을 따른다면 프레젠테이션 지원을 효과적으로 사용할 수 있을 것이며, 5가지 제안은 ① 프레젠테이션 지원의 연습, ② 연설에 앞서서 프레젠테이션 지원의 배치, ③ 연설 동안 적정 시점에서 프레젠테이션 지원의 활용, ④ 프레젠테이션 지원이 아니라 청중과 대화하기, ⑤ 적절할 때 프레젠테이션 지원의 노출과 은폐하기 등이다.

1) 프레젠테이션 지원의 연습

만약 프레젠터가 프레젠테이션 지원을 서투르게 사용한다면, 오히려 프레젠테이션 지원이 프레젠터의 신뢰성에 해를 끼치기 때문에 프레젠터는 연설을 행하기에 앞서서 프레젠테이션 지원을 사용하여 연습을 해야 한다. 예를 들어 컴퓨터와 LCD 프로젝터를 사용하여 프레젠테이션을 실행할 경우 사용하는 장비를 기본적으로 켜고 끌 수 있어야 하며, 스크린을 올리고 내리는 방법, 자신이 사용하는 프레젠테이션 지원을 최대한 활용할 수 있는 도구가 갖춰있는지 확인해야할 것이다. 프레젠터의 역량을 확인함으로써 불안감을 줄일 수 있을 뿐만 아니라, 프레젠테이션 지원은 더 이상 두려움의 대상이 아닐 것이다.

또한 프레젠터가 프레젠테이션 지원을 사용하는 동안 발생할 수 있는 사항들에 대해 계획을 수립해 놓아야 한다. 만약 장비가 오작동할 경우 무슨 조치를 취해야 하는지 등의 발생할 수 있는 가능한 문제에 대해 미리 인지해둠으로써 프레젠터는 좀 더 완벽하게 준비할 수 있을 것이다.

2) 연설에 앞서서 프레젠테이션 지원의 배치

연설을 행하기 전에 프레젠테이션 지원과 장비를 프레젠터가 원하는 곳에 미리 배치하고 모든 것이 준비된 상태에서 순차적으로 진행해야 한다. 이것은 프레젠터가 준비한 자료들을 청중 모두가 볼 수 있게 위치해 놓거나 계열화해 놓는 것을 의미한다. 또한 이것은 비디오나 오디오 지원을 위한 장비가 잘 작동하는지 테스트 하는 것을 의미한다. 또한 마이크, OHP, 슬라이드 프로젝터, 컴퓨터, LCD, 노트북, 스마트폰과의 연결상태, 태플릿pc의 지원여부 등이 잘 작동하고 장소의 모든 곳에서 볼 수 있는지 준비하는 것을 의미한다. 프레젠터가 준비한 지원을 배치하는데 시간이 걸리는 것은 프레젠터에게 좀 더 자신감을 가지게 하고 좀 더 전문가처럼 보이게 할 것이다.

▶ (생각해보기) 당신이 컴퓨터와 LCD 프로젝터를 준비할 때 기술상의 어려움이나 당신이 준비한 슬라이드가 잘 작동하지 않는 것을 발견했다. 그렇다면 당신은 무엇을 해야 하는가?

3) 프레젠테이션 지원의 활용

프레젠테이션 지원 스스로가 말할 수 없다는 것을 기억하라. 프레젠터가 연설하는 동안 그것들을 설명하고 적절하게 통합한다. 그렇게 함으로써 청중이 이해하는 것을 도와준다. 여기에는 다음의 5단계의 절차를 따라야 한다. 첫째, 각각의 지원을 알리고, 둘째, 각각의 목적을 설명하고 묘하하며, 셋째, 프레젠테이션 지원을 참조하게 하고, 넷째, 프레젠터가 지적하고 하는 점과 연결 관계를 보여주고, 마지막으로 만약 그것이 더 이상 필요 없다면 그것을 끄거나 제거하는 것이다.

프레젠터는 자신의 노트에 이러한 각각의 단계에 대한 암시물을 포함해야 한다. 지원에 관한 각각의 단계는 청중이 이해하는 것을 도와주는데 중요하다. 프레젠터의 손이나 포인터로 지적하고 청중이 프레젠터가 무엇을 지적하고 있는지 이야기할 수 있도록 만들어야 한다.

4) 프레젠테이션 지원이 아니라 청중과 대화하기

프레젠터가 설명하는 지원과 얼굴을 대면하는 것이 아니라 청중과 얼굴을 대면하는 것이다. 지원은 당신이 말하는 것에 관심을 가지는 것이 아니라 청중이 관심을 가지는 것이다. 청중과의 연결이 끊어지지 않도록 하는 것이 중요하다. 프레젠터의 등을 보여주지 않게 하기 위해서 플립차트라든지 포스터보드의 한쪽 옆에 서서 프레젠테이션 지원의 가까이에서 손을 가지고 제스처를 취하도록 해야 한다. 또한 다른 음성장치라든지 스크린 앞에서 말한 것과 같이 청중에게 등을 보이지 않고 서서 프레젠테이션 하는 것이 중요하다.

5) 적절할 때 프레젠테이션 지원의 노출과 은폐하기

프레젠터가 프레젠테이션 지원을 가지고 논의할 때에는 지원을 보여주고, 그것의 활용이 끝났을 때는 청중의 시야로부터 벗어나도록 해야 한다. 이는 모든 형태의 프레젠테이션 지원에 적용된다.

만약 플립차트나 포스터보드를 사용할 때는 쉽게 청중의 시야에서 벗어날 수 있도록 커버를 활용한다. 또는 반대방향으로 돌려놓는 것도 좋은 방법이다. 비디오나 오디오 플레이어의 사용이 끝났을 때는 꺼둠으로써 프레젠터가 이야기하는 동안 장비가 작동하지 않도록 하는 것이 바람직하다. 즉, 프레젠터는 청중의 주의를 통제할 수 있어야 한다.

적절하게 만들어진 프레젠테이션 지원은 메시지를 명료하게 하고 다양한 유형의 학습 스타일을 제공해서 좀 더 기억할 수 있도록 해줌으로써 프레젠터가 준비한 연설을 좀 더 훌륭하게 만들어 준다.

CHAPTER 3

프레젠테이션의 기초 3P 분석

제1절 설명과 설득--목적(Purpose)분석

제2절 프레젠테이션의 대상--청중(People)분석

제3절 프레젠테이션의 장소--장소(Place)분석

03

프레젠테이션의 기초 3P 분석

I 설명과 설득--목적(Purpose)분석

목적분석을 이해하기 위해서는 프레젠테이션의 시작단계인 계획단계에서 고려해야할 3P 분석에 대해 살펴보고자 한다. 3P 분석의 첫째 단계인 프레젠테이션의 목적(purpose)을 파악하고, 프레젠테이션 목적의 유형별로 그 특징과 내용을 알아보고자 한다. 어떤 일에서든 준비가 중요하다는 사실을 모르는 사람은 없다. 성공적인 프레젠테이션을 하기 위해서도 준비가 중요하다는 사실을 모르는 사람은 없을 것이다. 하지만 어려운 일이다. 왜 그럴까? 안이하게 생각하거나, 귀찮아하거나, 바쁘다거나, 혹은 준비가 부족하여 일어날 실패를 떠올리지 못하거나, 아니면 리스크를 두려워하지 않을 만큼 용기 있는 사람이거나 그 어느 하나일 것이다. 어떤 이유이든 '시간이 별로 없어 제대로 준비하지 못했습니다.' 라고 발표를 마치는 모습을 쉽게 떠올릴 수 있다. 그러므로 변명이나 사과가 필요 없도록 준비하는 요령은 프레젠테이션 준비에 앞서 '3P분석' 을 해보는 것으로 시간을 절약하면서 올바르게 준비하기 위한 조건이다.

3P는 내 이야기를 들어주는 청중(people), 내가 프레젠테이션을 통해 얻길 원하는 목적(purpose), 이야기를 하는 환경.장소(place)를 말한다. 이 세 가지 요소를 분석하고 고려하여 프레젠테이션을 준비해야 효과적인 프레젠테이션을 할 수 있다. 프레젠테이션을 잘하는 사람은 간단명료하게 말하며, 화려한 말보다는 신뢰감 있게

압축된 표현을 활용한다. 즉, 성공적인 프레젠테이션을 준비하기 위해서는 먼저 3P 즉, 청중(People), 목적(Purpose), 장소(Place)의 분석이 이루어져야 한다.

본 장에서 자세히 살펴볼 프레젠테이션의 목적은 크게 정보 전달, 설득, 의례, 동기부여, 엔터테인먼트로 분류된다. 프레젠터가 하고자하는 프레젠테이션의 목적을 파악하고 그 특성에 맞는 프레젠테이션을 효과적으로 준비하여 역량을 갖춘 프레젠터가 될 수 있도록 준비과정을 돕고자 한다.

1. 목적 분석의 이해

3P분석의 첫 번째인 목적분석은 프레젠테이션의 목적이 정확하게 무엇인지 파악하는 것이다. 목적분석은 i) 왜 프레젠테이션을 하는가, ii) 청중은 무엇을 기대하고 있는가, iii) 청중으로부터 최종적으로 무엇을 얻고 싶은가에 대한 목적을 정하는 것이라 할 수 있다.

일반적으로 프레젠테이션의 목적은 i) 정보전달, ii) 설득, iii) 의례, iv) 동기부여, v) 엔터테인먼트로 구분할 수 있다. 정보 전달을 위한 프레젠테이션은 청중들이 특정 주제에 대해 모르는 것을 알게 하기 위한 것이고, 설득 목적을 위한 프레젠테이션은 청중으로 하여금 특정 사안에 대해 태도를 갖게 하거나 변화시키고, 어떤 일을 하기로 결심하게 하기 위한 것으로 행동화하는 것까지 포함된다. 여기에서의 행동화란 청중으로 하여금 특정 행동을 취하게 하기 위한 것이다. 의례를 위한 프레젠테이션이란 발표자와 청중, 혹은 청중 상호간을 '사회적으로 보다 강하게 결합시키려는' 것이다. 동기부여를 위한 프레젠테이션이란 청중의 의욕을 환기하고, 기대하는 행동을 받아들이게 하려는 목적이며, 엔터테인먼트를 위한 프레젠테이션은 청중에게 즐거움을 주기 위한 것이다. 그러나 대부분의 프레젠테이션은 설득이나 정보제공을 달성하기 위해 행해진다고 할 수 있다.

프레젠터가 목적을 분석하기 전에 프레젠테이션이 어떤 유형으로 분류되는지 파악하는 것은 매우 중요한 일이다. 그러나 상당수의 프레젠테이션이 한 가지만의 목적을 가지고 실행되는 것이 아니라 2개 이상의 목적을 가지고 실시되는 경우가 많다.

(체크 포인트) 목적의 비율 분석

'프레젠테이션의 비중분석' 을 사용하여 자신이 수행하게 될 프레젠테이션 목적이 어디에 비중이 있는가를 측정해 보자.

프레젠테이션의 비중 분석	비율
정보전달	%
설득	%
의례	%
동기부여	%
엔터테인먼트	%
합계	100%

즉, 어떤 목적으로 프레젠테이션을 하는지를 깊이 생각해 보면 2가지 이상의 목적에 표시하게 되는 경우가 많다. 보고하고 승낙을 구하기도 하고, 설명하여 의견을 구하기도 하며, 엔터테인먼트적 요소를 주면서 동기부여 하기도 하고, 이성과 감정에 호소하면서 설득하기도 하는 등 여러 가지 목적을 가지고 프레젠테이션을 할 때가 대부분이다. 새로운 제품에 대한 내역과 성능의 우수함을 설명하고 구입을 권유하는 것은 '정보전달' 과 '설득' 이고, 회사의 창립 기념일 행사에 초대하여 경품행사와 더불어 신규 회원을 모집하는 것은 '엔터테인먼트' 와 '설득' 이다. 기업의 새로운 브랜드 네임 공모 행사에서 개회인사를 하고 사내직원과 외부고객에 공모에 참여할 것을 호소하는 것은 '의례' 와 '동기부여' 이다. 더 나아가 고객을 최고급 호텔에 초청하여 신규 상품개발 프로젝트의 특징을 설명하면서 상품개발에 대한 투자유치를 목적으로 하는 경우는 '엔터테인먼트' 와 '정보전달' 과 '설득' 을 위한 프레젠테이션이다. 따라서 프레젠터가 목적을 분석할 시에는 '프레젠테이션 비중분석' 을 사용하여 프레젠테이션 목적이 어디에 비중이 있는가를 파악하는 것이 중요하다.

그런데 프레젠테이션 목적의 대부분을 차지하는 정보 제공을 위한 프레젠테이션과 설득 목적을 위한 프레젠테이션은 종종 구분이 어렵다. 설득적 프레젠테이션은 설득뿐만 아니라 정보를 알려야 하며, 많은 정보를 제공하기 위한 프레젠테이션은 간접적으로 설득한다. 만약 프레젠터의 목적이 청중들이 자신들의 신념을 변화시키도록 설득하는 것이라면 설득적 프레젠테이션이다, 그러나 프레젠터의 의도가 단순히 청중이 문제를 이해하도록 일깨우는 것이라면 정보적 프레젠테이션이다. 결국, 프레젠터의 의도가 프레젠테이션의 유형을 결정하는 것이다. 프레젠터로서, 프레젠테이션의 두 유형은 서로 다른 접근을 요구하기 때문에 프레젠테이션을 하기 전에 어떤 프레젠테이션을 할 것인지 결정 해야만 한다.

그러나 급격한 사회변화와 21세기 지식기반 사회로 변모하면서 청중이 기대하는 것은 달라지고 있다. 이제 청중은 프레젠터와 함께 이야기하기를 원한다. 과거에 프레젠터가 모든 것을 다 아는 사람으로 앞에 서서 발표를 했다면, 이제 청중은 자리를 같이하고 앉아 새로운 정보를 서로 교환하고 토론하며 똑같은 정보를 다르게 해석하는 시각을 접하고, 그리하여 새로운 통찰력을 얻게 되기를 기대한다. 이제 사회는 선각자를 필두로 한 단 한사람의 리더나 일꾼을 원하는 것이 아니라, 서로 협동하며 함께 문제를 해결하고 과제를 수행해 나가기를 원한다.

과거의 프레젠터는 청중보다 훨씬 앞서가는 사람이었거나, 앞서간다고 생각한 사람들이었다. 그러나 현재는 프레젠터가 청중보다는 불과 몇 발자국 앞서간 사람이라고 생각하며, 청중은 프레젠터가 전달하고자 하는 내용을 이미 어느 정도는 알고 있다. 따라서 과거의 청중에게 새로운 것을 전달해주며 그 대가로 청중으로부터 받던 반응을 얻기 힘들기는 하지만, 하나라도 모르고 있던 것을 알게 될 때 또는 하나라도 다른 시각으로 정보가 해석될 때 청중은 그러한 작은 하나에 가치를 둔다. 그렇다고 모든 청중이 다 이러한 수준은 아니므로 프레젠터는 프레젠테이션의 근본적인 목적을 이해하고 있어야 한다.

2. 정보 전달

청중에게 현재나 과거의 사실을 보고하기도 하고 새로운 정보, 데이터, 아이디어, 사실 등을 전달하여 이해를 구하는 것은 '정보전달을 위한 프레젠테이션' 이다. 정보적 프레젠테이션의 최우선의 목적은 지식을 공유하고 상호간의 이해를 형성하는 것으로, 정보적 프레젠테이션은 누가, 언제, 어디서, 무엇을 등과 같은 육하원칙에 부합되는 질문에 답함으로써 청중과 지식을 공유하는 것이다. 정보적 프레젠테이션에서 프레젠터는 사물, 사건, 사람, 과정들, 절차, 개념 등에 대한 질문에 답을 하는 역할을 수행한다. 정보적 프레젠테이션을 포함하여 모든 프레젠테이션은 목적에 그 근거를 두고 있으며 목적 또한 다양하다. 정보적 프레젠테이션의 성공과 실패는 청중이 그들 자신의 삶에 전달된 내용들을 얼마나 잘 이해하고 유지하고 적용하는가에 달려 있다고 할 수 있다.

정보적 프레젠테이션의 예를 들면, 보험설계사들에게 신규 보험 상품의 내용과 특징과 주가입대상 등을 설명하거나, 신입사원들에게 회사의 연혁과 사원복지, 경력개발 프로그램 등을 설명하거나, 투자가를 대상으로 회사의 재무상황과 회계보고서에 대한 내용을 설명하는 것은 정보 전달을 주목적으로 하는 프레젠테이션이다.

정보 제공을 위한 프레젠테이션을 우리는 일상생활에서 자주 접하게 되는데, 여기에는 새로운 사실에 대한 설명, 이미 일어난 사건에 대한 보고, 불분명하여 헛소문이 많이 나돌고 있는 사건이나 사실에 대한 명확한 규명, 새로운 개념이나 용어에 대한 정의와 솔선해서 보여주는 시범 등이 포함된다.

정보적 프레젠테이션에서 유념할 사항은 청중들의 주의집중을 획득하는 것과 이를 유지하는 것인데, 실제로 프레젠테이션을 실시할 때 청중들이 주의집중 하도록 하게하고 이를 유지하는 것은 매우 어려운 일이다. 즉, 청중들의 주의를 집중하게 함으로써 정보적 프레젠테이션의 목적을 달성할 수 있다. 즉, 정보적 프레젠테이션의 목적은 한마디로 말하자면 청중이 "아! 이건 정말 몰랐는데?" 라는 말을 하게하고, 더 나아가 "이건 정말 나에게 도움이 되겠네!" 라고 감동시키는 것이 프레젠테이션의 성공이다. 그러기 위해서는 우선 청중이 원하는 요구(needs)를 파악하고 있어야 한다. 알고 싶어 하는 욕구에 어떻게 답하고, 어떻게 효율적으로 정보를 전달할 것인가가 프레젠터에게 주어진 일이다. 사람은 일반적으로, 임의적으로 주어지는 정보에는 별로 흥미를 보이지 않을뿐더러 기억하지 못한다. 즉, 먼저 전체적인 큰 그림을 보여주고 세부 내용에 대한 설명을 한다. 프레젠테이션에서는 차트, 도표, 사진, 영상 등의 비주얼을 많이 사용해 간결하게 정리한다. 정리되지 않은 너무 많은 정보는 청중이 이해하지 못한다.

또한 청중에게 보다 깊은 이해를 주기 위해서는 앞으로 이야기하려는 주제를 청중이 이미 알고 있는 정보와 연관 지을 필요가 있는데 이런 경우 이야기를 활용하는 것이 효과적이다. 예를 들어 "올 여름 맥주의 소비량은 63빌딩의 3배분" 이라고 말하면 느낌이 금방 올 것이다. 단순히 리터로 표시해준 것보다도 이미지가 더 빨리 다가온다. 그것은 청중이 이미 지니고 있는 "63빌딩의 크기" 라는 이미지 정보와 관련지을 수 있기 때문이다. 청중의 기억에 오래 남게 하기 위해서는 반복해서 같은 자극을 주는 것도 필요한데 키워드를 많이 사용하면 인상적이다.

청중에게 정보를 효과적으로 전달하기 위해서는 정보를 정리, 분류, 관계, 요약하는 어떤 가공방법을 취해야 한다. 정보 그 자체로 상당히 자극적이지 않다면, 프레젠터의 정보가공 능력과 프레젠테이션 능력이 정보전달을 위한 프레젠테이션의 성패를 좌우한다고 할 수 있다.

(체크 포인트) 정보전달을 위한 프레젠테이션 체크 포인트

- 청중이 '알고자 하는 요구(needs)'를 느끼고 있는가?
- 청중이 이미 알고 있는 정보와 관련성을 갖게 할 수 있는가?
- 정리된 정보는 이해하기 쉬운가?
- 비주얼을 많이 사용하는 편이 이해하기 쉬운가?
- 정보가 지나치게 많아 이해하기 어렵지 않은가?
- 청중의 기억에 남도록 하기위해 정보를 반복해서 말하는가?
- 단순히 정보의 나열이 되지 않는가?

3. 설득

설득이란 사람의 태도, 신념, 가치, 행위에 영향을 주는 과정이라 할 수 있으며, 설득적 프레젠테이션이란 연설이나 발표를 통해 다른 사람의 태도, 믿음, 가치, 행위 등에 영향을 주는 과정이라 할 수 있다. 즉, 설득을 위한 프레젠테이션은 청중의 가치관을 바꾸고 발표자가 의도한 행동양식을 받아들이게 하려는 것이다. 또는 청중의 가치관을 강화하고 보강하며 새로운 가치관을 창출시키고자 하는 것이다. 이를 위해서 프레젠테이션에서는 정보를 제공하여 판단하게 하며, 가치를 인식시켜 의도한 행동을 취하게 한다. 모르는 것을 새롭게 알게 하였다면 다음 수준에서는 결심을 하게 하는 것이다. '무리한 다이어트는 몸에 해롭다' 는 사실을 여러 가지 과학적인 데이터로 설명을 하여 이해시켰다면, 그것은 즉시 모르는 것을 알게 한 것이다. 그러나 이렇게 알게 된 사실을 토대로 무리한 다이어트는 하지 말아야겠다는 결심을 했다면 이것이 바로 청중을 설득하여 결심하게 한 것이다.

설득은 단순한 홍보가 아니며 그 이상의 것으로 무리한 다이어트가 몸에 해롭다는 사실을 알려주는 것과 무리한 다이어트를 하지 않도록 설득하는 것은 차원이 다른 일이다. 청중을 설득하기가 어려운 이유 중의 하나는 우리가 이미 갖고 있는 고정관념 또는 편견 그리고 습관을 바꾸어 놓기가 쉽지 않기 때문이다. 설득하기 위하여 프레젠테이션을 하는 경우 대부분의 프레젠터들은 직선적으로, 단도직입적으로 이야기하기보다 은유나 비유를 사용하면서 우회적으로 의도를 전달하고자 한다. 그러나 모든 법칙에는 예외가 있듯이 경우에 따라서는 직선적이고 단도직입적인 것이 더 효과가 있을 수 있다. 많은 설득적 프레젠테이션들은 매우 비형식적이고 조직 내에서 주어진다. 설득적 프레젠테이션의 주제들은 주로 조직원들에게 새로운 재 조직화 계획을 위한 요구를 확신시킨다거나, 회사지침에 순응하도록 설득하거나, 정책 변화 또는 마감기한(deadline)의 연기에 대해서 변호하기 등이 포함된다.

예를 들어 최고경영진을 상대로 내년도 교육예산을 승인하도록 교육계획을 설명하고, 플랜트(plant) 건설을 예정하고 있는 중국 상해의 화학회사부장 클래스에 대해서 자사의 프로세스(process)를 팔기 위한 프레젠테이션을 하는 것은 설득을 위한 프레젠테이션이다. 주의해야 할 점은 다음의 그림, '설득의 삼각형' 에서 볼 수 있듯이 하부에 위치한 감정으로, 요컨대 프레젠터와 청중 사이에 감정적인 저해요인이 없는 원활한 인간관계 구축이 필요하다, 아무리 산뜻한 얘기라도 싫은 것은 싫은 것이다. 그리고 그 위에 논리를 쌓아 올린다. 발표내용이 논리적이고 납득할 수 있어야 한다, 마지막으로 프레젠테이션에서 청중의 편익을 강조할 필요가 있다. 사람은 자기에게 이익을 가져다 줄 제안에는 '노(NO)'라고 할 수 없다. 이 3가지 조건을 충족시킬 수 있다면 프레젠터는 프레젠테이션에 성공한다.

설득을 성공시키기 위해서는 감정, 논리, 편익의 관점을 고려해야 한다. 즉, 프레젠터와 청중 사이에 감정적인 저해 요인이 없는 원활한 인간관계 구축을 기반으로 그 위에 논리를 쌓아 올리는데, 설득을 위한 내용이 논리적이고 납득할 수 있어야 한다. 마지막으로 청중의 편익을 강조할 필요가 있다. 가령 이 물건을 사면 당신에게 어떤 이익이 있는지를 강조하는 것으로 사람은 자신에게 이익을 가져다 줄 제안을 거절할 수 없다. 이 3가지 조건을 충족시킬 수만 있다면 설득에 성공할 것이 확실하다.

그러나 삼각형의 '감정' '논리' '편익' 각각의 크기는 청중에 따라 다르다. 인간관계지향의 청중은 '감정' 부분이 크고, 성과지향의 청중은 이성파로 가운데 '논리' 의 면적이 크고, 이해타산에 밝은 계산적인 사람은 가장 위의 '편익' 이 크다고 할 수 있다. 청중이 어떤 삼각형 유형인가를 분석하여 어떤 부분을 어떻게 자극하면 설득할 수 있을까 검토한다. 기본적인 규칙은 '감정적 청중에게는 감정적으로 접근' 하고 '논리적 청중에게는 논리적으로 접근' 하고, '편익적인 청중에게는 편익' 으로 접근 하는 것이다. 이에 앞서 먼저 자신의 삼각형의 모양도 분석해 두어야 상대방을 설득시키기 용이하다.

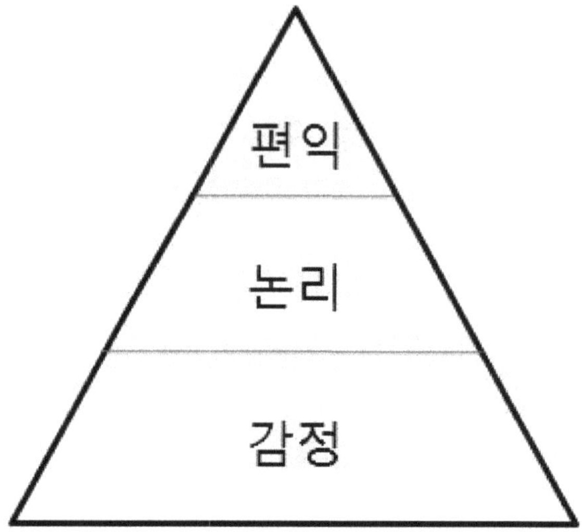

가. 청중을 설득하는 6가지 기법

청중을 설득하는 6가지 기법을 에토스를 통한 설득, 파토스를 통한 설득, 로고스를 통한 설득, 발표를 통한 정보제공, 교육을 통한 정보제공, 훈련을 통한 정보제공 등으로 분류하고 있다.

1) 에토스(Ethos : 신임)를 통한 설득

에토스(Ethos)는 발표자의 명성이나 신용을 바탕으로 청중을 설득하는 능력을 의미한다.

이는 명성, 신뢰감, 호감 등 메시지를 전달하는 사람에 대한 인격적인 측면을 통해 청중을 설득하는 것으로, 설득 과정에 60퍼센트 정도 영향을 미친다고 한다. 따라서 이런 방법의 설득과정에서의 청중은 프레젠터를 존경하기 때문에 프레젠터의 관점을 받아들이게 되고, 프레젠터는 주관자나 사회자를 통하여 신뢰를 얻을 수 있다. 또는 프로그램에 경력을 기재하는 방법도 있는데, 이 방법은 둘 다 발표자가 유능하고 신뢰할 만한 지위를 갖는 것으로 부각시켜 준다.

발표자가 스스로 신뢰성을 확보해야 하는 경우도 자주 있는데, 만약 다른 사람이 에토스를 만들어 줄 수 없는 경우라면 다음과 같은 지침을 따르는 것이 좋을 것이다.

- 짧게 하라.
- 직접적으로 하라.
- 주제와 가장 관련된 사례를 선택하라.

또한 에토스는 복장이나 얼굴 표정, 몸짓언어 같은 비언어적 요소를 통해서도 구사될 수 있다.

2) 파토스(Pathos : 감성)를 통한 설득

파토스(Pathos)는 청중의 감정에 호소하는 것으로 가장 보편적인 설득 방법을 의미한다.

이는 친밀감을 형성하거나 유머나 연민 등 감정을 자극해 마음을 움직이는 측면으로, 설득에 30퍼센트 정도 영향을 미친다고 한다. 아리스토텔레스는 '수사학' 에서 이 기법을 설득의 첫째 방법이라고 말하지만, 설득 수단으로서 파토스를 가장 잘 구사하는 분야는 TV광고 분야이다. 청중은 감성적 만족을 위해 입고, 먹고, 마시고, 쓰고, 운전하도록 끊임없이 설득 당한다. 파토스를 통한 설득에는 우리가 미디어에서 많이 접할 수 있는, 적절한 단어 선택, 옷 잘 입기, 감정 표현방법, 심지어 목소리를 바꾸는 방법들이 사용된다.

파토스를 고양시키는 요소로는 미소, 유머, 종교, 보상, 불필요한 비용부담, 고함과 큰 몸짓, 감정적인 사건에 대한 언급, 시각적 자료, 풍부한 언어, 실업에 대한 공포, 성취의 보람, 깃발과 같은 상징, 정서적인 음악 등이 자주 이용된다.

또한 발표자는 특정한 색깔이나 무늬, 스타일의 복장으로도 파토스를 표현할 수 있다 그러나 파토스는 상황파악을 잘못하면 완전히 역효과를 낼 수 있는데, 과학자나 엔지니어들에게는 감성에 의존해서는 안 된다. 그들은 감정적인 메시지보다는 사실과 숫자에 의존하기 때문이다.

파토스는 자주 쓰이고 매우 강력한 것으로, 사용에 유의해야 할 점은 복합적인 메시지를 전달해서는 안 되며 목적에 맞게 감성을 이용해야 한다는 것이다.

3) 로고스(Logos : 논리)를 통한 설득

로고스(Logos)는 연구결과, 통계, 수치 등을 이용하여 청중을 설득하는 것이다. 이는 논리적인 근거나 실증적인 자료 등의 근거를 제공하는 측면으로, 설득에 10퍼센트 정도 영향을 미친다고 한다. 로고스를 통한 설득은 흔히 법정에서 볼 수 있는데, 오로지 사실만이 유일한 진리이다. 그리고 의사들은 논리성 또는 환자의 상태에 대한 사실을 이유로 확신에 찬 처방을 한다. 또한 소비자들도 광고에서 제시된 사실에 설득당하여 구매하게 되는 경우가 있다.

로고스는 여러 방식으로 전달될 수 있는데, 아무런 어려움 없이 간단하게 설명할 수 있는 내용이 있다. 그러나 반대로 청중이 쉽게 따라올 수 없을 정도로 복잡한 기술적 차원에서 설명해야 하는 경우도 있다.

로고스 역시 발표자의 외모를 통해 구사될 수 있다. 짙은 색깔의 단정한 복장은 논리적인 접근을 암시한다. 헤어스타일, 눈 화장, 보석, 얼굴화장, 몸짓도 로고스를 구현하는 데 이용될 수 있으며, 이런 비언어적 표지 역시 권위와 신뢰를 담을 수 있다.

4) 발표를 통한 정보제공

발표를 통한 정보제공은 단순히 정보를 제공하는 것이 목적인 경우로, 간단히 말하면 발표자는 청중에게 정보를 이야기할 뿐이다. 이때의 프레젠테이션의 강조점은 정확성이다. 이런 형태의 프레젠테이션에서는 설득하거나 영향을 주고 변화시키려고 하지 않으며 의미를 해석하지도 않으며, 발표는 단순히 보고에 그치고 만다.

5) 교육을 통한 정보제공

교육을 통한 정보제공에는 청중에 대한 설득이나 메시지의 전달 없는 교육과 청중의 이해도를 테스트하는 것의 2가지 방법이 있다. 청중을 교육하고자 하는 프레젠터는 시범이나, 역할분담, 구경꾼까지 포함시키는 대화 식 방법을 자주 사용하고, 또한 청중에게 연습지나 평가지를 배부하고 주제에 관해 자기평가를 할 수 있는 시간을 주기도 한다.

6) 훈련을 통한 정보제공

의사전달의 측면의 관점에서 볼 때, 훈련은 말하고 교육하고 시범을 보여 주는 것 등을 결합시킨다. 청중에게 프레젠터가 가르친 스킬을 익히도록 고취시키고, 발표자가 먼저 시범을 보일 수 있다. 정보제공과 설득을 위한 모든 종류의 프레젠테이션에 필요한 3가지 지침을 제시하면 다음과 같다.

- 명료할 것 : 청중들에게 무엇을 알려 주고 싶은지 분명히 인식하라. 자신의 뜻을 분명하게 전달할 수 있어야 한다.
- 간결할 것 : 주제에 부합되는 사례와 증거만 풍부히 제시하라.
- 말투와 어휘를 일관되게 구사하라.

(체크 포인트) 행동계획

아래 표를 이용하여 프레젠테이션 및 대화술을 익히고 연습해 보도록 하자. 가운데 칸에 앞에서 제시한 기법을 마스터하기 위한 계획을 간단히 기재한다. 각 단계를 완수할 날짜를 옆에 기재한다.

행동계획		
스킬 : 목적을 분명히 한다		
기법	실천 활동	날짜
1. 에토스를 통한 설득		
2. 파토스를 통한 설득		
3. 로고스를 통한 설득		
4. 전달을 통한 정보제공		
5. 교육을 통한 정보제공		
6. 훈련을 통한 정보제공		

4. 의례

의례를 위한 프레젠테이션이란 발표자와 청중, 혹은 청중 상호간을 '사회적으로 보다 강하게 결합시키려는' 것이다. 즉, 같은 시간이나 공간을 공유하고 같은 기분이나 생각을 갖도록 하는 것이 목적이며, 즐거운 분위기를 조성하고 청중을 유쾌하게 만들고자 행하는 프레젠테이션이다. 이 유형의 프레젠테이션은 그 목적이 청중이 공유하고 있는 사실, 상황, 의식, 감정 등을 강화하는 데 있다. 이 경우 프레젠터의 교양이나 사회적 상식이 문제가 될 것이다.

예를 들면 회사의 신규 지점을 설치 시에 개점행사에 저명인사나 관계자를 초청하여 축사를 하고, 창립 50주년 기념행사에서 대표이사가 연설을 하는 것은 의례를 위한 프레젠테이션이다.

이 유형의 프레젠테이션에서는 다음의 사항에 유의해야 한다. 첫째, 모임의 취지에 대한 정확한 인식이다,. 그렇지 않으면 프레젠터는 많은 사람 앞에서 상황과 분위기에 맞지 않는 우스꽝스러운 상황을 연출하게 된다, 예를 들어, 회사의 파업상황에 대해 설명하는 노조위원장이 싱글벙글거리면서 프레젠테이션하는 것은 당연히 곤란하고, 화려한 복장도 프레젠터의 역할과 취지에 위배된다, 따라서 프레젠터로서 프레젠테이션의 취지를 정확히 파악하고 그에 합당한 준비와 행동을 수행해야 한다,. 둘째, '결말문구' 즉 마무리에 대한 세심한 주의가 필요하다. 축하자리에서는 역시 '축복받은 이 자리에 참석하신 여러분들…' 로부터 시작하여 '참석하신 여러분들의 무궁한 발전을 기원하며' 로 끝마치는 것이 적절하다. 셋째, 현장의 분위기에 부합하는 내용일 것을 말하는 것과 장황하고 지루하게 얘기하지 말 것 등을 숙지해야 한다.

(체크포인트) 의례를 위한 프레젠테이션 체크 포인트

- 모임의 취지를 제대로 인식하고 있는가?
- 청중이 기대하는 역할에 부응하는가?
- 분위기에 어울리는 내용인가?
- 지루하고 장황하게 말하지 않는가?
- '결말 문구' 가 있으니 주의하고 있는가?

5. 동기부여

동기부여를 위한 프레젠테이션이란 청중의 의욕을 환기하고, 기대하는 행동을 받아들이게 하려는 목적이다. 동기부여는 동기(motive)와 행동(action)이 결합된 말로, 사람들로 하여금 특정목표를 달성하기 위한 행동을 불러일으키고 방향을 제시하고 계속적인 움직임을 갖게 하는 일련의 종합적인 과정이다.

예를 들면, 축구 감독이 시합 전 회합에서 선수의 어깨를 다독거리기도 하고, 아침 조회 시간에 상사가 격려하는 것, 연구개발팀의 팀 과제 수행전의 워크샵에서 연구원들을 격려하고 연구의 목표를 전달하고 동기를 부여하고자 하는 프레젠테이션이 동기부여를 위한 프레젠테이션이다. 이러한 프레젠테이션을 통해 청중으로 하여금 한 번 해보겠다는 의지를 가지는 것만으로도 성공이라고 할 수 있다. 동기부여를 위한 프레젠테이션에서는 청중에게는 논리적인 내용으로 프레젠테이션을 전개하기보다는 감정에 호소하는 프레젠테이션이 성공 확률이 더 높다.

사람에게 동기를 부여하는 방법을 크게 5가지로 제시하면,

① 목표 부여 : 청중이 어떤 행동을 하도록 하고 싶다면 목표를 구체적으로 제시할 필요가 있다. 행동할 만한 의미가 있고 목표가 구체적으로 보인다면 대개는 열심히 행동으로 옮긴다.
② 경쟁 : 사람은 누구나 남에게 지기 싫어하는 법이다. 그러므로 경쟁원리를 잘 작동시킨다.
③ 기록에 도전 : 은메달을 따면 당연히 그 다음은 금메달. 인간은 만족을 모르고 끝없이 도전을 반복하는 존재다.
④ 평가 및 피드백 : 자기가 어느 수준에 있고 어떤 문제점을 해결하면 좋은지 평가를 통해 피드백 해준다. 느슨해진 태엽을 감아주면 다시 작동한다.
⑤ 보상과 징벌 : 당근과 채찍의 원리를 상기한다.

(체크 포인트) 동기부여를 위한 프레젠테이션 체크 포인트

- 청중이 '그럴 기분' 이 되어 있는가?
- 청중이 발표자에게 호의적인가?
- 논리적인 내용은 효과적이지 못하다는 것을 알고 있는가?
- 감정에 호소하는 편이 효과적임을 알고 있는가?
- 목표를 부여하는가?
- 연출이 필요함을 인식하고 있는가?
- 경쟁을 시키고 있는가?
- 기록에 도전하게 하는가?
- 평가하고 피드백을 하는가?
- 보상과 징벌을 사용 하는가?

6. 엔터테인먼트

엔터테인먼트를 위한 프레젠테이션은 청중을 즐겁게 하고 긴장을 풀어주려는 엔터테인먼트의 요소로 이는 유머로 시작해서 유머로 끝난다. 이러한 프레젠테이션은 단순히 우스운 이야기를 하는 것과는 다르다. 비공식적인 석상에서 새로운 재미있는 이야기를 나누며 웃는 것과 많은 청중 앞에서 격 있는 우스개 이야기로 계속해서 청중을 웃긴다는 것은 쉬운 일이 아니다. 이런 형식의 이야기는 개그맨의 단편적인 웃기는 이야기와는 당연히 구별된다. 여기에는 웃기는 이야기는 서로 연관이 되고, 그리고 전달하고자 하는 메시지는 분명히 있어야 한다.

아무리 즐거움을 주기위한 프레젠테이션이라도 지나치게 벗어나면 품위가 떨어지기 마련이므로, 어디까지나 교양과 품위를 유지해야 한다. 청중을 경탄하게 만드는 것도 엔터테인먼트를 위한 프레젠테이션에는 효과적이나, 아무도 모를 것이라고 생각하여 준비한 에피소드가 모두 알고 있는 내용일 수도 있으므로 각별한 주의가 필요하다.

또한 '청중의 성격' 에도 주의해야 한다. 청중에 따라 흥미, 관심의 대상이 다르고, 연령이나 성별에 따라서도 '웃음을 유발하는' 포인트가 다르기 때문이다. 그런 의미에서도 3P분석 가운데 'people'에 대해 충분히 철저히 분석해 두지 않으면 분위기가 어색해지거나 망신을 당하기 쉽다. 엔터테인먼트를 위한 프레젠테이션은 청중으로 하여금 ' 재미있다 '고 느끼게 만드는 것으로 충분하므로 유머 감각을 갖추는 것이 필수적이다.

(체크 포인트) 엔터테인먼트를 위한 프레젠테이션 체크 포인트

- 유머나 농담을 적절히 사용하는가?
- 분위기에 어울리는 내용인가?
- 품위를 지키는가?
- 지나치게 까불지는 않는가?
- 청중의 성격에 주의하는가?

Ⅱ 프레젠테이션의 대상--청중(People)분석

청중분석을 위해서는 프레젠테이션의 계획단계에서 고려해야할 3P 분석의 대상 중 하나인 프레젠테이션의 대상이 되는 청중(people)을 파악하고자 한다.

프레젠테이션의 대상인 청중은 크게 청중의 수, 인구통계학적 배경, 요구(needs), 지식수준, 태도, 자세, 핵심 인물에 따라 프레젠테이션의 방법을 달리해야 한다. 그리고 마지막으로 청중에 대한 정보 수집 방법을 살펴보고자 한다.

1. 청중 분석의 이해

결승경기를 앞두고 있는 축구팀이 다음 날 상대하게 될 상대팀에 대한 선수들에 대한 정보, 감독의 전략에 대해 전혀 모르고 출전을 한다면 그 경기는 어떻게 될까? 물론 예외도 있을 수 있겠지만 그 경기는 아마도 실패하기가 쉬울 것이다. 준비되지 않은 실전은 아무리 훌륭한 선수라 할지라도 당황스러울 수밖에 없을 것이다. 따라서 상대팀에 대한 냉철한 분석과 경기 심판관들의 성향을 미리 파악하여 출전준비를 한 후 경기에 임하게 된다면 그 경기는 아마도 승리할 가능성이 대단히 높을 것이다.

프레젠테이션도 역시 프레젠터가 현장에서 맞이하게 될 사람들의 성향을 미리 파악하고 있다면 더욱 효과적으로 프레젠테이션을 준비할 수 있을 것이다. 프레젠테이션의 최종 소비자이자 심판관은 청중이다. 따라서 프레젠테이션을 준비할 때는 청중의 수, 인구통계학적 배경, 태도, 지식, 욕구, 그리고 감정 상태 등을 잘 파악하여야 한다.

3P분석의 두 번째인 People은 프레젠테이션의 대상인 청중, 즉 '누구'를 대상으로 하여 프레젠테이션을 하는가를 분석하는 것을 의미한다. 청중을 분석하지 않고 프레젠테이션을 시작하는 것을 올바른 준비를 할 수 없을 것이다. 즉, 프레젠테이션을 준비하는 과정에서 i) 청중은 누구인가? ii) 왜 청중은 모여 있는가? iii) 청중은 당신에게 무엇을 찾고 있는가? 에 대한 질문에 답할 준비가 되어있어야 한다.

청중분석에서 우선적으로 해야 할 일은 프레젠테이션의 대상이 되는 청중이 과연 누구인가를 파악하는 일이다. 직접 프레젠테이션에 참석할 청중을 1차 청중(primary audience)이라고 하고, 간접적으로 프레젠테이션 내용을 들을 청중을 숨은 청중(hidden audience)이라고 한다. 여기서 중요한 점은 의사결정권자(decision maker)가 1차 청중일 수도 있고, 숨은 청중일 수도 있다는 점이다. 예를 들어, 컨설팅을 의뢰한 고객회사의 최종의사결정권자인 사장은 직접 프레젠테이션에 참석하지 않지만 프레젠테이션 미팅에 참석한 담당 매니저의 보고를 받고 최종 의사결정을 할 수 있는 것이다. 따라서 먼저 최종의사결정권자가 누구인지를 파악하고, 의사결정권자가 숨은 청중인 경우, 최종의사결정권자에게 프레젠테이션 내용을 보고할 1차 청중은 누구인가를 파악해야만 한다.

일반적으로 청중을 분석하는 방법에 가장 많이 사용되는 방법으로 청중(Audience)의 흥미(Interest), 지식(Knowledge), 태도(Attitude), 포지션(Position), 정치적 경향(Politics)을 기준으로 청중의 성향을 파악하는 'AIKAPP 분석'이 있다. 이 방법은 청중을 다섯 가지 측면에서 분석하여 청중의 현재 상태를 파악하고 이미지를 파악하고자 하는 것으로, 앞서 설명되어 있는 각각의 영어 첫 글자를 조합하여 'AIKAPP 분석'이라 하고, 이들 각각의 영역에 청중이 어디에 속했는지를 5점 척도로 분석할 수 있다. 각각을 살펴보면, 흥미는 '열광적'에서부터 '싫어함'으로 구분하고, 지식은 '전문가'에서 '전혀 없음'으로 구분하고, 태도는 '매우 호의적'에서부터 '매우 비호의적'으로 구분하고, 포지션은 '적극 찬성'에서 '적극 반대'로, 정치적 경향은 '매우 혁신적'에서 '매우 보수적'으로 구분할 수 있다. 이러한 척도로 청중이 어떤 성향을 지닌 집단인지 판단할 수가 있으며 이를 바탕으로 효과적인 프레젠테이션을 수행할 수 있다.

AIKAPP 분석으로 목표 설정

1. 청중의 흥미
2. 청중의 지식
3. 청중의 태도
4. 청중의 포지션
5. 청중의 정치적 경향

그렇다면 청중분석이 이렇게 중요한 의미를 지니는 이유는 무엇일까? 그 이유는 다음과 같다.

첫째, 청중은 수동적인 수용자가 아니다. 프레젠테이션을 듣는 청중은 천진난만한 어린아이처럼 백지와 같은 마음가짐으로 프레젠터의 이야기를 그대로 수용하는 수동적인 존재가 아니다. 청중은 자신의 성장과정과 경험을 통해 습득한 자기 나름대로의 가치관과 지식체계를 가지고 있어서 프레젠터가 그들의 기존 가치관에 부합하지 않는 주장을 내세우거나 그들의 기존 지식 체계에 어울리지 않는 정보를 제공할 때는 프레젠테이션 자체를 무시하거나 반발하게 된다. 따라서 청중의 태도를 무시한 프레젠테이션은 오히려 역효과를 거두게 되며, 청중의 지식수준을 무시한 프레젠테이션은 프레젠터의 공신력과 신뢰도만 떨어뜨리게 된다.

둘째, 프레젠테이션은 철저하게 청중을 중심으로 준비되어야 한다. 프레젠테이션을 실시하는 본인인 프레젠터가 프레젠테이션의 주인공으로 생각하는 것은 대단히 큰 잘못이다. 프레젠테이션의 목적은 프레젠테이션 자체를 실시하는 데 있는 것이 아니라, 프레젠테이션의 목적을 분석한 후 의도한 그 목적을 청중으로부터 달성하는 데 있다. 프레젠테이션을 실시하는 사람은 프레젠터이지만 그 목적을 달성시켜 주느냐 마느냐 하는 열쇠는 청중에게 달려 있다. 이러한 점에서 프레젠테이션이 항상 청중을 중심으로 준비되어야만 하는 이유이다. 청중의 흥미, 태도, 지식, 욕구, 포지션, 정치적 경향 그리고 감정을 잘 파악하여 여기에 부합하는 프레젠테이션을 준비해야만 청중이 마음과 행동을 움직여주고 프레젠터도 본인이 이 프레젠테이션을 통해서 의도하고자 했던 목적을 달성할 수 있는 것이다. 그러나 프레젠테이션을 청중 중심으로 준비하라는 것은 청중이 선호하는 것만을 이야기하고 자신의 가치관이나 신념을 버리라는 것은 아니다. 자신의 가치관이나 신념을 조금도 바꾸지 않고 청중의 태도와 욕구에 적응하는 방법은 얼마든지 있다. 여기에서 중요한 것은 자신이 하고 싶은 말은 하되 청중이 더 많이 호응할 수 있는 방향으로 나아가야 한다는 것이다.

프레젠테이션 실패의 원인은 대부분 청중이 누구인지, 청중의 목적이 무엇인지, 프레젠터에게 무엇을 원하는지 모르고 발표를 시작하는데 있다. 이러한 상태로 프레젠테이션을 실시한다면, 청중이 알고 싶어 하는 바를 시원하게 전개하지 못할 수도 있고, 프레젠터의 견해를 이해시킬 수도 없을 것이다. 청중이 이해를 못하는 것은 전적으로 프레젠터의 책임이다. 청중을 분석할 때는 다음과 같은 6가지 사항을 고려해야 할 것이다.

2. 청중의 수

청중을 분석하는 첫 번째 기준은 프레젠테이션 장소에 모여 있는 '청중의 수'이다. '프레젠테이션 장소에 모이는 사람의 수에 따라 청중의 성격은 다르다'는 것은 그만큼 청중의 수가 프레젠테이션에 영향을 주고 있음을 알 수 있다는 것을 의미한다. 청중의 크기는 프레젠테이션의 발표 양식에 커다란 영향을 미치는데, 수천 명 또는 수만 명에 이르는 큰 청중을 대상으로 할 때는 목소리와 제스처가 과장되어야 하지만 소수의 청중을 대상으로 할 때는 대화 시에 사용하는 목소리와 몸동작이 더 잘 어울린다.

예를 들어 부서회의, 동호회 모임, 임원회의 등과 같이 청중의 수가 적은 경우 청중이 비슷한 유형의 사람들이며, 비슷한 세대에 생각이나 가치관, 취미, 흥미, 요구도 큰 차이가 없을 것이다. 그러나 심포지엄, 포럼, 학회, 특강 등과 같이 청중의 수가 많은 경우 청중은 긴장감이 떨어지고 산만하며, 종종 이탈하는 경우도 발생할 것이다. 청중의 수에 따른 프레젠테이션 시 나타나는 특징은 아래 다음의 표에 제시되어 있다.

▌ 프레젠테이션 시 청중의 수에 따른 고려 사항

구분	소수	다수
종류	사내회의, 임원회의, 부문미팅, 비공식 회의 등	학회, 전람회, 강연회, 국제회의, 공식회의 등
숫자	10~20인 정도	100인 이상
청중의 성격	단일 청중 상호간에 안면이 있다. 청중 사이에 긴장감이 있다.	혼합 청중은 서로 모른다. 청중 사이에 긴장감이 없다.
프레젠테이션시 주의점	테마가 구체적이다. 컨셉을 압축하기 쉽다. 비주얼을 많이 사용할 수 있다. 연출에 그다지 공들이지 않는다. 자료는 그때그때 배포한다.	테마가 일반적이다. 컨셉을 압축하기 힘들다. 비주얼에 제한이 있다. 공들인 연출이 필요하다. 자료는 전후에 일괄 배포한다.

가. 청중이 적을 경우

청중이 적을 경우에는 보통 서로 안면이 있는 것이 특징이다. 이는 프레젠터에게 있어서는 매우 다행스러운 일인데, 그 이유는 청중 사이에 긴장감이 형성되기 쉽기 때문이다. 사전에 알고 있던 관계에서 프레젠터의 프레젠테이션을 소홀히 듣게 된다면 프레젠테이션이 끝난 후 어색한 관계가 될 수도 있으며, 프레젠테이션에 함께 참여했던 청중들로부터 나쁜 평판을 들을 수도 있을 것이다.

또한 청중이 적을 경우에는 특별한 경우를 제외하고 청중들은 비슷한 유형의 사람들로, 비슷한 세대에 생각이나 취미, 흥미도 거의 같고 요구도 큰 차이가 없을 것이다. 따라서 프레젠테이션의 주제를 구체화하고 내용을 압축하기가 용이하다. 일반적으로 따분하고 효과적이지 않은 프레젠테이션은 주제가 일반적이고 피상이어서 청중들에게 실제적으로 와 닿지도 않을뿐더러 청중의 의사결정이나, 문제해결에 전혀 도움이 되지 않을 수 있다. 프레젠터가 청중의 특성을 파악하고 주제에 대한 심층적인 이해와 분석을 통해 청중의 흥미와 관심을 유발할 수 있어야 한다. 즉, 청중의 입장에서 프레젠터의 프레젠테이션이 청중의 현실적인 문제와 얼마나 연관이 있는가 하는 점이 매우 중요하다. 청중 개개인에게 주목하고 그들의 문제를 분석하여 압축해 내면 청중의 요구를 모두 수용할 수 있는 해결책이 가능하고 효과적일 수 있다. 또한 청중의 수가 적다면 프레젠테이션 시에 연출에 공을 들이지 않더라도 그들의 관심을 붙들어 둘 수 있으며 OHP, 화이트보드, 비디오, 포스터와 모형, 실물과 같은 다양한 시각적 비주얼을 사용할 수 도 있다. 여기에서 한 가지 주의할 점은 자료 배포 시점이다. 자료를 사전에 모두 배포하면 청중의 주의를 붙들어 두기가 어렵게 된다. 따라서 청중이 자료가 아닌 프레젠터에 집중하게 하려면 자료는 필요할 때마다 배포 하는 것이 효과적이다.

나. 청중이 많을 경우

청중이 많은 경우에는 일반적으로 청중은 긴장감도 없고 주의도 산만하기 마련이다. 프레젠테이션이 시작되면 청중은 처음에 잠시 집중하다가 시간이 지날수록 한눈팔기나 옆 사람과 잡담, 사적인 얘기 등을 하게 된다. 다수의 청중 속에서의 청중은 이 많은 사람들 중에서 나 하나쯤이야 눈에 띄지 않겠지 하는 안이한 생각을 하게 된다. 프레젠터는 국제회의, 학술대회, 특강, 심포지움 등의 경우 50명 혹은 100명이상의 많은 청중 앞에서 프레젠테이션을 하게 된다. 대형 연회실이나 강연회장처럼 큰 공간을 사용하면 마이크를 통해 프레젠테이션을 한다.

이렇게 많은 청중 앞에서 프레젠테이션 할 때 주의해야 할 사항은 매우 다양하다.

첫째, 청중의 수가 많은 만큼 그 속성이 제각각이고 흥미나 관심사 또한 다양하다. 따라서 내용을 압축하기도 어렵고 프레젠테이션 주제는 일반적인 내용이 될 수 밖에 없다. 청중이 특별히 관심 있는 화제나 도움이 되는 내용이 아니라면 청중의 흥미를 유발하기 어렵다.

둘째, 넓은 회의장이나 강연장에서는 사용할 수 있는 시각적인 비주얼 자료는 제한적이다. 청중이 적은 경우에는 효과적으로 사용되었던 화이트보드나 포스터, 모형, 실물 등은 잘못 사용하면 오히려 역효과를 가져와 프레젠테이션장을 소란스럽게 만들 수도 있다. 따라서 시각적 자료를 사용하고자 한다면 사전에 세심하게 준비하여 청중의 주의를 분산시키지 않도록 주의해야 한다.

셋째, 청중이 적은 경우와 달리 청중의 수가 많아서 자료는 프레젠테이션 전이나 후에 일괄적으로 배포해야 한다. 배포자료를 프레젠테이션의 흐름에 맞추어 그때그때 나눠줄 수 없어서 사전에 배포해야 하는 경우 청중들은 프레젠터에게 집중하지 않고 자료에 시선이 분산되는 단점과 자료를 배포하는 시간으로 인해 발표시간이 길어 질 수도 있다. 이런 단점을 보완하기 위하여 프레젠테이션이 끝났을 때 정리하여 배포하는 것이 효과적일 수 있다.

이처럼 많은 청중을 상대로 프레젠테이션을 할 경우 여러 가지 곤란한 일에 마주치게 된다. 프레젠테이션 준비단계에서는 다양한 청중의 요구를 압축하기 어렵고, 시각적인 비주얼은 대규모 장치를 준비해야만 한다. 또한 프레젠터도 많은 사람 앞에서 받게 되는 심적인 부담을 극복해야만 하고 프레젠테이션 과정에서도 청중의 집중력을 지속시키기 위해 세심한 주의를 기울여야 한다는 것이다.

3. 청중의 인구통계학적 배경

청중을 분석하는 또 하나의 중요한 척도는 성별, 연령, 직업, 종교, 문화적 배경 등의 인구통계학적 특징에 따라 청중의 특성이 달리 나타난다고 할 수 있다.

예를 들어 성별을 기준으로 봤을 때, 청중이 남성일 경우 프레젠터는 남성적인 프레젠테이션을 준비하는 것이 적절하고, 논리적인 인과관계를 보여주는 자료를 제시하고, 통계수치와 같은 데이터를 사용하는 것이 효과적이다, 반면, 청중이 여성일 경우 성별에 대한 불필요한 언급은 삼가고, 성적인 차별적인 말이나 농담은 피해야 한다. 또한 프레젠테이션 시에 수치를 제시하는 등의 지루한 내용보다는 일상생활

주변에서 볼 수 있는 에피소드나 구체적인 사례를 많이 이용하는 것이 청중의 주의를 환기시키기 쉽다.

다음으로 연령을 기준으로 청중의 특성을 봤을 때 청중의 연령에 맞춘 언어나 행동을 하는 것이 적절하다. 젊은 청중의 특징은 진보적 성향이 강하며, 경험이 부족하고, 돈보다는 명예와 승리를 중시하고, 정의감과 희망, 그리고 자긍심이 강한 편이다. 따라서 젊은 청중을 대상으로 한 프레젠테이션에서는 무거운 내용보다는 캐주얼하고 편안하게 프레젠테이션 하는 것이 효과적이다, 반면, 중년층의 청중은 보수적 성향이 강하며, 경험이 풍부하고, 자익과 실리를 중시하며, 논리적이고 원칙적이고 현실감이 뛰어난 특징을 지니고 있다. 따라서 중년층의 청중을 대상으로 한 프레젠테이션에서는 프레젠터는 이러한 특징들을 반영하여 현실적이고 실제적인 제안임을 강조해야 하며, 논리적으로 짜임새 있게 구성해야 할 것이다.

▌ 연령에 따른 청중의 특성

연령	높은 사람	낮은 사람
특징	- 보수적, 실제적	- 혁신적, 낙천적
성격	- 실리주의	- 이상주의
프레젠테이션시 유의사항	- 공식적 - 논리적인 구성 - 온건한 개혁	- 비공식적 - 도전 - 혁신적인 개혁 - 새로운 제안

가. 청중의 구성상 특징

프레젠테이션에 임하는 프레젠터는 청중을 개인으로 대하는 것이 아니고 하나의 집단으로 대하게 된다. 바꾸어 말하면, 청중이란 개개인의 군집이 아니라 하나의 집단이라는 것이다. 따라서 이러한 집단으로서의 청중이 어떻게 구성되어 있는가를 파악하는 것은 매우 중요한 일이다. 효과적인 프레젠테이션을 준비하기 위해서 반드시 고려해야 할 구성상의 특징으로는 청중의 동질성 여부와 조직성을 들 수 있다.

1) 청중의 동질성

사회의 각 집단들은 동질성의 정도에서 차이를 보인다. 어떤 집단은 매우 동질적인 구성원들로 이루어져 있는가 하면, 어떤 집단은 매우 이질적인 사람들로 구성되어 있다. 청중도 마찬가지다. 한 회사의 직원이나 같은 강의를 듣는 학생 또는 한 종교 단체의 청년 회원들로만 구성되어 있다면 그 청중은 비교적 높은 동질성을 가진다. 그러나 전체 소비자나 지역 구민 또는 일반 유권자가 프레젠테이션의 대상이 되는 경우, 그 청중은 매우 이질적인 수밖에 없다.

청중의 구성이 동질적인 경우에는 그들의 태도와 지식, 그리고 욕구와 감정도 서로 엇비슷하지만, 이질적인 경우에는 이러한 심리학적 속성도 서로 다르게 나타난다. 따라서 이질적인 청중을 대상으로 하는 프레젠테이션의 준비는 까다로워질 수밖에 없다.

이질적인 청중을 대상으로 할 때는 우선 그 청중의 각 하부 집단들이 갖는 태도, 지식, 욕구, 그리고 감정을 따로따로 파악해야 한다. 그런 연후에 어느 한 하부 집단에 초점을 맞추어 프레젠테이션을 준비할 것인지 아니면 각 하부 집단에 고른 관심을 표명할 것인지를 결정해야 한다. 일반적으로 한 하부 집단이 주어진 청중의 절대다수를 형성하지 않는 한, 각 하부 집단의 특성을 고루 반영하여 프레젠테이션을 준비하는 것이 바람직하다.

2) 청중의 조직성

프리젠테이션은 잘 조직되어 있는 청중을 대상으로 하는 경우도 많지만 비조직적인 청중을 대상으로 하는 경우도 적지 않다. 학생들이 주로 하게 되는 강의 중 프레젠테이션이나, 회사원들이 주로하게 되는 사내 프레젠테이션, 격려사나 식사, 초청 프레젠테이션 등은 잘 조직된 청중을 대상으로 하는 것이 보통이다. 그러나 선거유세나 합동연설과 같은 일부 정치 연설과 같은 프레젠테이션, 사람이 많이 모여 있는 장소를 택해 실시하는 대고객 프레젠테이션, 그리고 방송을 통한 프레젠테이션 등은 비조직적인 청중을 대상으로 하게 된다.

잘 조직된 청중은 비교적 높은 집중력을 보여주기 때문에 그들의 시선이나 관심을 끄는 것이 용이하다. 그러나 조직력이 낮은 청중은 주의가 산만해질 가능성이 높기 때문에 이들의 관심을 집중시키기가 쉽지 않다. 따라서 이러한 청중을 대상으로 할 때는 주의나 관심을 끌기 위한 여러 가지 방안을 마련해 두어야 한다.

나. 청중의 성별

1) 청중이 남성일 경우

여성의 사회진출로 인해 여성들이 비즈니스의 세계에 많이 참여하고 있으나, 일반적으로 비즈니스 회의에서 프레젠테이션을 하게 될 경우, 아직까지는 청중의 대부분은 남성인 경우가 많다. 프레젠테이션 준비단계에서 청중의 다수가 남성임을 알게 되면 남성적인 프레젠테이션을 준비해야 한다. 일반적으로 남성청중의 경우 논리적인 프레젠테이션이 적절하고, 논리적인 인과관계를 보여주는 자료를 제시하고, 통계수치와 같은 데이터를 사용하여 프레젠터의 분석력을 보여주는 것이 효과적이다. 이 때, 통계수치를 그래프나 차트와 같은 시각적 도구를 사용하면 개념적으로 잘 와 닿지 않던 숫자들이 시각적 도구의 도움을 받아 쉽게 이해 할 수 있도록 한다. 예를 들어, 내년도의 경제성장률에 대한 프레젠테이션을 하는 경우 내년도의 성장률이 10%라는 것을 청중에게 설명하는 경우 청중에게 말로서 장밋빛 환상과 꿈을 심어주는 것이 아니라 논리적이고 분석적이고 침착하게 작년의 성장률을 올해의 성장률 추이와 함께 각종 경제지표들을 수치로 제시하고 성장률이 증가할 수밖에 없는 원인들을 다각적으로 분석하여 프레젠터의 경제성장률에 대한 전망이 신뢰도를 높여야 할 것이다.

또한 프레젠테이션 시에 논리에 맞지 않는 것이 발견되면 남성 청중들은 사고회로를 정지시키게 된다. 이 경우 사리에 맞지 않는 부분에 민감하고 머릿속에 항상 '왜' 라는 의문을 갖게 된다. 이러한 의문에 대해서 프레젠터는 답변할 준비가 되어 있어야 한다, 그렇지 않은 경우 남성 청중들은 프레젠터의 말을 듣고 '그래서 어떻다는 거야' 라고 반문한다. 프레젠테이션이 끝난 후 애매모호한 의문을 남기고 의문에 대한 답이 적절히 이루어지지 않는다면 프레젠터의 역량에 청중들은 의문을 가지게 된다. 따라서 남성 청중의 경우 프레젠터는 특별히 논리적인 프레젠테이션의 준비가 필요하다.

2) 청중이 여성일 경우

앞서 비즈니스 상황의 프레젠테이션에서 다수가 남성이라고 했으나, 사회는 변화하고 있고 여성의 경제활동 참여는 지속적으로 증가하는 추세에 있으므로 비즈니스 프레젠테이션에 참석하는 사람이 남성뿐이라고 생각했다가는 실수를 하게 될 수도 있다. 여성의 사회적 지위가 점차 향상되고 있고 중요한 비즈니스 회의석상에서 여성을 만나는 경우가 많아지고 있다. 점차적으로 비즈니스에서 활약하는 여성들은 남성들의 비즈니스 파트너로서 자리매김할 것이다.

여성청중을 대상으로 프레젠테이션을 하게 되는 경우, 남성을 전제로 한 프레젠테이션을 해서는 안 되며, 성차별과 관련된 언급을 해서는 안 되며, 성적인 농담을 피해야 한다. 언어 사용에 있어서도 '비즈니스 맨(Business Man)'보다는 '비즈니스 피플(Business People)'로 '체어맨(Chairman)'보다는 '체어퍼슨(Chairperson)'쪽이 공정한 인상을 준다.

다. 청중의 연령

프레젠터가 프레젠테이션을 시작하기 전에 청중의 연령을 분석하는 것은 중요하다. 만약 나이가 지긋한 중년의 청중 앞에서 젊은 프레젠터가 본인의 친구들과 하던 농담을 하거나 젊은이들 사이에 유행하는 은어나 축약어 등을 사용한다면 청중의 반응은 싸늘하게 변할 것이다. 반면 젊은이들을 상대로 고사 성어를 인용한 격조 높은 한문조의 프레젠테이션을 한다면 청중들은 지루해서 어쩔 줄을 모를 것이다. 두 경우 모두 청중의 연령을 전혀 고려하지 않은 실패한 프레젠테이션이 될 것이다. 따라서 프레젠터는 사전에 본인이 대상으로 하게 될 청중의 연령을 분석한다면 프레젠테이션은 성공적일 것이다.

1) 청중이 젊은 층일 경우

젊은 청중의 특징은 일반적으로 진보적 성향이 강하며, 경험이 부족하고, 돈보다는 명예와 승리를 중시하고, 정의감과 희망, 그리고 자긍심이 강한 편이다. 따라서 젊은 청중을 대상으로 한 프레젠테이션에서는 무거운 내용보다는 캐주얼하고 편안하게 프레젠테이션 하는 것이 효과적이다. 연령으로 봐서는 프레젠터가 청중의 아버지 연배라 해도 마치 이웃집 형이나 오빠라는 생각을 가지고 대하는 편이 효과적이다. 그렇다면 젊은이들의 개방성과 수용성은 프레젠터를 편견 없이 열렬히 환영할 것이다.

젊은 청중들은 중년 청중들에 비해 경험이 짧고 이상주의적이며 자유분방한 사고를 하는 편이다. 개인차가 있겠으나 매사를 별로 심각하게 생각하지 않으며 낙천적이고 항상 새로운 일에 도전하려고 한다. 그러므로 자극적인 의견이나 모험적인 제안에 반응을 보이는 경향이 있다. 도전적, 모험적, 자극적, 혁신적, 이상주의적 등등이 젊은이를 상징하는 키워드이므로 프레젠테이션에 자주 활용한다면 효과적일 것이다, 그렇다고 프레젠터의 프레젠테이션 주제가 보수적이고 이념적임에도 무리하게 바꾸어 젊은 사람에게 영합할 필요까지는 없는데, 그들에게 있어 때로는 보수적인 것이 자극적이고 도전적인 것이기도 하다.

2)청중이 나이가 많을 경우

중년층의 청중은 일반적으로 보수적 성향이 강하며, 경험이 풍부하고, 자익과 실리를 중시하며, 논리적이고 원칙적이고 현실감이 뛰어난 특징을 지니고 있다. 따라서 중년층의 청중을 대상으로 한 프레젠테이션에서는 프레젠터는 이러한 특징들을 반영하여 현실적이고 실제적인 제안임을 강조해야 하며, 논리적으로 짜임새 있게 구성해야 할 것이다. 즉, 중년층의 청중은 프레젠터의 의견이 현실적이고 실제적인가를 지그시 관찰하면서 경청한다. 그리고 예의 바르고 신뢰할 만한 사람인가를 평가할 기준을 가지고 있다.

예를 들어, 기업의 임원들 앞에서 신제품에 대한 기획안을 프레젠테이션하게 되는 경우, 프레젠터는 프레젠테이션을 준비하면서 신제품에 대한 전문적인 지식을 갖추었을 것이다. 설령 임원들이 본인이 신제품에 대해 가지고 있는 만큼의 지식을 지니고 있지 않다고 하더라도, 프레젠테이션 시에는 임원들에게 예의와 존경을 표하며 언어구사 하나하나와 마지막 인사까지 정중하게 예의를 갖추고, 프레젠터의 제안이 단지 꿈이나 이상이 아닌 현실적이고 실제적인 제안임을 강하게 어필해야 한다. 따라서 프레젠테이션 준비과정에서 다각적인 검토와 발생 가능한 문제에 대한 해결책, 예상 투자금액, 이 제품을 개발함으로써 얻을 수 있는 기업의 이익 등을 구체적으로 보여 주어야 한다.

라. 청중의 사회적.경제적 지위

청중의 교육적 배경, 청중의 직업, 청중의 지위를 분석하는 청중의 사회적·경제적 지위는 청중의 특성을 파악할 수 있는 중요한 인구통계학적 요소이다. 청중의 사회적·경제적 지위에 따라 청중의 흥미와 특정 문제에 대한 문제의식과 가치관이 각각 다르기 때문이다. 즉, 생산직 노동자와 최고경영자의 임금인상률에 대한 시각은 다를 수 있으며, 대도시의 화이트칼라와 시골의 농민들이 동일한 사안인 FTA(Free Trade Agreement)문제를 바라보는 시각은 매우 다르므로 청중에 따라 시각을 달리해서 접근할 필요가 있다.

사회적·경제적 지위가 높은 사람은 프레젠터에게 문제해결을 위한 확실한 의견이나 전문가로서의 견해를 기대한다. 더구나 편협하고 단절된 사고에서 나온 의견이 아니라 전체를 간파한 공평한 시각에 입각한 프레젠테이션을 실시할 필요가 있다. 그러나 전문가들이 갖게 되는 딜레마로 전문성이 심화될수록 유감스럽게도 시야가 좁아지는 경향이 있다. 예를 들어 회사의 마케팅 업무를 책임지고 있는 팀장이 마케팅 업무에 대한 문제점과 그 해결방안에 대해 경영진에게 프레젠테이션을 하는 경우, 프레젠터는 전문가이기 때문에 마케팅 업무에 대해 전문성을 지니고 있을 것이다. 그러나 마케팅 업무의 문제점에 대해 그 중요성을 강조할수록 청중인 경영진은 한걸음 물러나 발표자의 말을 냉정하게 청취하려 한다. 사회적·경제적 지위가 높은 청중은 전체의 균형을 중시하기 때문이다, 즉 마케팅 분야의 전문성과 중요성만이 아니라 기업의 전체적인 관점에서의 조화를 생각하기 때문에 프레젠터는 프레젠테이션 시에 타부문과의 균형이나 기업 전체의 관점을 수용해서 포함시켜야만 성공적인 프레젠테이션 결과를 얻을 수 있다.

반대로, 사회적·경제적 지위가 낮은 사람들에게는 프레젠터의 전문성만을 강조할 것이 아니라 청중이 이해하기 쉬운 내용으로, 주제를 쉽게 풀어 평이한 용어로 설명하도록 유의한다.

마. 기타

1) 청중이 외국인일 경우

21세기는 세계화 시대의 시점에 서있으며 기업들 역시 다국적기업이 전 세계로 진출하고 있으며 기업 내에서의 사내회의도 외국어로 프레젠테이션이 실시되는 경우가 증가하고 있다. 따라서 프레젠테이션의 대상인 청중이 내국인에 한정되었던 것에서 점차적으로 다양한 국적을 지닌 청중들이 보편적인 추세가 되어 가고 있다.

프레젠테이션의 청중이 외국인일 경우 우선 용기를 가지고 두려움을 버려야 한다. 자신의 영어구사에 설령 자신이 없더라도 지나친 걱정할 필요가 없다. 영어구사 능력과 프레젠테이션이 관련은 있지만 실은 별개이다. 영어회화가 가능하다고 프레젠테이션이 가능한 것은 아니다. 프레젠테이션 기술을 습득하면 영어구사는 기본적인 영어로도 충분하다.

또한 외국인 청중을 대상으로 한 프레젠테이션을 할 경우 그들의 문화적 배경을 잘 알 필요가 있다. 문화적 차이(Cultural difference) 문제에서 가장 어려운 문제는 가치관과 행동양식의 차이로, 문화적 배경의 차이를 무시하고 외국인 청중 앞에서 프레젠테이션 하는 것은 나침반 없이 목적지를 향해 가는 것과 같다. 더불어 커뮤니케이션 진행방식에 대해서도 주의할 필요가 있는데, 결론에서 시작하여 인과관계를 보여주고 결론을 맺는 프레젠테이션이 효과적이다.

2) 종교 문제

문화와 함께 종교문제는 매우 중요한 고려사항으로 청중을 대상으로 프레젠테이션 할 때 프레젠터는 청중에게 특정 종교에 대한 언급은 자칫 오해의 소지가 발생하기 쉽다. 종교적인 것은 지극히 개인적이며 주관적인 경향이 농후하다. 사람의 종교적 신념은 그 누구도 범할 수 없는 영역으로 청중과 종교문제로 대립할 필요가 없으며 이것은 어리석은 일이다. 따라서 프레젠테이션에서 음주문제, 종교전쟁, 이혼문제, 낙태문제 등에 대해 이야기해야 할 상황이라면 청중의 종교적 배경을 알아둘 필요가 있다. 이는 매우 민감한 사안이므로 가급적 다루지 않는 편이 현명하다.

만약 구미(歐美)사람들에게 프레젠테이션을 하게 된다면 기독교에 대한 기본 소양을 갖출 필요가 있다. 왜냐하면 일반적이기는 하지만 신앙심이 깊은 사람은 물론 일반 사람들도 기본적인 가치관은 종교에서 영향을 받기 마련이다. 또 국가와 문화에 따라서 종교가 다르기 때문에 외국인을 상대로 프레젠테이션을 할 기회가 있다면 세계 주요 종교의 교의에 대해 학술적 관점에서 조사하고 각 종교나 문화에서 금기시 하는 것들에 대한 정보를 입수하여 프레젠테이션의 내용이 아니라 부수적인 것들로 인해 프레젠테이션을 실패하는 실수는 하지 말아야 할 것이다.

4. 청중의 요구 (needs)

청중은 무엇인가를 원하기 때문에 프레젠테이션을 들으러 온다. 아무런 욕구도 없는 사람이 남의 말을 들으러 올 이유가 없는 것이다. 프레젠테이션에 참여하는 청중의 욕구는 매우 다양하다. 어떤 청중은 프레젠터의 비전이나 능력을 알고 싶어 하고, 어떤 청중은 새로운 사실을 배우고자 하며, 어떤 청중은 프레젠터를 통해서 자신들의 정체성을 고취시키고자 하며, 어떤 청중은 그저 프레젠터의 얼굴을 보거나 목소리를 듣고 싶어서 온다.

이를테면 당신이 마케팅 담당자인 경우 가능성 있는 기업에 가서 '귀사의 요구(needs)는 무엇입니까?' 라고 물어도 아무도 대답해주지 않는다. 청중의 요구는 스스로 찾아야 하는데 그럴 경우, 먼저 업계분석을 하고 경영분석, 재무분석, 인물분석의 4가지 항목의 분석을 통해 문제를 해결해 나가야 한다, 마지막의 '인물분석' 은 프레젠터의 프레젠테이션에 참가하는 청중 또는 마케팅 담당자일 것이다. 즉, 이 4가지 항목을 분석하여 상대의 요구(needs)를 찾아내야 한다.

따라서 청중분석에서 꼭 파악할 것은 청중의 요구(needs)이다. 먼저, 청중이 프레젠테이션에서 듣고자 하는 내용은 무엇인가를 파악해야 한다. 예를 들어 신상품에 대한 네이밍 전략을 프레젠테이션하려고 할 때 의사결정권자가 브랜드 네이밍 후보 안에 주로 관심이 있을 수 있지만, 신상품의 시장 환경에 대해 더 관심이 있거나, 시장 전략에 더 관심이 있을 수도 있다. 이런 경우 프레젠터는 의사결정권자의 요구에 부응하여 시장 환경과 전략에 대한 분석도 제시할 수 있어야 할 것이다. 그렇지 않다면 의사결정권자는 프레젠테이션을 듣고 나서도 의문인 상태로 남아 있을 수 있기 때문이다.

프레젠테이션에 참석하는 청중은 프레젠테이션 내용을 들으면서 나에게 돌아오는 이익이 무엇인가(WIIFM, What's In It For Me?)를 생각한다. 예를 들어, 청중 중의 한사람인 클라이언트사의 마케팅 본부장은 프레젠테이션을 통해 지금까지 마케팅을 잘 해왔다는 긍정적인 평가를 받아서 사장으로부터 인정을 받고자 할 수도 있을 것이며, 부사장은 단기적인 매출 증대를 바라는 반면, 사장은 기업의 장기적인 이미지 제고를 기대할 수도 있다. 따라서 프레젠터는 의사 결정권자의 요구(needs)를 명확히 파악해 대응해야 한다.

좋은 프레젠테이션을 준비하기 위해서는 반드시 청중의 욕구를 고려해야 한다. 그들이 무엇을 필요로 하며, 어떤 것에 흥미를 가지고, 어떠한 동기로 이 프레젠테이션을 들으러 오는가를 파악한 후, 이를 충족시키는 방향으로 프레젠테이션을 준비해야만 청중의 마음을 움직일 수 있는 것이다. 청중의 요구도 제대로 이해하지 못한 채 프레젠테이션을 하거나 대충은 알면서도 무시해 버리는 경우에는 청중의 호응을 얻는 것이 불가능하다.

5. 청중의 지식수준

아무리 좋은 프레젠테이션이라 할지라도 청중이 이해하지 못한다면 아무런 소용이 없다. 따라서 청중분석에서 빠뜨려서는 안 되는 항목이 청중의 지식수준이다, 프레젠테이션에서 발표할 내용에 대해 청중이 어느 정도 알고 있는가에 대해 사전에 조사해 둘 필요가 있다. 즉, 주어진 프레젠테이션에 대한 청중의 이해 여부를 결정짓는 가장 중요한 요인은 청중의 지식수준이다.

청중의 지식수준을 분석한 결과 청중이 전문가일 경우에는 청중의 기대에 부흥하기 위해 많은 데이터를 준비하는 것이 바람직하다. 지식수준이 아주 높은 사람은 전문 용어와 정교한 논리를 바탕으로 이루어진 프레젠테이션을 더 잘 이해하는 경향이 있다.

지식이 부족한 청중은 쉬운 말과 단순한 논리로 구성된 프레젠테이션은 이해할 수 있으나, 어려운 말과 복잡한 논리로 전개된 프레젠테이션을 이해하기는 힘들다. 따라서 청중이 일반인 경우에는 가능한 한 전문용어를 사용하지 않고, 만약에 전문용어를 사용할 경우에는 친절하게 설명해 주고, 청중들의 일상사를 화제로 취급하고, 많은 예를 인용해서 설명하고, 경험담이나 사례를 풍부하게 소개하는 등의 사항들을 유의하면서 프레젠테이션을 실시해야 한다, 예를 들어, 주식시세 동향에 관한 프레젠테이션을 하는 경우, 프레젠터가 경제용어나 주식용어를 아무런 설명 없이 구사하면서 향후 시장 동향을 거침없이 이야기하는 경우 그 대상이 주식에 대해 거의 지식이 없는 가정주부들이라면 그런 식의 프레젠테이션은 별 의미를 갖지 못한다.

따라서, 프레젠터는 효과적인 프레젠테이션을 위해서는 청중이 일반인인가 전문가인가 혹은 청중 가운데 전문가는 몇 사람쯤 있으며 일반인은 어느 정도의 비율인지 알아볼 필요가 있다. 또 말하고자하는 주제에 대해서 청중은 어느 정도 알고 있는지 아니면 전혀 모르고 있는가 등을 '청중의 지식분석' 매트릭스에 따라 분석한다. 즉, 청중의 전부가 전문가이거나 일반인이라면 문제가 없겠으나, 그 구성비는 다양하므로 청중의 지식수준에 대한 분석을 세심하게 수행해야 할 것이다. 이 때 사용되는 청중의 지식수준 분석은 다음의 표를 참고하면 된다.

▌ 청중의 지식수준 분석

지식 / 청중	높다	낮다
일반인	%(명)	%(명)
전문가	%(명)	%(명)

청중의 지식수준을 더 세부적으로 나누어 보면, 프레젠테이션을 이해하는 데 필요한 지식은 크게 일반적인 지식과 주제에 대한 지식으로 나누어 볼 수 있다. 전자는 주어진 주제와 무관하게 일반적으로 얼마나 많은 지식을 갖고 있는 가를 의미하며, 후자는 주어진 주제와 관련된 사항을 얼마나 알고 있느냐를 의미한다.

가. 청중의 일반적 지식수준 파악

일반적 지식이란 다른 사람의 말을 이해할 수 있는 능력, 즉 어휘와 문법을 이해할 수 있는 언어적 능력과 논리 체계를 이해할 수 있는 사고력을 일컫는다. 어휘와 문법, 그리고 논리에 대한 이해력은 대체로 교육 수준과 비례한다. 교육 수준이 아주 낮은 청중은 어휘력과 문법 구조에 대한 지식이 제한되어 있으며 논리의 전개와 이해에 취약하다. 반대로 교육수준이 아주 높은 사람은 어휘가 풍부하며 다양한 문법 구조에 익숙하고 논리적인 사고 능력을 갖추고 있다. 교육 수준이 보통인 사람은 언어 능력과 논리적 사고 능력에서 이 양극단의 중간에 속한다고 보면 된다.

청중이 일반인일 경우, 일반인 청중은 프레젠터에게 누구라도 이해할 수 있는 내용을 기대한다. 뛰어난 평론가나 대학교수가 텔레비전에서 시청자들에게 말하듯이 평이하며 알기 쉬운 말이 나올 것으로 생각한다, 그러나 전문가는 난해한 이야기를 자기들만의 암호를 사용하여 괜스레 어렵게 표현하는 것은 전문가의 오만이다. 어려운 내용을 쉽고 평이하게 표현할 수 있는 사람이 진짜 뛰어난 전문가이다. 더욱이, 교육수준이 낮은 청중을 대상으로 할 때는 쉬운 말과 짧은 문장, 그리고 단순한 논리를 사용하는 것이 그들의 이해 정도를 높이는 데 도움이 된다. 일반인 청중에 대한 프레젠테이션은 주제를 압축하고 주제의 범위를 좁히고 군더더기를 제거하여 간결한 프레젠테이션이 되도록 노력한다. 때로는 일반인들은 전문가라는 사람들의 말을 들으면 불쾌감을 느낄 때가 있다. 자기가 매우 똑똑하고 잘났다는 이야기만 늘어놓거나 청중을 얕보는 태도를 취할 때 그렇다. 프레젠테이션을 하다 보면 자칫 프레젠터가 청중보다 우위에 있다고 착각하기 쉽다. 발표자가 주제에 대해 청중보다 많이 알고 있지만 그 주제에 대해서만 그러하고 인격적으로 우월한가 하는 점은 별개의 문제이다. 전문가일수록 사람들 앞에서 말하기 시작하면 세계가 자기를 중심으로 돌고 있는 듯 착각하기 쉽다. 그러다 당신이 아무리 유식하더라도 일반인 청중을 상대할 때는 그들의 눈높이에서 이야기할 필요가 있다.

반면 교육 수준이 아주 높은 청중을 대상으로 할 때는 전문 용어나 복합적인 문장, 그리고 정교한 논리를 사용하는 것이 오히려 빠른 이해를 보장하는 길이다. 그리고 보통의 교육 수준을 가진 청중을 대상으로 할 때는 우리 성인이 일상적으로 사용하는 언어와 문장, 그리고 논리체계를 사용하는 것이 효과적이다.

(체크 포인트) 일반인 청중 체크 포인트

- 전문용어를 지나치게 사용하지 않는가?
- 전문용어를 해설하는가?
- 신변의 화제와 결부시키는가?
- 많은 사례를 예시로 제시하는가?
- 주제를 압축하는가?

나. 청중의 주제에 대한 지식 파악

주제에 대한 지식이란 연사가 프레젠테이션에서 다루고자 하는 주제 및 소재에 대한 청중의 예비지식을 일컫는다. 이를테면, '아파트 선시공/후분양제' 라는 주제를 놓고 이를 옹호하는 연설을 할 때, 청중이 '선시공/후분양제와 선분양/후시공제와의 차이점과 장단점을 얼마나 알고 있는가?' 하는 것이 그들의 주제에 대한 지식수준을 대표한다.

주제에 대한 지식수준은 그 주제에 대해 직접 또는 간접적으로 쌓아온 경험이 어느 정도인가에 따라서 결정된다. 직접적 경험이란 실제로 그 주제와 관련된 일을 겪거나 해보았을 때 생기는 것이며 간접적 경험이란 교육과정이나 시사 매체 등을 통해 얻어지는 것이다. 따라서 주제에 대한 지식수준을 판단할 때는 우선 청중이 그 문제를 실제로 겪어본 적이 있는지를 알아보아야 하며, 다음으로 그들의 교육수준 및 시사에 대한 관심 등을 파악해야 한다.

주제에 대한 지식이 부족한 청중은 그 주제에 관한 한 세상 물정을 모르는 아이들과 같다. 그러므로 이런 청중들에게 배경 설명도 없이 바로 본격적인 논의로 들어가면 이들은 곧 미궁에 빠지고 만다.

반대로 주제에 대한 지식이 많은 사람들은 그 문제에 관한 한 준전문가인 셈이다. 이런 청중들을 상대로 배경 설명에 너무 많은 시간을 할애하면 이들은 "뻔한 이야기를 왜 그렇게 길게 하냐!" 는 식으로 비판하게 된다.

주제에 대한 지식이 많은 사람들은 프레젠터에게 전문가로서의 정보나 견해, 식견을 기대한다. 청중은 본인이 모르는 새로운 정보, 다른 의견을 기대하는 것이다. 따라서 청중의 기대에 부응하지 않으면 안 된다. 그러기 위해서는 많은 데이터를 준비하는 것이 좋다. 통계수치, 실험결과, 문헌, 조사자료, 권위 있는 사람의 의견 등 논리를 보강할 재료를 풍부하게 준비해야 한다. 만약 적은 데이터로 주장을 뒷받침하려하면 반드시 문제가 생기기 마련이다. 어떤 데이터이든 항상 반대의 데이터가 존재하기 마련이므로 프레젠테이션에서 10의 정보를 제공하고 싶다면 100의 데이터가 필요하다는 점을 기억해야 한다. 왜냐하면 주제에 대한 지식이 많은 사람들은 프레젠테이션이 끝나면 많은 질문을 하고 질문에 대해서는 자신 있게 나머지 90의 데이터를 피력한다. 따라서 데이터의 10%정도는 프레젠터의 주장과 다른 데이터를 제시하며 반론을 펴기도 한다. 반론에 대해서는 자신을 가지고 미리 준비한 당신의 주장과 다른 데이터를 제시하여 대응한다.

주제에 대한 지식이 많은 사람들을 납득시키기 위해서는 충분한 사전조사로 대비하는 것이 유일한 방법이다. 다만 전문가인 프레젠터에게 자부심이 있듯이 주제에 대한 지식이 많은 사람들은 청중에게도 자부심은 있다. 일방적으로 공세를 취한다면 청중도 욕구불만이 쌓인다. '이 점에 대해서는 여러분이 전문가라 생각합니다.....' 등의 표현으로 청중의 자부심을 세워줄 필요가 있다.

(체크 포인트) 청중의 주제에 대한 지식수준에 적응하는 법

1. 주제를 잘 아는 청중
   - 기초를 설명하는 데 시간을 낭비하지 마라.
   - 청중이 잘 알고 있는 내용만을 이야기하는 것으로 끝나서는 안 된다. 기존의 지식 위에 새로운 지식을 제공할 수 있어야 한다.
   - 새 지식은 기존 지식과 연결하여 설명하라.
   - 그들에게 익숙한 전문 용어를 사용하라.

2. 주제를 잘 모르는 청중
   - 기초부터 차근차근 설명하라.
   - 한꺼번에 많은 정보를 제공하려는 욕심을 버려라.
   - 전문 용어보다는 일상적인 용어로 설명하라.

3. 주제를 잘 알지만 무관심한 청중
   - 시작부에서 주제가 그들에게 얼마나 중요한가를 강조하라.
   - 설명 도중에도 내용을 그들의 삶과 결부시킬 수 있어야 한다.

6. 청중의 태도 및 자세

청중의 태도와 관련된 부분과 관련하여 청중은 호의적인 청중, 비호의적인 청중, 중립적인 청중으로 분류할 수 있다.

첫째, 호의적 청중은 기대를 안고 프레젠테이션 장소에 참여하여, 프레젠터가 '또 뭔가 재미있는 얘기를 해주지 않을까' 라거나 '저분 얘기는 언제 들어도 유익해' 라고 생각하는 경우로 이런 청중은 프레젠터가 의도에 따라 청중은 감동하고 웃으며 받아들인다. 그러나 여기에서 주의할 점은 호의적인 청중의 기대를 저버려서는 안 된다는 점이다. 만일 프레젠테이션이 기대에 어긋나면 기대가 컸던 만큼 청중은 극도의 실망감을 느낄 것이다. 두 번 다시 실망을 안겨준 프레젠터의 프레젠테이션에 귀를 기울이지 않을 것이다. 또한, 호의적 청중에 대해서는 주의를 다소 소홀히 하기 쉽다. 프레젠테이션 준비를 게을리 한다거나, 지나친 농담을 한다거나, 실없는 농담을 하여 실수할 가능성이 높다. 청중을 분석하여 호의적인 청중이 대부분이라면 프레젠터로서 이미 프레젠테이션의 프로다. 호의적인 청중에게는 특히 신경을 써서 확실한 준비를 해야 하는데, 그들은 매번 같은 말을 하는 등의 평범한 내용에 납득하지 않기 때문이다. 따라서 호의적인 청중에게는 신선하고 살아있는 정보를 제공해야 한다. 때때로 발표자가 특정 청중과 매우 가까운 경우를 볼 수 있는데 제3자가 볼 때 기분 나쁠 일이다. '호의적인 청중' 이라 해도 어디까지나 사전 분석결과에 따른 예측일 뿐 프레젠테이션이 끝나기 전에는 그 실상을 알 수 없다. 갑자기 '비호의적' 으로 변해 버리는 경우도 충분히 있을 수 있다. 질의 응답시 안면이 있는 청중이 질문을 해 오더라도 결코 싱글싱글 웃는다거나 특별 취급해서는 안 된다. 어디까지나 냉정하게 대처해야 한다. 발표자는 모든 청중을 평등하게 대할 의무가 있고, 모든 청중은 평등하게 대우받을 권리가 있다.

▌ 청중을 공평하게 대하는 방법

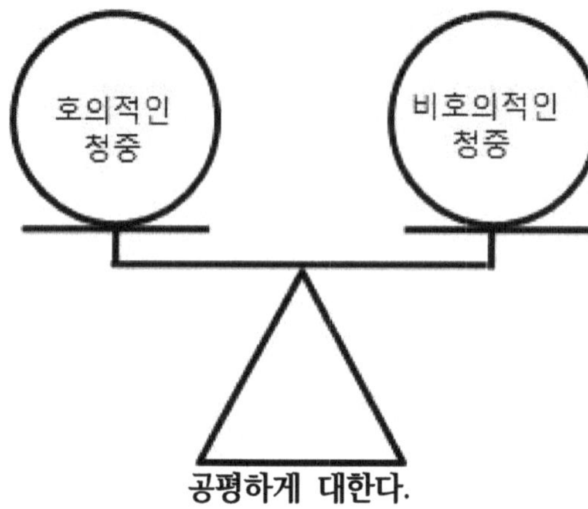

둘째, 비호의적 청중은 가장 문제가 되는 상황으로, 이러한 청중에 대해서는 반대되는 의견 또는 일부러 대립할 필요는 없다. 자기 의견만 고집하는 것도 좋지 않으므로, 편견이 없음을 부각시키고 감정적 의견보다 이성적 사고를 바탕으로 논리적인 프레젠테이션을 전개시켜 나가도록 한다. 우선, 프레젠터는 균형 잡힌 사고를 피력하고 청중으로부터 '공정한 사람이다' 는 평가를 얻도록 하는 것이 좋다. 청중을 굴복시키고자 소모전을 벌이기보다 국지전에서 부분적인 승리를 쟁취하는 전략으로 전환하는 편이 현명한 일이다. 즉, 비호의적인 청중을 상대로 얘기를 시작하기도 전에 지나치게 긴장하거나 지레 포기할 필요가 없으며, 장기적 전략을 수립하여 프레젠테이션이라는 전술을 성공시켜야 한다. 프레젠테이션 시작부터 체념하지 말고 끈기를 가지고 적극적으로 마음을 털어놓고 프레젠테이션을 한다면 난공불락의 상대라도 '열심히 하는 사람' 이라고 인정하고 마음을 열어줄 것이다.

셋째, 중립적인 청중은 무관심한 청중으로 그들의 태도는 프레젠테이션이 자기와는 관계가 없다는 태도이다. 무관심한 청중이 관심을 갖도록 하자면 '청중' 과 '주제' 를 연계시킬 필요가 있다. 즉, 전체 프레젠테이션 과정에서 "이것은 여러분의 문제입니다" 라고 강조하는 것이다. 그럼으로써 청중에게 문제의식을 갖게 하고 잠자는 그들의 관심을 일깨울 수 있다. 나아가 무관심한 청중에 대해서는 다분히 자극적일 필요가 있는데, 청중이 관심을 가질 만한 에피소드나 경험담, 다양한 사례를 들어가며 프레젠테이션을 한다. 가장 효과적인 방법이 유머 넘치는 화법으로, 유머를 통해 무관심한 청중을 프레젠테이션에 참여시켜야 한다. 그러나 프레젠테이션의 주제를 결코 소홀히 해서는 안 된다.

비호의적인 청중 다루는 방법

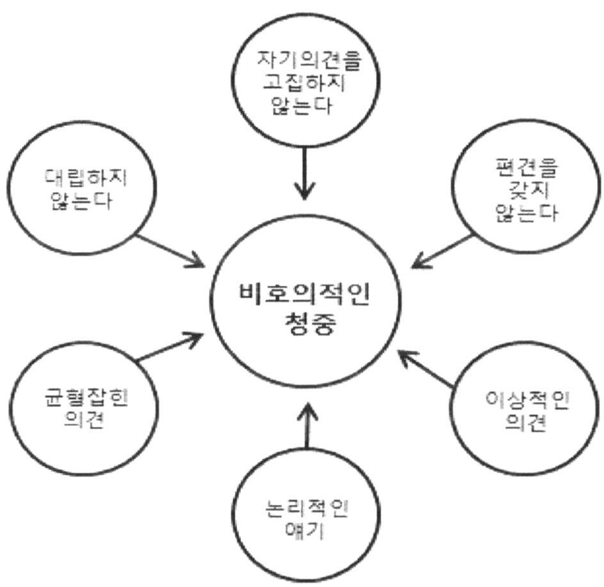

청중분석 결과 호의적인 청중이라면 이들은 기대를 안고 있으며, 프레젠터에 대해 호의적일 것이다. 그러나 아무리 호의적인 청중일지라도 비호의적인 청중으로 변해 버릴 수 있음을 염두에 두고 공정하고 냉철하게 프레젠테이션에 임해야 할 것이다. 반대로 청중분석 결과 비호의적인 청중인 경우, 청중과 대립은 금물이며, 균형적인 사고의 피력과 공정한 태도를 유지하고, 지나친 긴장보다는 오히려 적극적인 프레젠테이션이 필요하다.

가. 청중의 태도

인간은 성장과정에서 겪는 경험도 서로 다르고 처한 입장도 서로 다르므로 주어진 대상에 대하여 갖고 있는 태도도 서로 다르다. 자신이 별로 경험한 바도 없고 자신의 이익과 무관한 영역에 대해서는 중립적인 태도를 갖게 되지만, 자신이 직·간접적으로 경험해 본 대상이나 자신의 이익과 결부된 대상에 대해서는 비교적 확고한 태도를 갖게 마련이다. 즉, 프레젠테이션에 참여하는 청중들도 개인의 성장과정과 상황에 따라 프레젠테이션에 대한 태도가 달라 질 수 있는 것이다.

인간은 성장 과정을 거치면서 스스로의 가치 체계(value system)를 확립해 간다. 가치체계란 주어진 대상에 대해 그 사람이 갖고 있는 기본 성향(predispositions)을 의미하는데, 이 기본 성향의 핵심에는 태도가 자리 잡고 있다. 태도(attitudes)란 주어진 대상에 대한 그 사람의 감정적인 평가, 즉 그 대상을 좋아하거나 싫어하는 정도를 의미한다. 하나의 대상을 긍정적으로 평가하는 사람, 즉 그 대상을 좋아하는 사람은 그 대상에 대해 긍정적인 태도를 갖고 있고, 반대로 그 대상을 부정적으로 평가하는 사람, 즉 그 대상을 싫어하는 사람은 그 대상에 대해 부정적인 태도를 갖고 있다. 태도는 그 사람의 수용행위에 여러 가지 영향을 미친다. '인간 행위의 선택성' 에 관한 연구들에 따르면 사람은 자신의 기존 태도에 따라 선택적으로 참여하고, 선택적으로 인식하며, 선택적으로 저장하고, 선택적으로 회상한다고 한다.

첫째, 선택적 참여란 선택적 노출(selective exposure)이라고도 불리는데, 이것은 청중 스스로가 좋아하는 프레젠테이션만을 골라서 듣는 경향을 가리킨다, 청중은 프레젠테이션이 있다고 해서 무턱대고 듣는 것이 아니고 자신이 좋아하는 프레젠터의 프레젠테이션이나 자신의 태도에 부합하는 프레젠테이션만을 골라 듣는다는 것이다. 따라서 자신이 지극히 싫어하는 프레젠터가 프레젠테이션을 하면 아예 참석을 하지 않거나 참석을 했다가도 그 프레젠터가 연단에 올라서면 현장을 떠나버리기도 한다. 반대로 자신이 좋아하는 프레젠터가 프레젠테이션을 하면 바쁜 일정을 쪼개서라도 반드시 그것을 들으려 한다.

둘째, 선택적 인식(selective perception)은 선택적 해석이라고도 불리는데, 이는 주어진 메시지를 자신에게 유리한 방향으로 인식하고 해석하는 경향을 가리킨다. 까다로운 선택과정을 통해서 일단 참여하기로 결정한 프레젠테이션이라 할지라도, 청중은 그 프레젠테이션 내용을 있는 그대로 받아들이는 것이 아니라 모든 것을 자신에게 유리한 방향으로 해석하거나 아니면 자신이 좋아하는 내용만을 골라서 받아들인다는 것이다. 따라서 프레젠테이션의 내용은 받아들이는 사람의 태도에 따라 다르게 해석될 수 있는 것이다.

셋째, 선택적 저장(selective retention)과 선택적 회상(selective recall)이란 자신이 좋아하거나 자신에게 필요한 부분만을 선택하여 기억 속에 저장하고 회상해 내는 경향을 가리킨다. 청중은 아무리 중요한 이야기를 듣더라도 자신의 태도에 부합하지 않는 것은 쉽게 흘려버리고 자신에게 유리하거나 필요한 것만을 외워둔다. 뿐만 아니라 나중에 그 프레젠테이션을 회상할 때도 자신의 기억에 저장되어 있다고 해서 모두 다 기억해내는 것이 아니라 자신에게 필요한 것만을 선택하여 기억해 내는 것이다. 이를 테면, 자기가 좋아하는 프레젠터의 프레젠테이션 또는 자신의 태도에 부합하는 프레젠테이션을 회상하는 경우에는 그것의 긍정적인 것들이 주를 이루지만, 자기가 싫어하는 프레젠터의 프레젠테이션이나 자신의 태도에 반하는 프레젠테이션을 회상하는 경우에는 부정적인 것들이 주를 이루게 된다.

이처럼 청중의 기존 태도는 그들이 듣고 해석하고 외우고 기억하는 대상과 방법을 결정하는데 막대한 영향력을 행사한다. 따라서 청중의 태도를 정확하게 파악하지 않고 그들을 설득하거나 이해시키려한다는 것은 불가능하다. 따라서 청중의 태도 중에서 우선적으로 파악해야 할 것은 프레젠터, 프레젠테이션 주제, 프레젠테이션 목적에 대한 태도를 살펴보아야 할 것이다.

1) 프레젠터에 대한 태도 파악

청중의 태도를 분석할 때 첫 번째로 파악해야 할 것이 청중의 프레젠터에 대한 태도이다. 즉, '청중이 프레젠터에게 얼마나 호의적인가?' 를 판단하는 것이 청중 태도 분석의 시작이다. 청중의 프레젠터에 대한 태도는 크게 우호성(friendliness)과 존중심(respect)의 두 측면으로 나누어 분석할 수 있다. 우호성이란 청중이 프레젠터에게 가지는 친근함을 나타내는데, 우호성이 높은 청중은 프레젠터를 동지처럼 생각하고 우호성이 낮은 청중은 프레젠터를 적대시한다. 따라서 우호성이 높은 청중을 상대로 할 때는 그들의 우호적 감정을 더욱 고취시키는 방향으로 프레젠테이션을 이끌어야 하며, 우호성이 낮은 청중을 상대로 할 때는 감정적 측면보다는 이성적 논의를 중심으로 프레젠테이션을 이끌어 나가야 한다.

존중심이란 청중이 프레젠터를 얼마나 높이 평가하느냐를 가리키는데, 이는 공신력과 밀접한 관련을 맺고 있는 개념이다. 공신력이 높은 프레젠터는 청중으로부터 존중받지만 공신력이 낮은 프레젠터는 청중의 존중을 받기가 힘들다. 따라서 청중이 자신을 존중하는 정도는 청중이 자신에게 부여하는 공신력에 준하여 판단하면 되고, 이 존중심을 프레젠테이션에 이용하는 방법도 공신력을 이용하는 방법과 동일하다고 보면 된다.

2) 주제에 대한 태도 파악

청중의 태도를 분석할 때 두 번째로 파악해야 할 것을 프레젠테이션 주제에 대한 그들의 태도도 정확하게 파악하는 것이다. 프레젠테이션 주제에 대한 청중의 태도는 다음의 두 가지 측면에서 분석해야 한다.

첫째, 주제에 대한 청중의 태도가 프레젠터 자신의 태도와 비슷한가 아니면 상반되는가 하는 점을 파악해야 한다. 청중의 태도가 프레젠터 자신의 입장과 일치하는 경우에 프레젠터는 자신의 관점을 입증하기 위해 많은 증거를 동원할 필요가 없다. 그러나 청중의 태도가 자신의 입장에 반대하는 경우 프레젠터는 조심스럽게 자신의 관점을 피력해야 하며, 충분한 증거를 준비하여 이를 입증해 내야 한다. 예를 들어, '지자체에 혐오시설 유치' 라는 주제를 놓고 프레젠테이션을 하는 경우, 환경보전이나 주거환경에 높은 가치를 부여하는 청중은 이 주제를 좋아하지 않을 것이고, Nimby(Not in my backyard)현상을 비판적인 관점으로 생각하는 청중은 이 주제를 선호할 것이다. 따라서 환경보전이나 주거 환경자들을 대상으로 프레젠테이션을 하는 경우에 프레젠터가 제시해야 할 내용은 지자체에 혐오시설을 유치하는 것이 환경이나 주거시설을 해치지 않는 쾌적한 환경으로 거듭날 수 있다는 점을 설득시키고, 그 시설이 지자체에 꼭 필요한 것임을 입증해야 한다. 그러나 Nimby(Not in my backyard)현상을 경계하는 청중을 대상으로 하는 경우, 환경이나 주거시설 문제는 언급할 필요가 없고 이 시설이 설치되지 않는다면 큰 문제가 발생될 수밖에 없다는 사실만 납득시키면 된다.

둘째, 청중의 주제에 대한 흥미도다. 흥미도란 청중이 프레젠테이션 주제에 대해 얼마나 많은 관심을 갖고 있느냐 하는 것을 의미한다. 청중이 주제에 관심을 갖고 있으면 스스로 경청하게 되지만 그렇지 않은 경우에는 좀처럼 경청하려 들지 않는다. 따라서 청중의 호응을 얻기 위해서는 그들이 흥미를 갖고 있는 주제를 택하는 것이 좋다. 그러나 어쩔 수 없는 이유로 청중이 별로 재미를 느끼지 못하는 주제를 가지고 프레젠테이션에 임하는 경우도 있다. 이때는 왜 그 주제가 청중에게 중요한가를 자세히 설명함으로써 그들의 흥미를 유발하도록 해야 한다.

3) 스피치 목적에 대한 태도 파악

청중의 태도를 분석할 때 두 번째로 파악해야 할 것은 프레젠테이션 목적에 대한 청중의 태도를 파악하는 것이다. 프레젠테이션 목적이란 프레젠터가 그 프레젠테이션을 통해서 궁극적으로 성취하고자 하는 바를 의미한다. 예를 들어, 경영진에게 기획안을 발표하는 경우 프레젠터의 기획안이 채택되게 하려는 목적을 가지며, 강의 중 프레젠테이션은 청중에게 프레젠터가 가진 정보를 효과적으로 전달하고자 하는 목적을 가진다.

청중은 프레젠테이션 목적에 대한 태도에 따라 다양한 집단으로 분류된다. 호의적이며 열광적인 집단에서부터 호의적이지만 침착한 집단, 상황에 무관심한 집단, 관심은 있지만 비호의적인 집단을 거쳐 적의적인 집단에 이르기까지 청중의 종류는 다양하다. 연설을 효과적으로 이끌기 위해 프레젠터는 프레젠테이션 목적에 대한 청중의 태도에 따라 프레젠테이션 목적을 표현하는 방법을 달리해야 한다. 호의적인 집단을 상대로 할 때는 가능한 한 빨리, 그리고 명확하게 프레젠테이션 목적을 언급하는 것이 효과적이지만 비호의적인 집단을 상대로 할 때는 많은 논의를 거친 후 분위기가 무르익었을 때 프레젠테이션 목적을 언급하는 것이 좋으며, 적의적인 청중을 상대로 할 때는 프레젠테이션 목적을 직접적으로 언급하지 않는 것이 좋다.

나. 청중의 자세

인간은 감정의 동물이고 누구나 희로애락의 감정을 지니고 있다. 프레젠테이션을 들으러 오는 청중도 마찬가지로, 때로는 기쁨에 차있기도 하고, 때로는 분노의 감정에 빠져 있기도 하고, 때로는 실망하여 착잡한 기분에 빠져 있기도 하고, 때로는 인생이 즐거움으로 가득 차 있기도 한다. 좋은 프레젠터라면 청중의 현재의 감정 상태를 잘 이해하고 청중의 감정 상태에 대한 이해를 바탕으로 이 감정 상태를 효과적으로 이용할 수 있어야 한다. 예를 들어, 월드컵 4강의 기쁨에 들떠 있는 청중들에게 축구용품 신제품을 세일즈하기 위한 프레젠테이션을 하는 경우 그들의 기쁜 상태를 구매로 연결시킬 수 있도록 프레젠테이션을 준비해야 할 것이고, 불쾌하거나 분노에 차있는 청중을 상대로 프레젠테이션을 하게 될 경우에는 그들의 감정 상태를 자극하지 않는 프레젠테이션을 준비해야 할 것이다.

7. 핵심 인물

청중분석 시 고려해야할 마지막 사항으로 핵심인물에 대한 분석이다. 프레젠터는 청중 속에서 최종 의사결정을 하는 인물이 누구인지 알고 있어야 하는데 이 사람이 프레젠터가 프레젠테이션시에 설득을 시켜야할 핵심인물이다. 이 핵심인물을 설득시켜야 최종적으로 프레젠테이션에서 성공했다고 할 수 있을 것이다. 이를 위해서는 우선 조직 내 역학관계에 관한 정보를 파악한 후, 프레젠터는 분석을 통해 핵심인물이 누구인지를 파악하고, 핵심인물에 대한 분석을 실시하여 핵심인물의 취향, 관심분야 등을 파악하여 프레젠테이션을 준비하는 것이 효과적일 것이다. 핵심인물에 대한 세부적인 분석에 대해 설명하면 다음과 같다.

첫째, 핵심인물을 파악했다면 다음 순서는 성별, 연령, 지위, 출신학교, 수입, 납세액, 취미, 시조, 가족구성 등을 철저히 조사한다, 그러나 위법행위는 삼가고 회사직원록, 인명록, 신문인사란, 잡지 등 공식 정보를 수집하고, 단지 직함만으로 핵심인물을 판단하는 것은 초보적이므로 조직 내 역학구조에 대한 정보를 평소에 꾸준히 수집해야 한다. 그렇지 않으면 프레젠테이션 목적은 달성하기 어렵다.

둘째, 평판, 취미, 소문 등 비공식 정보를 수집한다. 수집한 핵심인물 정보를 분석하고 프레젠테이션 주제와 연결 지어 보는 것도 한 방법이다, 예를 들어, 핵심인물인 인사부장의 취미가 등산이라면 이 점을 활용하여, 프레젠테이션에서는 등산의 과정을 인용하여 인재육성을 설득하면 프레젠터의 목적을 달성할 수 있을 것이다.

셋째, 청중의 의사결정방식에 대한 정보를 수집한다. 어떤 기업은 사장이 독단적으로 의사결정을 할 수 있지만, 어떤 기업은 심지어 실무자들의 의견을 최대한 존중하는 민주적인 기업문화를 갖고 있을 수도 있다. 누가 실질적 의사결정권자인지를 아는 것은 프레젠테이션의 초점을 누구에게 맞출 것인지를 결정하는 중요한 정보이다.

넷째, 대상 청중 기업의 기업문화에 대한 정보를 수집한다. 고객기업의 기업문화가 안정보수지향이라고 한다면 혁신적인 제안이 받아들여지기 힘들 것이고, 모험적인 기업문화를 가진 기업에 현상 유지를 위한 제안은 매력적으로 받아들여지기 어려울 것이다. 따라서 고객기업의 기업문화에 대한 파악도 프레젠테이션의 성패에 큰 영향을 미칠 수 있다.

8. 청중에 대한 정보 수집 방법

지금까지 좋은 스피치를 준비하기 위해 고려해야 할 청중의 속성들을 살펴보았다. 그렇다면 청중들의 속성을 파악할 수 있는 방법에 대해 살펴보아야 하는데 그 방법은 크게 세 가지로 나누어 볼 수 있다.

가. 직접적 정보 수집

이 방법은 청중들의 일부 또는 전부를 미리 만나 그들의 태도와 지식, 그리고 욕구와 감정 상태 등에 대해 직접 맞대면으로 조사하는 방법이다. 이 조사방법은 주로 인터뷰 형식이나 설문조사 형식을 통해서 이루어진다. 직접적 정보수집방법은 청중의 속성을 그들의 입과 참여를 통해 직접 듣게 됨으로써 정보의 왜곡을 최대한 줄일 수 있는 정확한 정보를 얻을 수 있다는 장점이 있다. 그러나 이 방법은 많은 시간과 노력, 비용을 필요로 한다는 단점이 있다.

나. 간접적 정보 수집

이 방법은 정보원(informant)을 통한 간접적으로 정보를 수집하는 방법이다. 이 방법은 청중들을 잘 알고 있는 제 3자에게 청중의 속성에 관해 질문하는 방법이다. 이 방법은 프레젠터 자신이 청중에 대해 아는 것이 거의 없고, 직접적으로 정보를 수집할 여유도 없을 때 많이 사용하는 방법이다. 많은 경우 프레젠테이션 요청을 프레젠터가 받았을 때 특강이나 프레젠테이션을 요청자에게 청중들의 인원과 성향, 특성 등의 정보를 요청하여 얻게 된다. 그러나 이 방법은 소수 정보원의 개인적 판단에 의존하기 때문에, 정보의 왜곡이 있을 수 있어 정확성을 보장할 수 없다는 단점이 있다.

다. 추론에 의한 정보 수집

이 방법은 청중의 인구통계학적 속성(demographics)을 파악 후 이에 근거하여 그들의 태도, 지식, 욕구, 그리고 감정 상태를 추론하는 방법이다. 사회 인류학적 속성이란 나이, 성별, 교육수준, 경제수준, 직업, 주거지역, 출신지역, 출신학교, 소속집단, 그리고 종교와 같이 표면에 쉽게 드러나는 그 사람의 집단적 속성을 가리키는 말이다. 사회인류학적 속성이 다른 사람들은 대체로 서로 다른 사회심리를 지니게 되는데, 사회심리에는 태도, 지식, 욕구, 또는 감정 상태 등의 내용이 포함된다.

예를 들면, 나이를 기준으로 봤을 때 젊은 청중들은 개방적이고 도전적인 성향이 강하며 의리와 명분을 중시하는 반면, 중년의 청중들은 보수적이고 현실적인 성향이 강하며 명분보다는 실리를 중시하는 특성을 가진다.

이러한 인구통계학적 속성에 의해 추론하는 방법은 청중에 관한 여러 가지 유용한 정보를 손쉽게 얻을 수 있다는 장점이 있으나, 객관적 사실보다는 집단에 대한 고정관념에 기초하기 때문에 부정확한 결론을 가져다줄 가능성이 없지 않다.

Ⅲ 프레젠테이션의 장소--장소(Place)분석

장소분석을 이해하기 위해서는 프레젠테이션의 계획단계에서 고려해야할 3P 분석의 대상 중 하나인 프레젠테이션이 실제로 이루어지는 장소(place) 분석에 대해 살펴보고자 한다, 장소분석은 프레젠테이션 실시 장소, 프레젠테이션 환경, 설비와 배치가 우선적인 고려대상이 되어야 한다. 또한 매체 선택에 대해 살펴보고자 한다, 매체는 효과적인 프레젠테이션을 위한 매개체로서 어떠한 도구를 사용할 것인가의 문제를 고려해야 한다. 즉, 프레젠테이션 계획 시 매체 선택은 프레젠테이션의 효과성 제고를 위해서 꼭 고려해야 할 사항이다. 프레젠테이션의 목적과 장소, 청중에 따라 적합한 프레젠테이션 매체를 선정하는데 도움을 주고자 한다.

1. 장소 분석의 이해

3P분석의 세 번째인 place는 장소분석으로 어떤 장소에서 프레젠테이션을 실시하는지 분석하는 것을 의미한다. 앞서 살펴본 목적분석과 청중분석에 비해 상대적으로 소홀히 하기 쉬운 요소가 장소분석이다, 그러나 청중분석과 목적분석만으로 프레젠테이션의 계획단계를 마무리 한다면 프레젠터가 심혈을 기울여 준비한 Microsoft PowerPoint 자료를 전혀 사용할 수 없거나, 열심히 프레젠테이션하고 있는 도중에 전화벨이 울리는 등의 예상하지 못했던 일들이 발생하기가 쉽다. 따라서 장소분석 시에는 프레젠테이션 환경, 설비와 배치, 시청각 매체 계획을 우선적으로 고려해야 한다. 프레젠터는 프레젠테이션시에 본인이 프레젠테이션을 하게 될 장소에서 최대한 공간 설비를 활용하고 필요하다면 장비를 설치해야 한다.

가. 장소 분석

프레젠테이션이 흔히 실내에서 이루어진다는 선입관을 사람들은 대부분 가지고 있다. 그러나 종종 옥외파티와 같은 실외 공간에서 이루어지는 프레젠테이션 상황이 벌어진다. 그런 경우 본인이 애써 준비한 프레젠테이션 자료가 바람에 갑자기 날아갈 수도 있고, 날씨 변화로 인해 프레젠테이션을 실시하기 어려운 상황이 벌어질 수도 있다. 이러한 어려운 상황을 극복하기 위해서는 사전에 장소분석을 철저히 하여 만약의 사태에 대처할 수 있어야 한다. 프레젠테이션이 실시되는 상황에서 발생하는 모든 실수들은 프레젠터의 실수로 청중은 인식하기 때문이다.

예를 들어, 프레젠터가 자신의 프레젠테이션에서 PC와 빔프로젝터를 사용하여 멀티미디어 프레젠테이션을 계획했는데, 프레젠테이션 장소에는 스크린도, 빔프로젝터도 없다면 청중은 결국 작은 PC 모니터를 통해서 당신이 준비한 발표 자료를 보거나 혹은 그것도 불가능할지도 모른다. 이런 경우 청중들은 우왕좌왕하게 되고 프레젠테이션의 본질은 흐려진 채로 상황이 종료될 것이다. 최근 기술의 발전으로 인해 프레젠테이션에 사용할 수 있는 다양한 멀티미디어 기기가 많이 나오고 있을 뿐만 아니라, 기존에 출시된 기기들도 업그레이드되고 있다. 따라서 유능한 프레젠터라면 멀티미디어 기기 사용에 방법을 숙지해야 할 것이다. 다만 너무 많은 기기를 사용하여 말썽이 생긴다거나 많은 기기사용으로 인해 프레젠테이션 내용을 흐릴 수도 있고 프레젠터의 역량을 발휘하는데 방해가 될 수도 있음을 유의해야 한다.

나. 프레젠테이션 장소와의 거리와 시간

프레젠테이션 실시 장소와의 거리 및 시간을 기준으로 프레젠테이션 장소를 나누어 보면, 크게 사내 또는 본인이 속해 있는 조직에서 하는 프레젠테이션과 사외 또는 외부조직에서 하는 프레젠테이션으로 나눌 수 있다.

첫째, 사내 또는 본인이 속해 있는 조직에서 하는 프레젠테이션의 경우 설령 사내회의에 하는 프레젠테이션이라 하더라도 회의실 위치를 우선 파악해야 한다. 회의실의 위치를 확인했다면 회의실 예약 스케줄표를 재차 확인하고 프레젠테이션 당일에는 비록 사내라고 할지라도 프레젠테이션을 시작하기 30분 전에 도착하여 회의실의 상황과 기기들을 점검하고 최종 리허설을 해야 할 것이다.

사내회의에서의 프레젠테이션은 프레젠터의 업무목표를 달성하기 위한 필수적인 요소이다. 이러한 목표를 달성하기 위해서는 소홀하기 쉬운 장소분석을 염두에 두고, 회의 전에 장소분석기법을 사용하여 회의실을 점검한다. 장소를 분석한 후에는 프레젠테이션을 저해하는 모든 요인을 자신의 관리 하에 두고 청중의 온 신념을 당신에게 집중시키는 것이 성공의 관건이다. 이를 실행하기 위해서는 우선 회의실을 깨끗이 하고 필요한 테이블, 의자, 기기, 기자재를 빠짐없이 갖추도록 하고, 회의가 얼마나 중요한가, 프레젠테이션이 얼마나 필요한가 하는 점을 사전에 철저히 주지시켜 청중을 통제한다. 이 때 지각 금지, 도중 좌석이탈 금지, 메모의 전달금지 등의 프레젠테이션 참석시의 규칙을 마련한다.

(체크 포인트) 자사 회의실에서의 프레젠테이션 체크리스트

▶ 체크리스트

◎ 회의실 체크

- 레이아웃 확인
- 의자·테이블 확인
- 재떨이 청소
- 종이컵 청소
- 화이트보드 점검

◎ 프레젠테이션 사전통지서 작성

- 목적(청중의 편익)
- 내용의 개략설명
- 시간(시~분간)기재

◎ 프레젠테이션 규칙 만들기

- 지각금지
- 도중 좌석이탈 금지
- 메모 전달 금지
- 전화연결 금지

둘째, 사외 또는 외부조직에서 하는 프레젠테이션의 경우 우선해야 할 일은 미리 위치를 파악해 두어야 한다. 이때, 주소나 전화번호만이 아니라 사업부문에 따라 건물이 다를 수도 있으므로 신경 써서 정확한 장소를 확인해야 한다. 목적지까지의 소요시간, 교통기관, 교통사정 등도 충분히 체크해 두어, 프레젠테이션 당일 부랴부랴 회의장에 도착하거나 늦는다면 프레젠테이션 내용과 관계없이 나쁜 영향을 미치게

된다. 따라서 최소한 시작 30분전에는 회의장에 도착하여 프레젠테이션 장소의 분위기를 파악해 두어야 한다. 프레젠테이션 회의장의 위치조사는 '장소분석'의 기본이고 첫걸음이다. 기본이 흔들리게 되면 토대를 쌓아 올릴 수도 없고 나중에 돌이키기 어려운 상황에 직면하게 된다.

2. 프레젠테이션 환경

요즈음 프레젠테이션을 실시하는 장소는 어느 정도 수준의 환경이나 설비가 갖추어져 있다. 그러나 프레젠터가 성공적인 프레젠테이션을 하기에 적합한 환경을 찾는 것 또한 쉬운 일은 아니다. 따라서 효과적이고 성공적인 프레젠테이션을 하기 위해서는 프레젠테이션이 실시되는 곳의 실내 환경을 재검토하는 것이 필요하다.

첫째, 실내 환경을 재검토할 시에 우선적으로 고려해야 할 사항은 '청중입장'이다. 발표당사자인 당신이 발표자의 입장에서 프레젠테이션 준비하면 반드시 실패한다. 실내를 사전 조사 할 때는 청중의 입장에서 바라보도록 한다. 청중의 입장에서 조명, 실내 온도, 의자, 테이블, 휴식장소, 창문의 위치, 출입구의 위치, 화장실 등이 적절한지 등을 살펴보아야 할 것이다. 일반적으로 같은 실내 온도라도 발표자는 덥게 느끼고 청중은 춥게 느낀다. 청중의 의자에 앉아도 보고 편안한가를 체크하고, 테이블의 크기는 어떠하며 옆 사람과의 거리는 충분한지 살펴보아야 한다. 또한 이러한 요소 외에 중요하게 다루어야 할 것은 앞으로 청중분석을 통해 참석하는 인원에 적절한 실내공간의 확보이다. 너무 크거나 너무 좁은 경우 프레젠테이션을 성공적으로 실행할 수 없기 때문이다.

둘째, 프레젠테이션에 적합한 배치와 구조를 재검토해야 한다. 강연회장은 그 나름의 환경이나 설비가 갖추어져 있기는 하나 유감스럽게도 본래 의미에서의 프레젠테이션에 적합한 환경을 갖춘 강연회장이 많지는 않다. 구태의연하고 지루해 보이는 교실 스타일의 자리배치에 시골 학교처럼 흑판이 벽 한편에 부착되어 있다거나, 무대가 준비되어 있고 연단이 의젓하게 놓여 있는 경우도 다반사다. 회의실을 보면 프레젠테이션의 목적과 전혀 상관없이 'ㄷ자형'이나 'ㅁ자형' 레이아웃이 주류를 이루고, OHP나 스크린은 한쪽귀퉁이에 놓여 있다. 만일 프레젠터로서 정말 효과적인 프레젠테이션을 하고 싶다면 이런 실내 환경을 재검토해 볼 필요가 있다.

셋째, 실내의 넓이와 청중 수의 관계를 재검토해야 한다. 실내공간이 지나치게 넓으면 적막한 분위기에서 프레젠테이션을 하게 된다. 또 실내가 너무 좁아서 청중이 프레젠터의 단상 직전까지 앉아 있어도 좋지 않으며, 청중이 적절한 간격을 두고 앉은 점유면적이 실내 전체의 3분의 2에서 4분의 3쯤이 적절하다.

3. 설비와 배치

프레젠테이션 장소분석에서 또 한 가지 잊지 말아야 할 사항은 프레젠테이션 현장의 '배치'이다. 사전에 미리 프레젠터와 시청각 도구는 어떤 구도로 배치할 것인지, 청중의 좌석은 어떻게 배치할 것인지 결정해 놓아야 한다. 그 이유는 프레젠터에게 주의를 집중시키고 청중과 상호작용을 활발히 하기 위함이다. 프레젠터의 발표 위치 설정은 참으로 어려운 문제이다. 남측 햇빛이 잘 드는 곳에 위치를 잡으면 청중이 프레젠터의 표정을 읽기가 어려울 뿐만 아니라, 프레젠터의 얼굴이 어두워지는데다가 청중은 창밖의 풍경으로 시선을 돌리게 될 가능성이 다분하다. 따라서 창을 배경으로 프레젠테이션을 할 수밖에 없을 경우에는 차광 커튼으로 가리도록 한다. 또한 프레젠터의 위치가 출입구 가까이에 있으면 청중은 사람의 출입에 주의를 빼앗겨 열심히 준비한 프레젠터의 프레젠테이션도 효과가 반감되어 의도한 목적을 달성할 수 없다.

가. 청중의 배치

청중의 좌석 배치는 프레젠테이션의 공식성을 나타내고 프레젠터와 청중, 혹은 청중과 청중간의 상호작용을 규정하는 역할을 한다. 좌석배치의 기본 형태는 여러 가지가 있을 수 있다. 프레젠테이션의 목적과 성격, 청중의 수, 프레젠테이션 장소의 크기에 따라 적절한 청중의 배치에는 다음과 같은 종류가 있다.

◎ 반원형(semi-circle type)

청중과의 커뮤니케이션을 중시한다면 '반원형'의 배치가 가장 효과적인데, 이 배치는 테이블이나 연단 등 불필요한 것을 치우고 의자만 배치하는 형태이다. 적당한 인원의 청중과 효과적인 커뮤니케이션을 하기에 적합한 배치로 대화 형 강의, 소규모 훈련 위주의 교육, 레크리에이션 등에 좋은 배치이다. 테이블이나 연단 등 불필요한 것을 치우고 의자만 레이아웃 한다. 이 배치가 가장 추천하고 싶은 프레젠테이션 타입이다.

◎ 원형(circle type) 및 네모형

이 배치는 이벤트처럼 프레젠테이션을 하고 싶거나 조별 미팅 등 단위별 쌍방향 커뮤니케이션을 원하는 경우에 적합하다. 둥근 탁자나 사각 탁자의 둘레에 둘러앉은 형태로 회의 참석인원이 15명에서 20명 내외일 경우에 적당하며, 회의 진행자는 진행하기에 편리한 위치에 앉으며 참석자들은 서로 얼굴을 보면서 자유스럽게 토론할 수 있다. 프리토킹이나 브레인스토밍 회의 등 자유로운 의사 발언을 유도하는 회의 형식에 적합하다.

◎ 학교형(school type)

발표회나 설명회와 같이 정보 전달을 목적으로 하는 회의나 주주총회 등 참가자가 많을 때 탁자를 앞쪽으로 향하게 하여 마치 교실과 같이 배치하는 방식이다. 즉, 청중이 다수이며 정보 전달을 주목적으로 하는 프레젠테이션은 '학교형'이 바람직하다. 그러나 대규모의 세미나와 같이 정보 전달을 주목적으로 할 때 적합한 배치로 일방적인 커뮤니케이션에 그치기 쉬운 배치이나, 다만 일방적 커뮤니케이션이 될 가능성이 높다.

◎ ㄷ자형(semi-square type), V자형(V type), U자형(U type)

청중의 배치를 ㄷ자나 V자의 벌어진 곳에 프레젠터의 자리를 마련하고, 그 뒤에 흑판이나 스크린 같은 것을 놓는 방식으로 소규모 프레젠테이션이나 연수, 회의, 교육 세미나와 같이 흑판이나 슬라이드를 사용하는 프레젠테이션에 적합하며 참석 인원수는 15명에서 30명 정도가 적당하다. 이 배치는 테이블이 필요하고 게다가 참석자들 간의 쌍방향 커뮤니케이션을 하고 싶을 경우 가장 많이 활용되는 배치 형태이다.

◎ ㅁ자형(square type), 대면형(facint type), 삼각형형(triangle type)

원형의 배치의 장점을 살리면서 원형보다 청중의 수가 많을 때 사용하는 배열 방식으로 탁자를 ㅁ자형 또는 삼각형, 대면형으로 배치하고 필요한 경우 안쪽에 의자를 놓기도 하는 등 프레젠테이션 장소의 크기에 따라 융통성을 지닐 수 있다. 이 배치는 청중상호간의 커뮤니케이션을 중시하는 경우에 적합한 배치이다.

◎ 섬형(dispersed type)

Buzz Session과 같은 조별 미팅의 형태를 띄는 프레젠테이션의 경우 사용되는 배치형태로 이 배치는 단위별 쌍방향 커뮤니케이션, 즉 청중 상호간의 토의를 도입하고 싶은 경우에 사용되는 형태이다.

◎ 극장형

강연, 공연과 같이 청중이 많은 프레젠테이션을 할 때 적합한 배치 방식으로 극장식과 원탁 테이블식이 있다. 극장식은 프레젠터 또는 주빈석 쪽을 정면으로 향하도록 청중을 배열하며, 원탁테이블 배치 방식은 프레젠테이션 후 그 자리에서 그룹토의를 할 수 있을 뿐 아니라 오찬, 만찬 등의 행사형으로 쓸 수 있는 좌석배치로 보통 식사를 겸하는 대규모 프레젠테이션에 주로 이용한다.

또한, 프레젠테이션에 적합한 배치와 더불어 점검해야 할 사항은 OHP나 빔프로젝터, 슬라이드 등 시청각 기기를 사용할 경우 스크린에 비치는 조명상태의 점검, 그리고 부분적으로 조명을 낮출 경우에 대비하여 스위치의 위치를 미리 알아 두면 좋다.

▌ 청중 좌석배치의 기본 유형

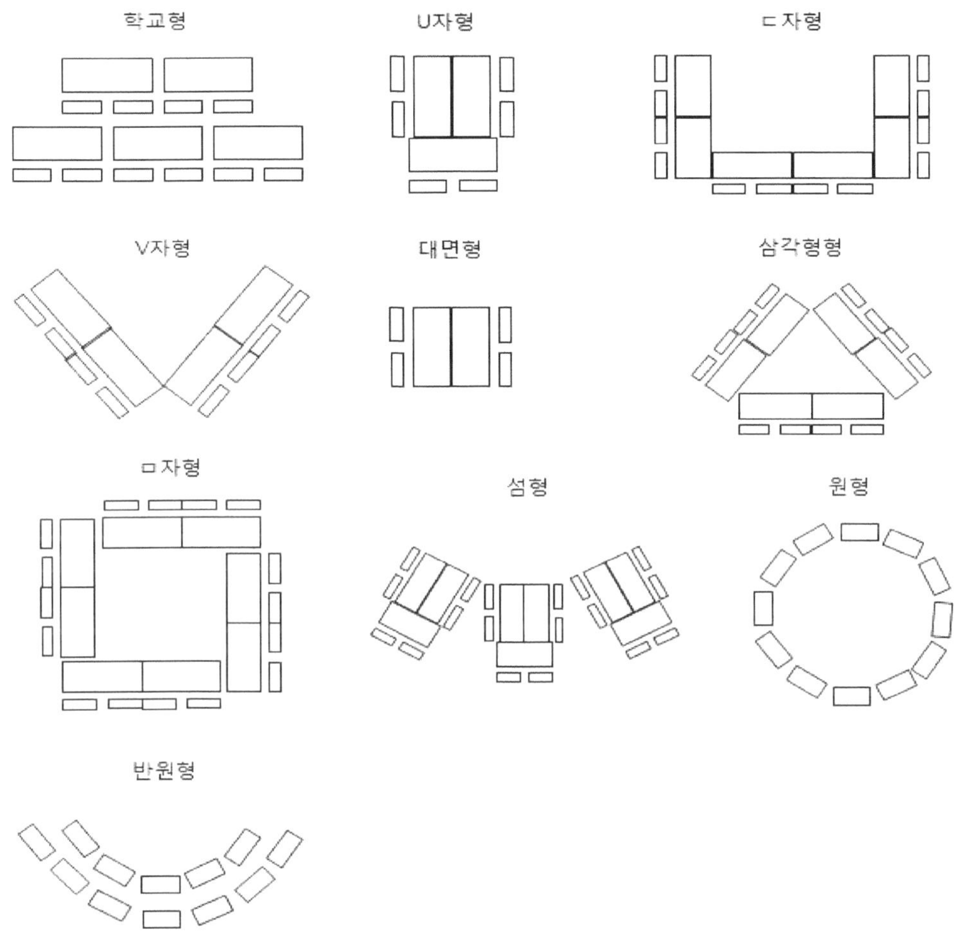

나. 시청각 도구의 배치

드라마나 영화의 주인공 배역의 배우는 항상 가장 잘 생기고 멋진 남자 배우와, 예쁘고 착한 여자 배우가 주인공이 되고 주인공보다 외모적으로는 약간 미흡한 배우들이 조연을 하기 마련이다. 물론 주연을 능가하는 조연이 있기는 하지만 드라마나 영화가 성공적이기 위해서는 주인공이 빛을 발휘해야 성공할 가능성이 높다. 프레젠테이션의 경우도 마찬가지다. 먼저 시청각 도구와 프레젠터의 경우, 시청각 도구가 프레젠터의 보고 역할을 해야 하는데, 자칫하면 주객이 전도되어 시청각 도구가 주인공이 되는 경우가 발생할 수 있다. 이들 간의 위치는 기본적으로 프레젠터가 중앙에 위치해야 하는 것이 정석이다. 그러나 이미 시청각 도구가 고정된 시설물로 중앙에 위치한 경우 프레젠터는 스크린의 왼쪽에 위치하는 것이 적절하다. 왜냐하면 사람들이 사물을 볼 때 왼쪽에서 시작해서 오른쪽으로 시선을 돌리는 습관이 있기 때문이다.

이러한 점에서 볼 때 다음의 그림 '1. 최선의 배치'가 최선의 배치라고 할 수 있다. 프레젠터가 중앙에 위치하고 동시에 스크린의 왼쪽에 위치하고 있으므로, 프레젠터가 프레젠테이션의 주인공이고 시청각 도구는 보조 역할을 하도록 명확히 규정되어 있음을 알 수 있다.

다음의 그림 '2. 차선의 배치'는 스크린이 중앙에 고정되어 있는 경우로 스크린과 프레젠터가 청중의 주의를 끌기 위해 주인공 경쟁을 하고 있는 상황이나, 프레젠터가 스크린의 왼쪽에 서서 청중과 눈 맞춤을 하면서 프레젠테이션을 이끌어 갈 수 있다는 점에서 최선은 아니지만 차선책이라고 할 수 있다.

그러나 다음의 그림 '3. 최악의 배치'는 최악의 배치이다. 스크린이 중앙에 위치한 것은 이미 어쩔 수 없는 상황이라 하더라도 프레젠터가 스크린의 오른쪽에 위치해 주도권을 스크린에 주인공의 자리를 양보하고 있으며 게다가 프레젠터가 청중과 눈 맞춤을 거의 하지 않고 스크린을 향해 서 있어서 청중의 모든 주의가 스크린에 쏠려 있는 배치이다. 이 경우 프레젠터는 철저히 조연의 역할인 보조 역할을 하고 있는 것이다. 이런 경우 프레젠터와 청중간의 상호작용이 거의 이뤄지지 못하므로 최악의 배치로 프레젠테이션의 성공을 기대하기 어렵다.

◆시청각 도구의 최선의 배치◆

1. 최선의 배치

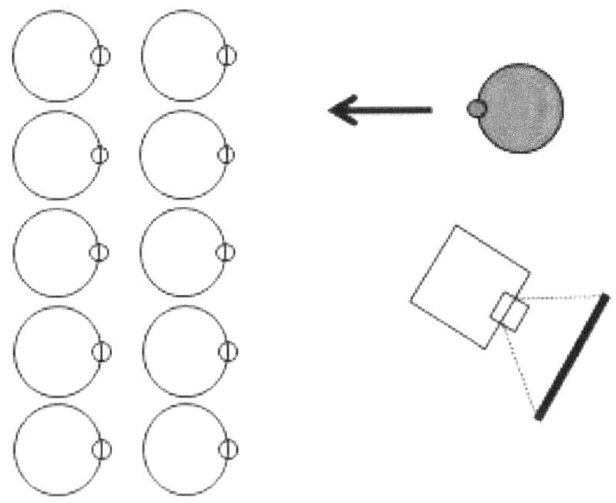

◆시청각 도구의 차선의 배치◆

2. 차선의 배치

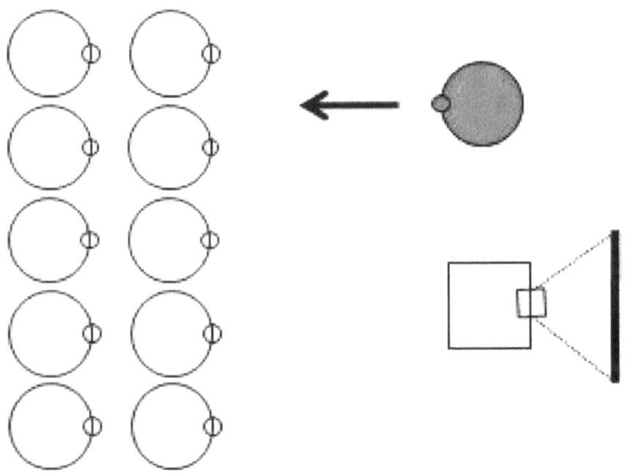

◆시청각 도구의 최악의 배치◆

3. 최악의 배치

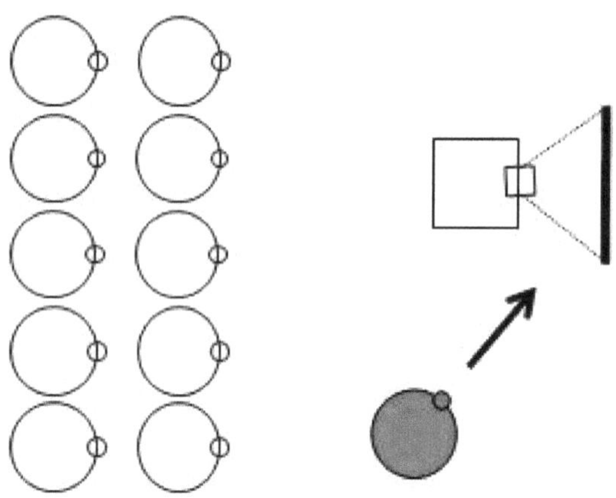

4. 시청각 매체 계획

성공적인 프레젠테이션을 위해서는 프레젠테이션의 효과성을 높이기 위해 다양한 시청각 매체를 사용하게 된다. 그 이유는 비즈니스 프레젠테이션에서 시청각 도구를 적극적으로 활용하는 이유는 시청각 도구가 단지 구두로 메시지를 전달하는 것보다 효과적이기 때문이다. 그렇다면 시청각 매체를 많이 사용하는 것이 프레젠테이션의 성공을 보장하는 것일까?

다음의 그림에서 볼 수 있듯이 사람의 감각기관별 정보 수용량을 보면 인간의 오감 중에서 시각이 83%, 청각이 11%의 정보를 수용해 시청각을 통한 정보의 수용이 94%에 이르는 것으로 나타나고 있다.

그리고 저명한 심리학자인 메라비안(Albert Mehrabian, 1971)은 청중에게 영향을 미치는 요인 중에서 언어의 영향력은 7%에 불과한데 비해, 시각은 55%, 음성은 38%나 된다고 한다. 이를 메리비안의 법칙이라 하며, 이 법칙을 통해 우리가 알 수 있는 것은 시청각 도구의 영향력은 메시지를 직접 담아 전달하는 언어보다도 훨씬 크다는 것이다.

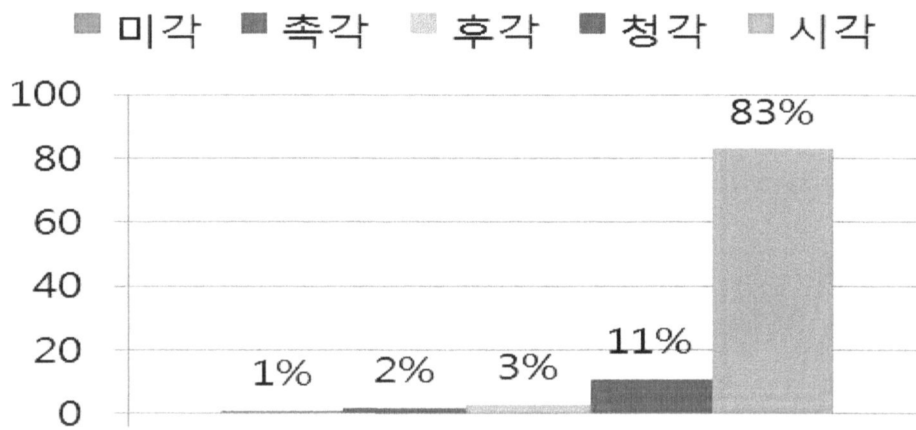

감각기관별 정보 수용량

메라비안의 법칙을 증명하듯이 어느 한 조사에 의하면 말이나 그림만으로 설명할 때보다 말과 그림을 함께 사용해 설명할 때 청중들이 기억하는 비율이 훨씬 높은 것으로 나타나고 있다. 설명을 들은 당시에도 기억률이 차이가 있지만 특히 시간이 경과한 후에 기억률은 말과 그림을 함께 사용해 설명할 때 훨씬 높다. 이러한 영향력이나 기억력의 차이에 따라, 시청각 도구를 사용했을 때의 프레젠테이션 성공률이 사용하지 않을 때 보다 훨씬 높은 것으로 나타나고 있다. 다음의 그림에서 보는 바와 같이 시청각 도구를 사용하지 않았을 때의 프레젠테이션 성공률이 38%인데 비해, 시청각 도구를 사용했을 때는 성공률이 67%로 높아지는 것으로 나타나고 있다. 비즈니스의 승패가 좌우되는 프레젠테이션의 성공률이 무려 30%가까이 높아진다는데 누가 감히 시청각 도구를 활용하지 않고 프레젠테이션을 할 수 있을지 의문이다.

▌ 프레젠테이션 성공률 비교

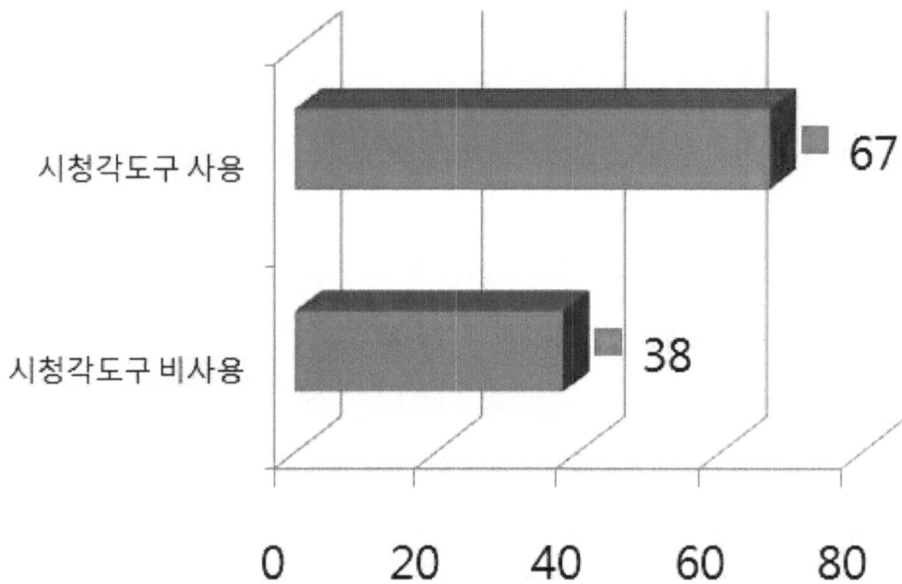

이렇듯 프레젠테이션의 효과성에서 차이를 보이는 시청각 도구의 활용이 프레젠테이션에 효과적인 이유는 시청각을 활용한 도구가 메시지에 생동감을 주기 때문이다. 생동감 있는 메시지는 청중의 주의를 끌고, 더 구체적이고 개인적인 것으로 느껴지며, 프레젠터의 주장에 집중하게 만들며, 더 잘 기억된다고 한다.

프레젠테이션에서 사용할 수 있는 시청각 매체는 다양하게 있다. 시청각 매체가 사용되던 초기에는 차트나 하드보드, 혹은 슬라이드를 활용해 프레젠테이션을 하였고, 1980년대 후반에 이르러 빔 프로젝터를 이용한 프레젠테이션이 시도되기 시작하였고, 1990년대를 기점으로 대부분의 PC에 파워포인트 프로그램을 설치하고, 회의실이나 강의실에는 빔 프로젝터가 설치되기 시작하였다. 즉, 누구나 쉽게 디지털 프레젠테이션을 준비하고 실시할 수 있게 되었다. 이제 파워포인트와 빔 프로젝터를 활용한 프레젠테이션이 비즈니스 프레젠테이션의 대부분을 차지하고 있다고 해도 과언이 아니다.

그러나 아무리 디지털 기술이 발전했다고 해도 이러한 디지털 프레젠테이션만이 최상, 최적의 프레젠테이션 성과를 낼 수 있는 시청각 도구는 아니다. 다음의 표에서 보는 것처럼 각 시청각 도구는 나름의 장단점을 가지고 있다. 따라서 프레젠테이션의 목적이나 프레젠터가 청중에게 전하고자 하는 메시지의 성격, 청중의 특성, 프레젠테이션 환경 등을 고려하여 가장 적절한 시청각 도구를 활용해야 할 것이다. 그렇지만 대부분의 프레젠테이션에서 빔 프로젝터를 기본으로 하고 비디오나 하드보드, OHP, 슬라이드, 노트북, 스마트폰, 태플릿pc 등을 보조적인 시청각 도구로 사용하여 효과를 극대화시킬 수 있을 것이다.

그리고 소프트웨어적인 측면에서 시청각 도구를 살펴보면, Personal Computer와 Microsoft 사의 Office 제품의 보급으로 Microsoft-PowerPoint를 대부분의 프레젠터가 프레젠테이션 제작 도구로 사용하고 있지만, 보다 전문가적인 느낌과 그래픽적인 감각을 살리려면 매킨토시 컴퓨터 환경에서 사용할 수 있는 애플사의 키노트(key note)와 같은 프레젠테이션 제작도구도 활용할 수 있다.

▌ 시청각 도구의 종류와 장단점

종류	장점	단점	청중 규모
빔 프로젝터	전달력 높음, 전문적	고가, 첨단시설 필요	다수
비디오	설득력과 집중력 높음	비용, 시간, 일방적	다수
슬라이드	고품질, 전달력 높음	비용, 시간	다수
OHP	저가, 다루기 쉬움	표현의 한계, 정적	소수
하드보드, 차트	편리, 이동 간편	준비시간	소수
모형, 실물	인상적, 설득력	이동 불편, 준비	소수
화이트보드	편리하고 저렴	쓰는 시간, 필체	소수
노트북, 스마트폰, 태플릿pc	고품질, 설득력과 집중력 높음, 편리성	비용	다수

Microsoft-PowerPoint나 키노트(key note) 등의 프레젠테이션 제작 도구는 기존의 시청각 도구보다 제작과 수정이 용이하고 일목요연하게 내용을 정리하여 전달할 수 있는 장점이 있다. 또한 내용에 적합한 배경화면을 활용해 다양한 분위기를 연출할 수 있으며, 클립아트나 동영상과 같은 멀티미디어 개체들을 프레젠테이션 자료에 삽입하여 멀치미디어형 프레젠테이션을 할 수 있다.

CHAPTER 4

프레젠테이션의 기획과 개발

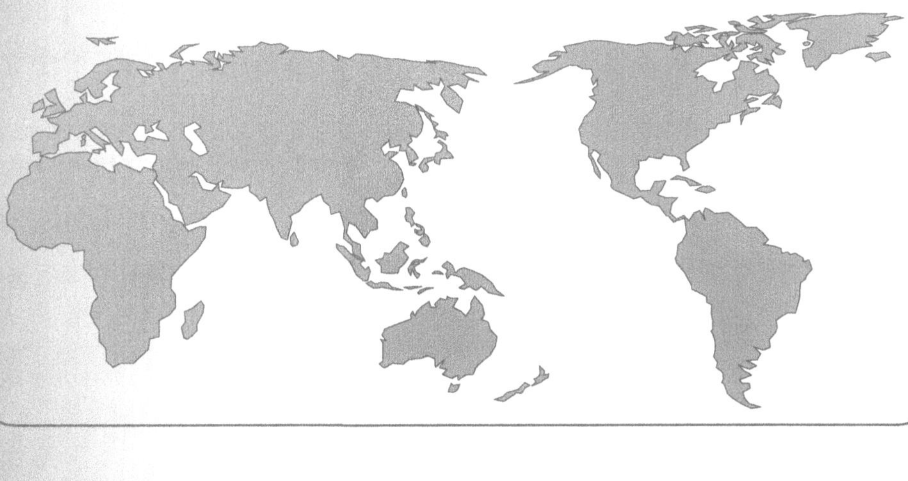

04

프레젠테이션의 기획과 개발

I 프레젠테이션의 내용개발

프레젠테이션을 실시하는 순서대로 프레젠테이션을 개발하는 것이라 생각하기 쉽지만 효과적인 프레젠테이션 개발을 위해서는 목표 설정을 확실히 한 후 요지, 세부내용 및 전이, 개요와 요약, 시작하는 말, 서론부 및 결론부의 순으로 개발하는 것이 효과적이다.

프레젠테이션의 내용을 구성하는 데에는 여러 가지 유형과 방법에 대하여 알아보고 프레젠테이션의 상황과 목적에 맞게 이러한 기법들을 활용할 수 있도록 한다.

1. 프레젠테이션 개발 순서

사전에 필요한 정보를 모두 입수한 다음에는(3P 분석 후) 어떠한 순서로 프레젠테이션 내용을 개발할 것인가? 발표순서에 따라 서론부, 본론부, 결론부의 순서로 개발할 것인가?

프레젠테이션의 내용이 서론부, 본론부, 결론부의 순서대로 구성이 되는 경우가 일반적이지만 실제 개발하는 순서는 그렇지 않다. 여기에 래니 아르돈도(Lani Arredondo)가 제시한 절차를 소개해 보면 다음과 같다.

- 목표 설정
- 요지, 세부내용과 다음 요지로 넘어가는 말의 개발
- 개요(preview)와 요약
- 시작하는 말(opener)
- 서론부 및 결론부

일반적인 상식으로는 프레젠테이션을 하는 순서대로 즉 서론부, 본론부, 결론부의 순으로 프레젠테이션을 준비 하여야 한다고 생각하기 쉽지만 이러한 순서는 실제로 큰 도움이 되지 못한다. 성공적인 프레젠테이션을 하기 위해서는 먼저 목표를 설정하여 달성하고자 하는 목표를 확실히 해야 한다. 목표는 곧 프레젠테이션의 결론이 된다. 예를 들어, 레이저 프린터를 A회사에 판매하려는 프레젠테이션에서 달성하고자 하는 목표는 'A회사에 레이저 프린터의 판매' 이다. 이러한 목표는 '연간 인쇄비용 30% 절감' 이라는 결론으로 대변할 수 있다. 프레젠테이션의 목표를 확실히 하여 그 목표를 확실히 달성할 수 있는 최종 결론이 먼저 도출되는 것이다. 본론은 결론이 도출될 수밖에 없는 이유라고 할 수 있다. 그러므로 개발의 순서상 본론이 되는 요지(key note)와 세부 내용을 개발하고, 작성된 본론을 기초로 시작하는 말과 요약을 추출하여, 마지막에 서론부와 결론부를 준비하는 것이 개발하기가 훨씬 수월하고 시간을 절약하며 효과적인 프레젠테이션을 할 수 있는 지름길이 된다.

2. 줄거리 구성

가. 줄거리 구성 유형

어떻게 이야기를 전개해 나감으로써 청중들의 공감을 얻고 감동을 자아내어 설득을 유도할 수 있을까? 설득을 하기 위해서는 무엇보다도 먼저 설명하고 보고하여, 자신에 대한 정보를 가지게 한다. 이에 앞서 프레젠테이션의 주제에 흥미와 관심을 갖게 하여 프레젠테이션이 끝날 때까지 계속 듣는 태도를 갖도록 해야 한다. 이야기는 반드시 목적이 있다. 목적을 달성하면 이야기는 끝나지만, 입을 열어 단숨에 목적을 달성하기는 매우 어렵다. 목적을 달성하면 이야기는 끝나지만, 입을 열어 단숨에 목적을 달성하기는 매우 어렵다. 목적을 달성하기 위해서는 어떤 순서에 따를 필요가 있다. 가령 선거 유세에서도 입후보자가, '내게 투표해 주시오.' 하는 것만으로는 아무도 투표하지 않는다. 청중의 마음이 움직이도록 설득하여, 한 표를 던져 주자는 마음을 불러일으켜야 한다. 그런 생각이 들도록 먼저 자기에게 투표해야 하는 가치를 충분히 설득할 필요가 있다.

메시지의 논리 구조는 메시지의 효과를 높이기 위해 매우 중요한 부분이다. 프레젠터는 프레젠테이션 목표나 메시지의 성격, 프레젠터의 특징 등에 맞춰 가장 적합한 것을 선택하여야 하고, 목적지까지 청중을 이끌어가기 위해서는 적당한 순서로 논점을 전개해야 한다.

요지를 일반적으로 듣는 사람이 이해하기 쉽게, 즉 논리적으로 무리가 없게 이해될 수 있도록 배열하는 데에는 몇 가지 방법이 있다. 그 첫째가 연대순으로 제시하는 방법이다. 즉 과거에서 현재, 또는 현재에서 과거로 거슬러 올라가며 연대순으로 제시할 수 있다.

둘째는 공간적으로 근접한 지역들을 연관 지어 제시하는 방법, 즉 비슷한 지역에 있는 것부터 모아서 제시하는 방법이다. 서울을 중심으로 지방으로 옮겨가며 제시할 수도 있고, 아시아·유럽·북미 등 지역별로 제시할 수도 있다.

세 번째로는 주제별로 진행하는 방법으로 비슷한 주제끼리 합쳐서 제시할 수도 있고 한 주제 안에서도 중요한 것부터 먼저 제시할 수도 있다.

끝으로 우려되는 점과 해결책, 또는 문제점을 제시한다. 또한 이러한 주요 골자를 제시할 때 기억하기 쉽게 첫 글자를 따서 단어를 만든다거나 재미있는 이야깃거리를 만들어 제시하는 것도 좋은 방법일 것이다.

칸트(Immanuel Kant)에 의하면 인간은 세 가지 여과 체제 즉 시간, 공간, 그리고 인과 관계를 통해서 자료를 처리한다고 한다. 다시 말해 인간은 정보를 구조화할 때 언제 일어났는가? 즉 시간을 생각하고, 어디서 일어났는가? 즉 공간을 생각하며 어떻게 일어났는가? 즉 원인과 결과를 생각한다. 일단 이러한 구조화를 거쳐 인간의 두뇌에 저장된 정보는 구조화 되지 않은 정보보다 오래 쉽게 기억될 수 있다.

프레젠테이션을 준비할 때 반드시 시간, 공간, 원인과 결과의 순서로 구조화할 필요는 없으나 어떠한 순서를 따르든지 이 세 가지 요소를 고려하여 구조화하는 것이 청중들로 하여금 들은 내용을 쉽게 이해하는 데 도움을 주고 오래 기억할 수 있게 한다. 만일 세 가지의 요지가 시대순, 지역별, 주제별, 또는 원인과 결과의 순서와 관련이 없을 때에는, 요지를 소개할 때 전달하고자 하는 내용의 강도를 점차 세게 늘려감으로써 설정한 목표를 달성할 수 있다.

1) 일반적인 줄거리 구성 패턴

줄거리를 구성하는 가장 일반적인 패턴으로는 다음과 같은 것들을 들 수 있다.

가) 서론, 본론, 결론

줄거리 구성의 가장 보편적인 패턴으로 서론에서는 말의 실마리를 열고 논의의 방향과 범위 등을 설명하며, 본론에서는 핵심 주장과 그에 대한 근거에 대해 논의한다. 결론에서는 앞의 내용을 요약, 정리하고 청중에게 행동 방향을 제안하면서 마무리한다. 구체적으로 살펴보면 다음과 같다.

서론부(도입)

서론부의 목적은 청중들이 준비를 갖추어 프레젠터의 주요 아이디어를 받아들이도록 하는 데 있다. 이를 위해서는 보통 다음 사항을 실행해야 한다.

- 청중의 주의를 끌어라
- 청중과 같이 공통의 기반 위에 서라.
- 주제에 관해서 청중의 관심을 불러일으켜라.

이러한 것들은 간결하게 이루어져야 한다. 도입에서도 사전의 청중 분석이 중요하다. '아하!' 하고 긍정하는 사람이 청중 가운데 얼마나 있느냐에 따라, 프레젠터의 주제에 어느 정도 접근할 수 있느냐가 결정된다. 또 청중은 반드시 프레젠터의 이야기를 열심히 듣고자 하는 것이 아님을 알아야 한다. 그러므로 프레젠터가 하는 말의 서두는 청중의 주의를 집중시키는 중요한 부분이 된다.

말을 시작하는 방법은 하나 둘이 아니다. 그 장소나 청중에 대해 말할 수도 있고, 또 기발한 말로 청중을 깜짝 놀라게 하는 것도 한 가지 방법일 것이다.

어떤 것을 인용하든지, 특정한 예나 일화 같은 것으로 시작하는 것도 좋다. 그러나 유머러스한 말로 시작하는 것은 연회석상에서는 적절하겠지만, 일반 프레젠테이션에서 서두로 삼기에는 반드시 최상의 방법이라고는 할 수 없다.

도입의 말은 프레젠터가 말하고자 하는 내용과 관련이 있어야 하고, 또 이야기 전체의 주제와 목적에 관계있는 것이어야 한다. 청중의 주의를 끌고 있는 동안, 프레젠터는 청중과 공통의 입장에 설 수 있다. 이것이 청중에 대해 무엇인가 공통점이 있다는 것을 느끼게 하는 것이다.

설득을 필요로 하는 말은 도입에서, 공통된 일치점을 언급하는 것이 좋다. 또 청중에 대해 그 주제의 중요성과, 그것이 때에 적합한 점을 강조하는 것도 프레젠터가 청중과 공통의 입장을 취하는 방법이다. 주의를 끌고 청중과 공통의 입장에 서 있는 동안, 프레젠터는 모든 청중의 관심을 충분히 불러일으킬 수 있다. 특히 이때에 이 주제가 청중에게 이해관계를 갖고 있다는 것을 인식시키기 위해 정황, 경험, 현상 등에 대해 충분히 설명한다.

본론부(전개)

도입에서 전개로 옮겨진 주요 아이디어, 즉 본론을 말한다. 주요 아이디어의 전개는 순서에 따라야 한다. 아이디어의 전개는 요점을 확실히 하면서 진행해야 한다. 설득을 위한 프레젠테이션에서 특히 그렇지만, 모든 요점을 도입에서 미리 말하지 않아야 될 상황도 있다. 먼저 요점을 밝힘으로써 프레젠터의 입장이 난처해질 수가 있기 때문이다.

이것은 청중이 프레젠테이션의 논점에 대해 반대하는 경우를 특히 지적해 말하는 것이다. 그러므로 요점을 전개할 때 직접적 방법을 쓰느냐 간접적 방법을 쓰느냐 하는 선택이 매우 중요하다.

결론부(종결)

종결은 명료하고도 간결하게 충분한 의미를 갖고 전달해야 한다. '결론으로서는...' 하고 일단 말했으면 (또 지금 결론으로 말하고 있는 것을 구태여 밝힐 필요도 없다.) 확실한 결론으로 들어가야 한다.

'끝으로...'를 몇 번이고 되풀이하는 사람도 있으나, 이는 프레젠테이션 효과를 위해 삼가는 것이 좋다. 모든 말은 총괄적인 아이디어에 따라 간단하고 명백해야 하지만, 그것이 처음 도입에서 말한 것에 얼마나 가까운가로 훌륭하고 훌륭하지 못한 결과를 낳는다.

종결에서는 주요 아이디어와 목적을 분명하게 청중의 마음속에 심어 놓아야 한다. 의견의 일치가 어려운 장면에서는 프레젠터가 말한 요점과 반대되는 측의 요점을 비교하고, 어디까지나 프레젠터 편의 것이 훨씬 좋은 것 같은 인상을 주어야 한다.

종결에서 가장 기본적 요건은 다음 세 가지이다.

- 요약하라
- 전망(비전)을 보여라
- 행동을 보여라

요약에 있어서는 주요 아이디어를 되풀어 말하여, 이것이 말하는 목적에 어떻게 일치하는가를 보여야 한다. 프레젠터는 청중과 하나가 되어 아이디어나 제안을 채택한다. 정보를 주는 경우에는 그 정보의 이용이 강조되어야 한다. 그리고 설득할 때는 필요한 행동을 청중이 일으키게 해야 한다. 종결에서 유의할 점은 무엇보다도 청중에게 여운을 주는 끝맺음이다.

3단계 구성 패턴의 예로 아르돈도가 제시한 구성 패턴을 아래에 제시하였다. 아르돈도의 구성 패턴에서 '시작하는 말'은 서론부에 해당된다.

- 시작하는 말(opener)
  - 개요(preview)
  - 목표
  - 프레젠테이션 내용의 개요 소개
- 본론
  - 요지 1
    - 세부 내용
    - 넘어가는 말(transition)
  - 요지 2
    - 세부 내용
    - 넘어가는 말
  - 요지 3
    - 세부 내용
- 결론
  - 요약
  - 행동화할 사항

나) 기승전결(起承轉結)

원래 한시의 구성법으로 기(起)구에서 시상(詩想)을 일으키고, 승(承)구에서 그것을 이어받아 발전시키며, 전(轉)구에서는 장면과 사상을 새롭게 전환시키고, 결(結)구는 전체를 묶어서 여운이 깃들도록 끝맺는 방법이다. 프레젠테이션 메시지 구성에서는 서론, 설명, 증명, 결론의 4단계의 구성법으로 사용된다.

4단계 구성법

이야기 속의 어구는 하나하나 따로 떨어진 것을 벌려 놓은 것이 아니라, 서로 서로 영향을 주고받으면서 이어져 있다. 한 마디 한 마디는 앞서 말한 바의 연속으로 이어진다. 때문에 발언하는 중에 다이나믹한 어구라 쓰이지 않으면 말의 뜻이 또렷해지지 않는다.

다음 네 커트의 말을 써서 이야기를 짜 본다. 어떤 순서로 해도 좋다. 또 이야기를 여러 가지로 만들어도 좋다.

- 거리에 떨어져 있는 지갑
- 집는 사람의 손
- 땅을 보고 걷는 사람
- 러시아워의 거리

"러시아워의 거리, 나는 생각에 잠겨 땅을 보며 걷고 있었다. 그러다가 거리에 떨어져 있는 지갑을 보았다. 그리고 그것을 주었다."

"러시아워의 거리, 거기에 지갑이 떨어져 있다. 나는 그것을 찾고 있다. 마침내 그것을 찾아냈다."

'땅을 보고 걷는 사람' 이 대체 지갑과 어떤 관계에 있느냐는 것은 그 앞과 뒤의 커트 문맥에 따라 각각 다르다. 전자는 내가 우연히 거리에 떨어져 있는 지갑을 주은 것이고, 후자는 내가 잃어버린 지갑을 다시 찾은 것이므로, 전자의 나는 남의 것을, 후자의 나는 내 것을 주운 것이다.

이 같은 각각의 커트를 어떻게 조합하느냐로 의미가 달라지는 것을 영화에서는 몽타주(montage)라고 한다. 이 방법은 프레젠테이션 구성에도 필요하다. 어구의 순서는 이야기를 재미있게 또 오해를 없애는 데 중요한 의미가 있다. 그러나 이것만으로 4단계 순서의 프레젠테이션 구성이라고는 할 수 없다.

4단계 순서는 기·승·전·결(起承轉結)의 방법인데, 이는 문학적이고 수사적(修辭的)이다. 이 순서는 제 1단계에서 청중의 흥미를 끌고, 제 2단계에서 전개가 있고, 제 3단계에서 기분을 바꾸고, 제 4단계에서 끝맺는 방법이다. 청중에 대한 효과를 잘 고려하지 않으면 실패하기 쉬우나, 잘만 하면 대단한 효과를 거둘 수 있다.

이것은 특히 일간 신문 3면의 만화와 똑같은 성질의 것이므로, 3면의 만화를 보고 이를 말로 표현해 본다면 기·승·전·결의 4단계 순서의 훌륭한 본보기가 될 것이다. 조선일보의 '두꺼비'를 소개한다.

① 무더운 여름 어느 날 두꺼비가 막 집을 나섰다.
② 길에서 지열이 달아오른다.
③ 두꺼비가 다시 집으로 가서 부인에게 계란 하나를 얻어 가지고 나온다.
④ 길에서 계란을 깬다. 곧 에그 프라이가 되었다.

이런 것은 기·승·전·결에 의한 4단계 순서이다. 이것을 그대로 이야기하면 4단계 순서에 따른 훌륭한 프레젠테이션이 된다. 이 4단계 순서는 유머러스한 것을 말할 때 흔히 사용된다.

(기) - "셋방 있음, 아기 없는 분에 한함." 어떤 아파트에 붙여진 광고이다.
(승) - 열두살쯤 된 초등학교 어린이가 아파트 관리인을 방문했다.
"광고를 보고 왔는데요, 셋방 있나요?"
"응 있어."
(전) - "저는 애는 없구요. 나이 많은 부모가 계셔요."
그 어린이 뒤에는 언제 와 섰는지 아이의 부모가 근심스런 표정으로 얼굴을 가지런히 하고 있었다. 이윽고 관리인이,
(결) - "그래 방을 주기로 하자."

이것은 주택난은 심하고, 아기 있는 가족에게는 방을 주지 않겠다는 사회상을 풍자한, 있을 법한 유머이다.

다) 5단계 순서

1단계(주의 끄는 단계)

세상 사람이 자칫 잊어버리기 쉬운 현대인의 불안감에 관해 사람들의 주의를 환기시킨다. 흥미 없는 이야기에는 외면하기 때문에 먼저 청중의 관심을 불러일으키고 이야기를 듣게끔 만들어 주어야 한다.

2단계(필요성을 보이는 단계)

이야기에 관심을 갖기 시작한 청중에게 중요한 것을 말한다. 즉 청중에게 있어 무엇이 중요하고 무엇이 필요하다는 것을 일러준다. 여기서는 혼자만의 생각은 안 되고, 여럿이 함께 생각하고 함께 문제를 해결하는 것이 필요함을 강조한다. 이것은 말할 목적이나 이야기의 주제를 말하는 것이라고 해도 좋다.

3단계(해결 방안을 보이는 단계)

필요한 문제를 해결하려면 어떻게 하는 것이 좋겠는가를 보인다.

4단계(구체화의 단계)

3단계의 문제해결법을 보다 구체적으로 나타낸다. 차트, 그래프, 지도 등의 시청각 자료를 고도로 이용하는 것도 그 본보기가 될 것이다.

5단계(행동 유발의 단계)

결론으로서 청중의 결심을 촉구한다. 즉, 청중에 대한 정신적 결정이나 행동의 즉각 실행을 촉구하는 것이다.

주의-문제의 제시-해결방안의 제시-구체화-행동의 촉구라는 순서는 백지의 상태에서 행동을 일으키기까지의 심리적인 움직임에 확실한 적응이 된다고 하겠다. 이것은 청중에게 정보를 전달하는 경우와 청중을 설득하는 경우의 프레젠테이션 구성에 적합하다.

여기서 5단계 순서의 예를 신문 광고문에서 인용해 본다.

빈혈은 여성의 적	1단계 - 주의
여성은 생리와 임신, 출산, 수유 등으로 철분의 손실이 많아서, 자칫 잘못하면 빈혈이 되기 쉽습니다.	2단계 - 문제
그러나 365일 빈혈을 모르는 밝고 건강한 얼굴이 있습니다. 꽃처럼 피어나는 아름다운 혈색, 이것은 바로 '캄파리' 혈색입니다.	3단계 - 해결
'캄파리' 는 생체 철, 인, 칼슘 주제의 빈혈 치료제로, 위장 장애가 없으며, 계속해서 복용하면 언제나 생기차고 건강미를 약속해 줍니다.	4단계 - 구체화
값은 100정에 3만원입니다.	5단계 - 행동화

라) 귀납과 연역

논리학에서 비롯된 개념으로 귀납은 개개의 사례를 관찰함으로써 이러한 사례들이 포함되는 일반 명제를 확립시키는 논증을 말하며, 연역은 일반법칙을 전제로 해서 개별적인 명제를 성립시키는 논증을 말한다. 따라서 메시지 구성에서 귀납은 여러 사례를 연구해 공통점을 파악해 결론을 내리는 구성이며, 연역은 일반적인 이론을 먼저 제시하고 개개의 사례에 적용시키는 방법을 제시하는 구성을 말한다.

마) 찬반

특정 사업 계획을 제시하고 그 계획에 대한 찬성과 반대 의견, 혹은 긍정적인 측면과 부정적인 측면을 차례로 서술하는 구성을 말한다.

바) 제리 와이즈먼의 16가지 흐름 구조

제리 와이즈먼은 내용을 전개하기 위해 모듈(modular), 시간(chronological), 물리적(physical), 공간적(spatial), 문제-해결(problem-solution), 쟁점-행동(issues-actions), 기회-수단(opportunity-leverage), 정형-적용(form-function), 특징-혜택(features-benefits), 사례연구(case study), 논쟁-오류(argument-fallacy), 비교-대조(compare-contrast), 행렬(matrix), 평행(parallel tracks), 웅변적 질문(rhetorical question), 수적(numerical) 등의 16가지의 흐름 구조를 제안하였으며 각각의 상세적인 내용은 아래와 같다.

구조	내용
모듈(modular)	서로 순서를 바꿀 수 있는 유사한 부분, 단위, 요소 등의 연속
시간(chronological)	시간을 기준으로 아이디어의 순서를 정한다. 즉, 사건이 일어났거나, 앞으로 일어날 순서에 따라 내용을 구성한다.
물리적(physical)	물리적·지리적 위치에 따라 아이디어의 순서를 정한다.
공간적(spatial)	물리적 은유, 혹은 유추에 따라 아이디어를 개념적으로 정리한다. 이것은 주제에 대한 공간적 배치이다.
문제-해결(problem-solution)	문제점과 해결방안을 바탕으로 메시지를 체계화한다.
쟁점-행동(issues-actions)	하나 이상의 쟁점과 이 쟁점을 제기하기 위해 취할 행동을 바탕으로 메시지를 체계화 한다.
기회-수단(opportunity-leverage)	사업 기회와 이 기회를 이용하기 위한 지렛대로써 실행하는 수단을 바탕으로 메시지를 체계화 한다.
정형-적용(form-function)	하나의 중심적인 비즈니스 개념, 방식, 기술과 이러한 것들의 핵심에서 나오는 복합적인 적용 또는 기능을 바탕으로 메시지를 체계화 한다.
특징-혜택(features-benefits)	회사의 제품이나 서비스의 특징이나 이러한 특징이 주는 구체적인 혜택을 바탕으로 내용을 구성한다.

사례연구(case study)	특정 문제를 이전에 어떻게 해결하였는지, 또는 어떻게 특정한 고객의 요구를 충족시켰는지 등에 대해서 스토리텔링 형식으로 상세하게 언급한다.
논쟁-오류(argument-fallacy)	사례나 문제에 반하는 논의를 제기하고 이러한 논의의 기초가 되는 오류(혹은 그릇된 믿음)을 지적함으로써 여기에 반박한다.
비교-대조(compare-contrast)	회사 간의 차이점을 보여주는 일련의 비교를 바탕으로 메시지를 체계화 한다.
행렬(matrix)	복잡한 일련의 개념을 알아보기 쉽고 이해하기 쉬우며 기억하기 쉬운 형식으로 정리하기 이하여 행렬을 이용한다.
평행(parallel tracks)	각각의 아이디어에 해당하는 동일한 종속 아이디어로 관련 아이디어를 파악한다.
웅변적 질문(rhetorical question)	청중이 가장 중요하게 생각할 것 같은 질문을 던지고, 여기에 답한다.
수적(numerical)	느슨하게 연결된 아이디어나 사실, 주장 등을 열거한다.

2) 다양한 줄거리 구성 패턴

이외에도 현장에서 자주 쓰이는 줄거리 구성 패턴에는 다음과 같은 것들이 있다.

가) 의사결정 패턴

1. 문제를 규정하고 제한한다.
2. 해결책에 대한 평가 기준을 설정한다.
3. 가능한 해결책들을 확인한다.
4. 기준에 의해 해결책을 평가한다.

5. 최적의 해결책을 선택한다.
6. 실행 방안에 대해 논의한다.

나) 서구식 논리 전달 패턴

1. 도입(위치, 행동, 이익)
2. 개요 문장(미래 : 앞으로 말하려는 것을 얘기한다.)
3. 주요 아이디어와 하부 아이디어
4. 요약 문장(과거 : 지금까지 말한 것을 얘기한다.)
5. 결론(위치, 행동, 이익에 대해 정리한다.)

다) 일반 프레젠테이션 구성 패턴

1. 개시 : 어조(tone)를 확립하고 주목을 끈다.
2. 입장 진술 : 목적 목표를 설정하고, 문제를 명확히 하고, 해결을 제안한다.
3. 근거 제공 : 관련 데이터와 조사 결과를 제공한다.
4. 종결 : 요약하고 효과를 재언급한다.

라) 비즈니스 프레젠테이션 구성 패턴

1. 개시 : 계획의 목적을 밝힌다.
2. 상황분석 : 부분별 주요 영역과 중요한 부분에 대해 분석한다.
3. 기회 인식 : 필요를 분석하고 문제점을 밝힌다.

4. 추천안 : 입증된 문제들에 대한 해결책을 제시한다.
5. 논리 : 해결책의 정당성과 근거를 제시한다.
6. 방어 : 반대 이유를 예상하고, 예상되는 질문에 대해 답한다.
7. 요약 : 요점을 반복하고 논리를 강조한다.
8. 결정 요청 : 향후 단계를 확인하고 결정을 요구한다.

마) 진 젤라즈니의 구성 패턴

젤라즈니는 연구 결과를 보고하는 프레젠테이션에서 연구를 진행하던 중 사용했던 문제해결 방법을 그대로 재현하면서 결론에 도달하고 그 결과로서 해결 방향을 제시하려는 경향이 있으나 가장 좋은 방법은 프레젠테이션을 시작할 때 해결 방안을 제시하고, 남은 시간 동안에 왜 그것을 주어진 문제에 대한 최상의 해답이라고 생각하는 가를 설명하는 것이라고 하였다. 이러한 원칙을 사업의 예에 적용시켜 보자.

지금 우리가 미국 시장의 진출 여부를 결정해야 하는 한 은행의 경영진 앞에서 프레젠테이션을 하고 있다고 가정하고 여러분은 이 경영진의 한 사람으로 임명되었다. 그리고 어느 줄거리가 실천적인 반응을 이끌어낼 수 있는 메시지를 전달하는 데에 더 편리하고 효과적인가를 결정해야 한다.

이제 미국 시장에 진출하는 것이 현명한 일인가를 결정하는 문제에 대해 줄거리로 접근하는 방법을 살펴보도록 하겠다. 다음의 예를 보자.

목표 : ○○은행이 미국 시장에 진출하여 새로운 성장 기회를 이용하는 것이 타당한가를 결정하기 위하여

주제 1. 세계 경제에서의 미국의 역할

근거 1. 전 세계 GDP의 최대 점유율
2. 최고의 무역 규모
3. 해외 투자의 증가 예상

주제 2. 미국 금융 수익의 장점
근거 4. 엄격한 비용 관리
5. 확고한 경쟁력
6. 기타

주제 3. 진출의 장애물 극복
근거 7. 독립적으로 분산된 시장
8. 외국 기업에 대한 고객의 거부감이 적다.
(계속)

결론요약
1. 미국은 세계적인 경제대국이다.
2. 미국은 금융수익이 높다.
3. 진출의 장애물은 극복할 수 있다.

제안 진출하라!

위의 경우라면 결론에 이르고 나서야 비로소 프레젠터가 어떤 방안을 추천하는 것인지 확실히 알 수 있을 것이다. 이것은 프레젠테이션이 정상적으로 진행될 때 청중이 발표자의 의도를 이해하는 데 적어도 45분, 혹은 그 이상의 시간이 소요된다는 것을 의미한다.

이번에는 다른 방식으로 프레젠테이션을 준비했다.

제안 : ○○은행은 미국 시장에 진출하기 위한 노력을 시작해야 한다.

예비결론
1. 미국은 세계적인 경제대국이다.
2. 미국은 금융수익이 높다.
3. 진출의 장애물은 극복할 수 있다.

결론 1. 미국은 세계적인 경제 대국이다.
근거 1. 전 세계 GDP의 최대 점유율
2. 최고의 무역 규모
3. 해외 투자의 증가 예상

결론 2. 미국은 금융 수익이 높다.
근거 4. 엄격한 비용 관리
5. 확고한 경쟁력
6. 기타

결론 3. 진출의 장애물은 극복가능하다.
근거 7. 독립적으로 분산된 시장
8. 외국 기업에 대한 고객의 거부감이 적다.

제안 진출하라!

후자의 경우 이 프레젠테이션의 첫 머리에서 발표자가 무엇을 제안하려는지 즉시 알았을 것이다. 일반적으로 발표자의 제안이 너무 일찍 등장한다면 청중을 설득할 수 있는 힘이 약하다. 그러나 바로 그것 때문에 프레젠테이션의 나머지 부분이 존재하는 것이다.

후자의 예를 구체적으로 살펴보면 발표자는 제안을 먼저 청중들에게 알리고 제안의 근거가 되는 결론들과, 그 결론을 뒷받침하는 증거들을 제시하였다. 이러한 경우 청중의 입장에서는 그 결론들이 무엇인지를 알기 때문에 증거에 대한 타당성을 평가할 수 있다. 청중들은 제시된 사실을 받아들여야 하는 수동적인 입장이 아니라 합리적인 추론의 과정에 동참하는 적극적인 입장을 취할 수 있는 것이다.

그런데 만약, 청중이 동의하지 않는 분위기라면 어떻게 해야 하는가? 청중이 적대적이라면? 혹은 청중들이 평생 동안 객관적 사실-결론-제안의 순서에 기초하여 이론을 세우고 일을 해온 사람이라면 어떻게 해야 하는가? 쉽지 않은 문제인 것은 분명하다. 이러한 경우 결론을 약간 신중하고 조심스럽게 제시할 수 있겠다. 이러한 경우에도 결론을 끝까지 숨길 필요는 없다. 다만 각 단락의 끝에 배치하는 것이다. 그러면 다음과 같은 프레젠테이션이 될 것이다.

목표 : ○○은행이 미국 시장에 진출하여 새로운 성장 기회를 이용해야 하는가를 결정하기 위해

예비주제
1. 경제적 강점
2. 수익 가능성
3. 실현 가능성

주제 1. 경제적 강점
근거 1. 전 세계 GDP의 최대 점유율
2. 최고의 무역 규모
3. 해외 투자의 증가 예상
결론 1. 미국은 세계적 경제대국이다.

주제 2. 수익 가능성
근거 4. 엄격한 비용 관리

5. 확고한 경쟁력
6. 기타

결론 2. 미국은 금융수익이 높다.

주제 3. 실현 가능성

근거 7. 독립적으로 분산된 시장
8. 외국 기업에 대한 고객의 거부감이 적다.

결론 3. 진출의 장애물은 극복가능하다.

결론 요약

1. 미국은 세계적인 경제대국이다.
2. 미국은 금융수익이 높다.
3. 진출의 장애물은 극복할 수 있다.

제안 진출하라!

결론을 각 단락의 끝에 배치하면 나름대로 필요한 상황에서 프레젠테이션의 목적을 달성하는 데 도움이 될 수 있다. 그럼에도 불구하고 대부분의 프레젠테이션 제안과 함께 불가피한 경우에도 최소한 결론과 함께 시작하는 것이 좋다. 정말로 청중의 반응이 걱정된다면 결론과 제안을 맨 마지막에 놓을 수밖에 없겠지만, 대개의 경우 최선의 프레젠테이션으로 이어지지 못한다. 청중이 거부감을 보일 것이라고 충분히 예상되는 상황이라면 도입부분에서 프레젠터가 청중의 반응을 이미 예상을 했고 프레젠터가 자신들의 감정을 신중히 고려하고 있다고 느끼게 하라. 청중의 자리에 앉아서 서론을 듣는다면 그들이 어떤 감정일지를 느껴보라.

결론과 제안을 맨 앞에 놓아야 할까? 아니면 중간에 혹은 마지막에 놓아야 할까? 이에 대한 대답은 프레젠테이션 상황을 어떻게 규정하는 가에 특히 청중들이 얼마나 호의적인가에 대한 판단에 달려 있다. 일단 이 문제가 결정되면 프레젠테이션의 나머지 공간을 채워줄 서론과 결말을 구성할 수 있다.

지금까지 살펴본 바와 같이 메시지를 구성하는 패턴은 무수히 많을 수 있다. 그러나 중요한 것은 이러한 패턴에 맞춰 메시지를 구성하고 기계적으로 프레젠테이션을 하는 것이 최선은 아니라는 것이다. 이러한 패턴이 생각의 논리를 구성하는 데 도움이 될 수 있지만, 여기에 얽매여 나가면 프레젠테이션 경험이 많은 청중들에게는 상투적인 프레젠테이션으로 받아들여지고 지루하게 느껴질 수 있기 때문이다. 자칫하면 프레젠터의 전문성에 대한 신뢰가 떨어질 우려도 있다. 따라서 처음 프레젠테이션을 준비할 때는 이러한 패턴을 적용해 보는 것이 필요하지만, 어느 정도 숙달되면 패턴에 얽매이지 말고 자유롭게 생각을 펼치고 재미있게 이야기를 전개해 나가도록 하는 것이 좋다. 스토리텔링은 프레젠테이션의 성공법칙의 하나이다.

(키 포인트) 구성 패턴 선택하기

- 주제 문장에 대해서 생각하라.
- 만들어 놓은 내용지도를 보라.
- 주요 포인트를 위한 줄거리 구성 패턴을 선택하라.

나. 줄거리 구성 방법

1) 아우트라인법(Outline 法)

아우트라인법이란 이야기 내용을 정리하는 방법이다. 즉, 프레젠터의 머릿속을 정리하면서 동시에 청중의 머릿속도 정리하고 이야기하는 것을 매개로 서로의 이해를 돕게 한다.

아우트라인법은 뼈대만 세우는 것이므로, 뒷받침되는 자료의 나열은 부족하다 해도 먼저 오는 것과 나중 오는 것, 즉 전후논점의 논리적 관계나 균형이 짜여 진

상태 등을 얼핏 보아도 잘 알 수 있다. 이야기의 아우트라인만을 분명히 머릿속에 넣어 두면 이야기하는 도중, 시간이 부족하더라도 큰 대목의 논점은 모두 말할 수 있고, 그때그때의 청중에 적응하게 되고 자유스럽게 융통성을 발휘할 수 있다.

다음은 아우트라인을 만들 때에 필요한 사항이다.

① 주제를 명확한 말로 표현하여 완전한 문장이 되게 한다.
② 아우트라인을 '도입(서론)·전개(본론)·종결(결론)' 등 세 부분으로 나눈다.
③ 순서는 혼동되지 않게 일관되는 형식으로 한다.
④ 아우트라인을 만들 때는 일목요연하게 알 수 있도록 보기 쉬운 번호를 쓴다. 정리를 하는데 있어, 아우트라인 속에 쓰이는 문구는 캐치프레이즈 같은 것이 좋으나 남에게 보이는 게 아니기 때문에 자기중심으로 잘 알 수 있게 쓴다.
⑤ 수식어 등은 되도록 줄이고 요점만을 간단히 쓴다.
⑥ 논점을 살피고 잘 정리되어 있는지의 여부를 검토한다.

주요 논점이 주제를 잘 뒷받침하고 있는지, 부분은 논점을, 세부는 부분을 뒷받침하고 있는지 논점·부분·세부의 항목을 만들어 놓는다. 그리고 예화·실화·비교 등을 넣을 때는 되도록 괄호를 표시해 놓으면 도움이 된다.

2) 아우트라인법의 장점

프레젠테이션을 계획할 때 아우트라인법을 사용하면 어떤 점이 좋은가?

첫째, 자기가 말하려는 바가 명확해진다. 사람은 일정한 사고 패턴을 가지고 나름대로의 순서에 따라 사고한다. 실제로 말하고자 하는 내용을 정리해 보려고 하면, 하고 싶은 얘기가 매우 많다. 어떤 내용을 어떤 식으로 전달하면 좋을 지 알 수 없다. 그것을 일목요연하게 정리할 수 있는 것이 아우트라인의 장점이다.

둘째, 청중이 이해하기 쉽다. 좋은 아우트라인은 청중 한 사람 한 사람의 머릿속에 인덱스의 이미지를 만들어 준다. 소위 말하는 내용이 눈에 보인다는 경우이다. 청중의 이해야 말로 프레젠테이션의 최대 목표이므로 아우트라인을 구성해 두자.

셋째, 아우트라인이 발표안내(Speaking guide)의 역할을 담당해 준다는 점이다.

3) 아우트라인법의 실제

다음은 아우트라인법을 사용하여 프레젠테이션을 준비하는 예이다.

- 표제 - 공장 내의 안전
- 목적 - 설득하는 것
- 주제 - 기계를 운전할 때의 불안전한 조업의 위험을 알리고, 안전도를 높이기 위한 방안을 연구 발표

◎ 도입

- 주의 - 최근 1년간 우리나라에서는 170명의 현장 희생자가 났고, 사고를 낸 사람은 무려 1만 5천명이었다.
- 기반 - 이것은 모든 산업의 공통적 현상이다. 이 문제 해결에 협력하는 것은 우리 모두의 큰 관심사이다.

◎ 전개

- 논점 1 - 불안전한 조업은 중대한 문제를 일으킨다.

(계속)

① 우리나라 산업체의 재해 발생 상황

- 매년 추가되는 숫자는 경이적이다. (숫자 인용)
- 몇 개의 비극적인 예 (특정 케이스)

② 우리 공장에 있어,

- 숫자와 예

- 논점 2 - 안전은 이익을 가져온다.

다른 회사에서는 안전 프로그램을 채택, 효과를 올리고 있다.

- 통계를 들어 설명
- 전문가의 증언이나 실증 인용

- 논점 3 - 다 같이 안전 조업을 실행하자.

① 기계를 매일 점검

② 위험 방지와 보호 설비를 이용

③ 기타

◎ 종결

- 요약 - 나쁜 기록을 내지 말자
- 장래 - 제시된 논점에 충실하면 안전 조업이 한층 가능하다
- 행동 - 안전조업의 실행은 전 종업원과 회사의 책임이다

Ⅱ 프레젠테이션의 요지결정하기

프레젠테이션 상황에 따라 프레젠테이션의 길이는 달라 질 수 있다. 심지어는 미리 정해진 시간과 관계없이 프레젠테이션을 해야 하는 상황에 놓일 수도 있다. 그러므로 프레젠터는 프레젠테이션의 길이에 상관없이 청중에게 정보를 전달하거나 청중을 설득시킬 수 있어야 한다.

이를 위해서 이 장에서는 요지를 개발할 것을 권고한다.

요지란 프레젠테이션을 통하여 전달하고자 하는 가장 핵심적인 메시지를 의미한다. 프레젠터는 자신의 프레젠테이션을 3분정도의 분량으로 요약할 수 있어야 한다. 이 장에서는 요지가 무엇이고, 어떻게 요지를 개발할 것인지에 대해서 살펴보도록 하겠다.

1. 프레젠테이션의 길이는 어느 만큼이 좋은가?

프레젠테이션은 시작하기 전에 미리 시간이 정해지기도 하지만 프레젠터가 시간을 결정하여 프레젠테이션을 할 수도 있다. 프레젠테이션의 길이는 어느 만큼이 좋은 것인가? 프레젠테이션의 시간을 결정하기에 앞서 일반적인 청중의 특성을 먼저 고려해 본다.

가. 청중들은 가만히 듣기만 하는 것이 아니다

일반적으로 이야기가 길어지면 청중은 지루해 한다. 학창 시절의 교장선생님의 훈화말씀을 떠올린다면 쉽게 이해할 수 있을 것이다. 이것은 누구나 가지는 마음이다. 나아가 그것이 단조로운 이야기를 오래 계속 듣는 것이라면 청중의 권태는 급격히 늘어나고, 이야기를 듣는 상황이 강요된 것이라면 그 프레젠터를 싫어하게까지 될 수 있다. 청중들은 프레젠터의 이야기를 들을 때 가만히 듣는 작업만을 하는 것이 아니라 다음과 같은 여러 가지 작업을 한다.

1) 눈의 작업

청중들의 눈은 프레젠터의 몸동작만을 보는 것이 아니고, 표정의 변화나 눈의 움직임 등에서, 프레젠터가 하는 말의 참된 뜻이나 의도까지 캐어내려고 매우 열심히 작업한다. 이야기를 열심히 들으면 들을수록 눈은 조금도 쉬지 않고 일하기 때문에 금방 피곤해진다.

2) 귀의 작업

귀를 기울인다. 귀를 세운다는 것 등은 모두 귀가 작업하고 있음을 나타낸다. 프레젠테이션 중에 귀의 가장 큰 작업은 프레젠터가 하는 말에 수반되는 어조(語調)를 들어서 분간하는 것이다. 사람이 하는 말에는 반드시 어조가 따른다. 그 어조는 프레젠터의 마음의 표현이다. 사랑에 넘치는 어조, 슬픔이 담긴 어조, 노기에 차거나 울분에 넘치는 어조, 기쁨에 가득 찬 어조 등, 프레젠터 마음의 미묘한 변화가 그대로 미묘한 어조를 만든다.

똑같은 말이라도 어조에 따라 그 의미가 변화한다. 어조(억양)에는 크게 상조(上調)·하조(下調)가 있다. 상조, 즉 말 전체가 올라가는 듯한 어조의 화법은 마음에도 없는 것 겉치레의 인사, 아첨, 거짓말 등의 경우에 잘 나타난다. 반대로 하조의 경우는 진심을 말하고 있다고 보아도 좋다. '진정으로 알았다.' , '이해가 간다.' 등의 경우처럼, 이때의 어조는 항상 다소곳이 내려가는 것이 보통이다.

3) 몸의 작업

남의 이야기를 듣고 있을 때 몸이 줄곧 일정한 자세를 취하기란 어려운 일이다. 그렇기 때문에 몸 전체가 피곤해진다. 사람은 움직일 때에만 피곤해지는 것이 아니고 사무실에서 의자에 오랫동안 앉아 있어도 피곤해진다. 영화관의 의자도 오래 앉아 있으면 피곤하다. 일정한 자세를 유지하려는 일은 매우 어렵다.

4) 머리의 작업

우리가 남의 이야기를 들을 때, 진심으로 들으면 들을수록 피로를 느낀다. 생각은 말할 것도 없고, 눈으로 보고 귀로 들은 자극도, 머리는 그것을 분석하고 종합하면서 열심히 작업하기 때문이다. 사람의 머리는 인체활동 기관의 총본산이기 때문에 그 움직임에 대해 자세히 설명할 필요는 없다.

나. 적절한 프레젠테이션의 길이는 3분

사람들은 긴 이야기를 싫어한다. 바쁘게 돌아가는 현대의 생활에서 시간을 내어 연설을 듣던지 프레젠테이션을 듣던지 간에 사람들은 짧게 끝나는 이야기를 선호하기 마련이다. 그러나 듣는 측의 입장에서 자신이 듣고자 하는 내용이고 평소에 관심이 있던 내용이라면 짧게 끝나는 프레젠테이션에 대해 불만족스러울 것이다, 자신이 알고자 하는 내용에 대한 충분한 설명을 원할 것이기 때문이다.

이러한 청중들의 입장 차이를 고려해 볼 때 어느 정도의 길이가 적당할 것인가? 3분 내외의 프레젠테이션을 준비하자. 프레젠터의 입장에서 생각하면 3분간만 있으면 말하고 싶은 요점을 단도직입적으로 말할 수 있고, 그 모임의 당사자에게도 만족스런 프레젠테이션이 가능하다. 3분간의 시간은 글자로 라디오 뉴스를 기준으로 하면 200자 원고지 4장 정도로 청중의 주의를 충분히 끌 수 있고 프레젠터가 인물을 관찰하는 데도 알맞은 시간이다. 3분의 시간이 너무 짧다고 생각할 수도 있는데 다음의 일화를 보자.

▌ 짧은 연설에도 감명은 크다

1963년 1월 9일, 남북전쟁의 격전지 게티스버그의 기념비 제막식에 링컨(Abraham Lincoln, 1809~1965) 대통령은 전 국무장관 에드워드 에버릿과 함께 식장에 참석했다.

당시 제 1급의 웅변가로 알려진 에버릿은 열변을 토하기 2시간, 만장의 청중은 그의 눈부신, 아름다운 말씨에 완전히 도취되어 버렸다. 박수 속의 흥분에 묻힌 청중 앞에 링컨이 에버릿에 이어 일어났다. 연설은 5분 만에 끝났다. 청중은 약간의 박수를 쳤다. 기름진 음식을 잔뜩 먹은 다음 입가심 같은 것이었기 때문이다. 그러나 에버릿은 링컨에게,

“오늘 제 연설이 좋았던 것처럼 보이지만, 내일이 되면 반드시 각하의 연설이 좋아질 것입니다. 아니, 해를 거듭할수록 제 연설은 잊어버릴 것이나, 각하의 연설은 길이 역사에 남을 것입니다.”

그러면서 악수를 청했다. 과연 그러했다. 에버릿의 예언은 적중했다. 이튿날 여러 신문에 실린 링컨의 연설은 대단한 반향을 불러 일으켰다. 그것은 불과 300개의 어휘에 지나지 않은 짧은 연설이었다. 모두 5분밖에 걸리지 않은 짧은 연설이었지만, 장장 2시간 남짓 걸린 에버릿의 연설보다 더 역사에 길이 기록된 데는 여러 가지 이유가 있겠다. 먼저 연설이 그때 그 장소에 알맞은 적합한 내용이라는 데도 그 이유가 있지만, 보다 짧은 형식의 연설이면서 거기에는 무한한 함축성이 있는 말이 포함되어 있었기 때문이다.

물론 내용에 따라 많은 시간을 요구하는 프레젠테이션이 있을 수 있다. 설득의 목적보다는 설명의 목적이 강조되는 프레젠테이션의 경우에는 더욱 많은 시간을 요구할 것이다. '3분의 프레젠테이션' 은 프레젠테이션 내용 중 핵심이 되는 요지만을 설명하는데 적정한 시간이 3분임을 의미하고 프레젠테이션 또는 연설이 간결하고 짧을수록 효과가 있다는 것을 의미한다. 내용이 확실치도 않으면서 시간만 질질 끌게 되는 프레젠테이션이나, 설혹 내용이 있는 것이라도 시간의 길이가 어느 한계를 넘는 경우 청중은 지루해 하고 짜증을 낼 수도 있다. 다음의 예화는 이를 잘 나타낸다.

▌ 어느 목사의 설교

미국의 작가 마크 트웨인(Mark Twain, 1835~1910)은 어느 일요일 아침 교회에서, 목사의 설교가 아주 재미있었기 때문에 헌금 상자 속에 10 달러나 되는 큰 돈을 넣으리라고 마음먹었다. 그런데 목사가 언제까지 있어도 말을 끝낼 것 같지 않아서, 끝내는 헌금 상자 속에 넣은 돈을 10달러에서 2달러로 감하고야 말았다.

하지만, 그래도 또 목사의 그 싫증나는 장광설이 계속되어, 몇 시간 후, 헌금 상자가 그에게 돌아왔을 때, 마크 트웨인은 슬그머니 화가 나서 깎아 내린 2달러마저 내지 않기로 하고 말았다고 한다.

2. 요지(key point) 개발

프레젠테이션의 목표가 정해지고 난 후에는 목표 달성을 위한 세부적인 사항을 고려해야 한다. 즉 목표 달성을 위해서는 어떠한 방법을 동원해야 하는 것일까? 구체적으로 어떻게 해야 하는 것일까?

앞서 프레젠테이션의 목표는 결론으로 대변된다고 하였다. 목표를 설정하고 나면 결론에 도달하기 위한 방법 또는 결론의 이유가 되는 요지를 개발하여야 한다. 요지가 정해진 다음에는 각 요지별로 세부적인 내용과 자료를 개발해야 한다.

요지 개발에서는 무슨 내용을 어떠한 순서로 제시할 때 목표를 달성할 수 있을까를 생각해야 한다. 요지는 집의 기둥과 같은 것이다.

가. 요지란 무엇인가?

기억력에 관한 연구에 따르면, 우리들 뇌 속에 입력된 내용은 며칠이 지나게 되면 전체의 5% 정도의 내용만이 남는다고 한다. 한 시간의 프레젠테이션을 한다고 가정했을 때, 전체의 5% 정도의 내용은 3분에 해당하는 분량이다. 즉 효과적인 프레젠테이션을 위하여 프레젠터는 3분에 해당할 만한 핵심적인 메시지를 만들어야 한다는 의미로 볼 수 있다. 바로 이 메시지가 요지이다.

요지(key point, main massage)란 프레젠테이션을 통해 청중에게 전달하려고 하는 핵심적인 메시지를 말한다. 요지외의 다른 모든 내용들은 그 메시지를 뒷받침해 줄 수 있는 자료일 뿐이다.

요지를 정리하는 것은 성공적인 프레젠테이션을 위한 가장 중요한 단계이다. 요지를 정리하지 않으면 이야기가 뒤죽박죽될 가능성이 많다. 요지는 주요 주제를 중심으로 조화롭게 구성되어야 한다. 다음은 요지란 무엇인가에 대해 잘 나타내 주는 시나리오다. 아래의 시나리오를 통해 요지의 특성을 알 수 있다.

지난 6개월 동안 작업해온 프로젝트에 대해 의뢰인으로부터 임원 회의에서 프레젠테이션을 해달라는 요구를 받았다고 가정해 보자. 세부 사항들을 논의하는 과정에서 의뢰인은 이것이 중요한 회의라고 생각하여 당신의 프레젠테이션에 4시간을 배정한다.

당신은 4시간짜리 프레젠테이션을 준비한다. 4시간 동안 영사할 슬라이드 필름만 해도 거의 60센티미터 높이이다. 그 60cm 높이의 필름을 아슬아슬하게 들고 회의장에 들어가서 그것을 막 탁자위에 내려놓는 순간, 의뢰인이 이렇게 말한다. "이런, 미안합니다. 4시간을 드린다고 했었는데 지금 회사에 큰 문제가 발생하였습니다. 그러니 1분 내에 끝내주십시오."

"1분이라고!" 목구멍에서 금방이라도 비명이 튀어나올 것만 같다. 이제 당신은 30초 동안 혼란과 분노에 사로잡혀서 당신이 아는 모든 욕설을 하나씩 떠올린다. 이제 30초 남았다. 4시간짜리 프레젠테이션을 30초로 요약해야 하는 그 짧은 순간에 당신은 무슨 말을 하겠는가? 그것이 바로 당신의 메시지이다.

위 시나리오에서 프레젠터가 요지를 개발하지 않고 프레젠테이션을 준비하였다면 주어진 1분 동안 프레젠테이션을 할 수 없었을 것이다.

성공적인 요지는 다음과 같은 특성을 갖고 요지의 전달이 매우 중요한 문제이므로 프레젠테이션을 하는 중간에 몇 번이고 강조해야 한다고 하였다.

- 간단하다.
- 짧다.
- 명쾌하다.
- 도입부분에 강조된다.

나. 요지 개발 원칙

요지를 개발하는 3가지 원칙을 제시하였다.

▶ 요지 개발 원칙

* 쉬워야 한다.
* 단순해야 한다.
* 인상적이어야 한다.

요지를 개발할 때 지켜야 할 첫 번째 원칙은 쉬워야 한다는 것이다. 전문성을 강조하기 위하여 전문 용어를 남발하거나 불필요한 외국어를 남용하는 것은 좋지 않다. 가능한 쉽게, 관련 분야에 소속되지 않은 사람이라도 쉽게 이해할 수 있도록 요지를 작성하여야 한다. 실제로 메시지를 작성해 보면 메시지를 쉽게 작성하는 것이 결코 쉬운 일이 아니다. 본인이 내용을 충분히 소화해야만 쉽게 이야기할 수 있는 것이다.

두 번째로 가급적 단순해야 한다. 불필요한 요소는 모두 가지 치듯 쳐내고 꼭 필요한 메시지만 담아야 한다. 라일리(Riley, 2002)는 간결한 1쪽짜리 제안서(the one page proposal)가 비즈니스 성공의 지름길이라고 했다. 단순한 것이 강력하다.

세 번째로 인상적이어야 한다. 무미건조한 보고서와 달리 프레젠테이션 메시지는 감동을 주고 기억에 남아야 한다. 감동이 없이는 설득도 없기 때문에 인상적인 정보, 획기적인 전략, 감동적인 표현을 메시지에 포함시켜야 한다.

요지 개발 원칙에 따라 요지를 개발하려고 하지만 아직은 어렴풋한 이미지가 있을 뿐 실제 개발에 있어서는 아직 무리가 있다.

진 젤라즈니(Gene Zelazny)는 요지를 개발하는 데 있어 정보전달의 가장 강력한 형태인 광고의 카피를 연상하거나 자동차 범퍼에 스티커를 붙일 때와 같은 마인드(예를 들어, '119 차량은 경적을 울리세요.')나 신문의 헤드라인과 같은 메시지(예를 들어, '유럽 항공 요금 곤두박질 시작')를 연상하여 청중의 관심을 끌고 더 읽게 만드는 효과를 염두에 둘 것을 제안하였다.

그러나 이러한 예들을 좋은 출발점으로 삼을 수도 있겠지만, 사업 프레젠테이션의 요지는 문제를 해결하는 데 필요한 세부적 사항으로 청중을 유도해야 하므로 좀 더 풍부한 내용을 담을 필요가 있고 그런 요지가 바로 프레젠터가 조사 의뢰를 받은 문제의 답이 될 수 있으며, 요지가 프레젠테이션에 통일성을 부여하는 기본 요소가 될 수 있음을 역설하였다.

다음의 요지를 보자.

> 국내에서 성장 가능성이 한계를 보이고 있는 현 상황을 타개하기 위해 ○○은행은 미국 시장에 진출하여 새로운 성장 기회를 모색해야 한다.

이러한 식으로 요지를 확정한 다음 종이에 기록하여 눈에 잘 띄는 곳에 붙여 놓으면, 프레젠테이션의 줄거리를 발전시키는 동안 큰 도움이 될 것이다. 그 요지와 프레젠테이션의 목표(메시지를 통해 청중들로부터 유도하고자 하는 실천 방안)를 항상 기억하면 성공적인 프레젠테이션에 에너지를 집중시킬 수 있을 것이다.

프레젠테이션의 길이를 고려할 때, 요지를 몇 개정도 개발하는 것이 최적일까? 이에 대한 대답으로 래니 아르돈도(Lani Arredondo)는 요지를 개발하는 기본 원리로 KISS를 제안하였다. 이는 'Keep It Simple, Speaker!'의 첫 글자를 따서 만든 단어로 청중들이 프레젠테이션의 내용(요지)을 잘 기억할 수 있도록 '간단하고 짧게 말하는 프레젠터가 되어라'는 것이다. 이 뜻은 프레젠테이션을 무조건 짧은 시간에 끝내야 한다는 의미가 아니라 긴 시간의 프레젠테이션도 주요 골자를 간단명료하게 제시하여 청중들이 잘 기억할 수 있도록 하라는 것이다. 아르돈도는 요지가 너무 많아서는 안 되고 가장 적정한 요지의 수를 3개 이하로 보았다. 만일 중요한 요지가 많은 경우에는 통합이 가능한 요지들은 합치면서 중요한 것부터 우선순위를 정하여 선정할 수 있을 것이다. 여러 개의 요지를 3개 이하로 줄이는 데 있어 다음의 질문들은 유용하다.

1. 어떤 요지가 프레젠테이션 목표를 최상으로 이끌 수 있을 것인가?
2. 청중들이 가장 기억하길 원하는 요지는 무엇인가?

요지를 3개로 압축하였다면 각각의 요지들은 다음과 같은 성격을 가질 것이다. 첫 번째 요지는 청중들의 관심을 불러일으키면서 다음에 전개될 요지에 대해 준비시켜 주는 역할을 할 수 있도록 생각하고 제시하는 것이 좋다. 두 번째 요지는 첫 번째와 관련된 것으로 첫 번째 요지를 보충해 주고 강조해 주는 것이어야 한다. 세 번째 요지는 연극이나 영화로 말하면 클라이맥스에 해당하는 것으로 세 번째 요지에서 목표 달성의 마무리가 이루어져야 한다. 이를 요약해 보면 다음과 같다.

요지 1 : 전개될 내용에 대한 준비
요지 2 : 첫 번째 요지를 보충, 강조
요지 3 : 목표 달성을 위한 마지막 타자

다. 요지 개발 방법

지금까지 요지가 무엇이고 요지를 개발할 때 고려해야할 원칙에 대해서 살펴보았다. 머릿속에서는 수많은 아이디어와 참고할 수 있는 예들이 오가지만, 이것을 어떻게 정리하며 어떻게 골자를 찾아내어 요지를 개발할 지 아직도 선명하지가 않을 수 있다.

엔디콧은 제한된 시간에 다룰 수 있는 요지를 찾아낼 것을 제의한다. 요지란 '부주제' 라고도 할 수 있다. 즉 주제를 명확히 하기 위해 필요한 소주제를 의미한다. 엔디콧이 제의한 방식은 일직선상에서 곁가지를 쳐나가는 방법이고 마인드 매핑은 직선일 필요 없이 자유자재로 선이 그어질 수 있는 방법인데 이 둘 간에 큰 차이는 없다.

요지를 개발할 때 마인드 매핑(mind mapping)이나 개념도를 활용하면 큰 도움이 된다.

마인드 매핑이란 우리가 모르는 곳을 찾을 때 지도를 보면 도움이 되듯이 우리 두뇌 속에서 오가는 생각을 정리해 주는, 마치 지도를 그리듯 그리며 생각을 정리해 줄 수 있는 방법이다.

마인드 매핑은 남녀노소를 막론하고 매일 매일의 생활 스케줄을 정하는 데서부터 1주일 동안 할 일을 정하거나, 올 한해의 계획을 세우는 데도 사용할 수 있으며 새로운 프로젝트를 시작할 때, 여행을 갈 때, 또는 최근에 읽은 책에서 기억하고 싶은 것을 메모하는 방법에 이르기까지 다양하게 적용할 수 있다.

▌ 마인드 매핑 과정

1. 빈 종이의 중앙에 적절한 크기의 원을 그린다.
2. 그린 원 안에 주요 메시지를 적는다.
3. 주요 메시지를 뒷받침할 아이디어를 생각해 본다. 자신이 독서한 내용이나 다른 사람들과 대화한 내용을 떠올리면 아이디어를 떠올릴 수 있을 것이다.
4. 원 중심에서 가지를 만들어 유선형으로 선을 긋고, 가지 위에 떠올린 아이디어를 간략히 기술한다.

아이디어는 하나라도 버리지 말고 마음속에서 나온 모든 아이디어를 마인드맵에 포함시켜야 한다. 종이는 어느새 거미줄 모양이 되어 있을 것이다. 마인드맵을 이용하면 관련성이 적거나 진부한 아이디어는 쉽게 제거할 수 있을 것이다. 나머지 아이디어는 서로 연관성이 있을 것이고, 함께 묶을 수 있을 것이다.

이러한 아이디어들은 주요 메시지에 대한 중요한 증거가 될 것이다.

▌ 마인드매핑 프로그램으로 만들어본 우리 집의 구조

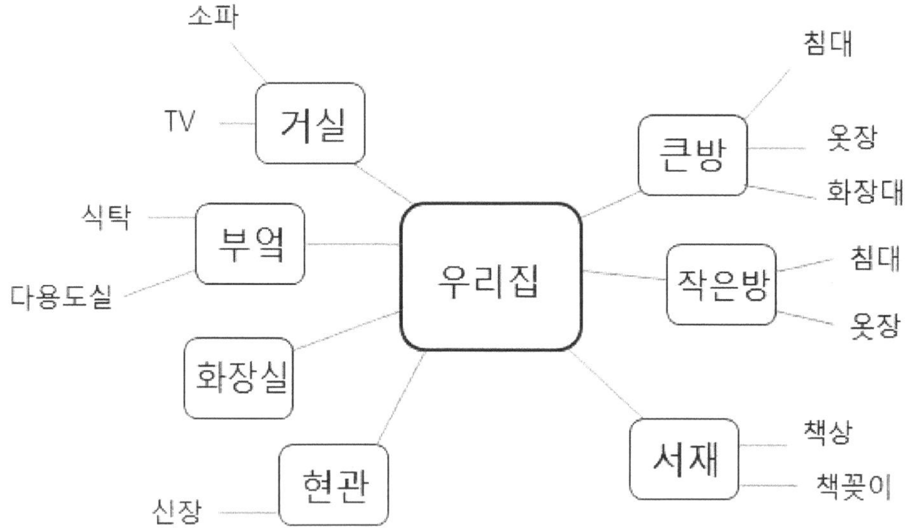

여기서 마인드 매핑 과정이 끝난 것이 아니다. 훌륭한 프레젠테이션을 하기 위해 필요한 핵심 아이디어를 미처 발견하지 못했을 수도 있다. 마치 탐험가가 손에 놓인 지도위에 자신이 발견한 강을 새로 그리는 것처럼, 발표할 아이디어에 살을 덧붙이는 과정을 계속해야 한다.

좀 더 전문적인 내용의 프레젠테이션이라고 하면 개념도(concept map)를 사용할 수도 있다. 프레젠테이션에서 다룰 내용을 개념 중심으로 나열하고, 개념과 개념과의 관계를 고려한 후에, 이 개념도를 근거로 요지를 개발할 수도 있다.

일단 프레젠테이션의 목표가 설정되었으면 이렇게 마인드 매핑이나 개념도를 이용하여 요지를 개발해 보도록 하자. 그동안 막연하게 느껴지던 것이 이제는 무엇인가 할 수 있을 것 같은 자신감이 생길 것이다. 그러나 한 가지 기억해두어야 할 것은 요지를 개발하기 전에 요지를 개발할 수 있는 최소한의 지식과 자료가 있어야 한다는 것이다.

Ⅲ 프레젠테이션의 본론개발

요지를 개발하였다면 그 요지를 뒷받침 할 수 있는 증거자료를 수집하여야 한다. 프레젠테이션의 본론은 요지, 세부내용(증거자료, Support material), 전이(transition, 넘어가는 말)로 구성된다. 이번 장에서는 어떤 증거자료를 어떻게 수집하여야 요지를 뒷받침 할 것인지를 학습한다. 아울러 하나의 요지에서 다음 요지로 넘어가는 말인 전이에 대해서 알아보도록 한다.

1. 본론으로 들어가자면

가. 세부 내용의 개발

일단 요지가 개발되고 요지를 배치하여 줄거리를 구성한 후에는 내용을 개발해야 한다. 그러면 얼마나 자세히 내용을 개발해야 하는 것일까? 세부내용은 구체적으로 개발할수록 좋다. 그 이유는 그렇게 함으로써 짜임새 있는 발표를 할 수 있고, 단어 하나하나를 낭비하지 않게 될 뿐만 아니라 시간을 엄수할 수 있는 하나의 잣대를 마련해주기 때문이다. 긴 내용을 줄이는 것이 짧은 내용을 늘리는 작업보다는 용이해서 내용을 개발할 때에는 조금 긴 듯해도 우선 충분히 개발하는 것이 바람직하다.

그러나 한 가지 명심해야 할 것은 요지가 확정되기 전에 세부 내용을 개발하지 말아야 한다. 왜냐하면 요지가 바뀔 때마다 내용을 다시 개발해야 하므로 시간 낭비가 될 수 있기 때문이다. 따라서 요지가 확정되어 변경되지 않으리라는 확신이 서기 전까지지는 세부 내용의 개발을 시작하지 않는 것이 바람직하다.

세부적으로 내용을 개발하기 위해서는 먼저 무엇부터 해야 할까? 세부 내용을 개발하기 위해서는 먼저 충분한 자료를 가지고 있어야 한다. 그렇다면 자료는 어디에서 구할 수 있을까? 다음과 같은 다양한 자원을 이용하여 자료를 확보할 수 있다.

- 내부 자원
- 외부 자원
- 개인적 자원

내부적인 자원으로는 회사나 기관의 자료, 즉 물품 설명서, 통계 자료, 뉴스레터, 여러 형태의 보고서 등을 들 수 있다. 외부적인 자원으로서는 전문 서적, 잡지, 학술지, 주간지, 일간지, 전산망을 통한 자료 등이 있다. 개인 적인 자료에는 개인이 소장하고 있는 자료뿐만 아니라 발표자 개인의 경험까지도 포함된다.

그러면 이러한 자원을 가지고 어떠한 것들을 찾아내야 내용 개발 시 도움이 될 것인가? 프레젠터는 프레젠테이션 하고자하는 주제와 관련된

- 예
- 비교
- 인용
- 연구결과
- 시청각 매체 등을 찾아야 한다

프레젠테이션을 할 때 예를 들어 준다는 것은 경험을 나눌 수 있기에 질적인 면에서 요지를 보충해 주는 역할을 해준다. 특정한 사람이나 구체적인 사건을 예로 들어 설명해 준다면 말한 요지가 실제로 있었던 사건이었다는 것을 확증해 줄 수 있어 거짓이 아님을 증명해 주고 또한 실감을 더해 줄 수 있다.

한편 비교는 제시한 내용을 명료화시켜 주거나 강조해 줄 수 있다. 비교를 하는 대상이 청중들이 잘 알고 있는 것이라면 이해에 도움이 되고 일단 이해가 되고 나

면 동의하기가 쉬워질 것이다. 실제로 비교를 해 줄 수 없다면 비유를 들어주는 것도 하나의 방법이 될 수 있다.

반면 인용을 하는 경우에는 대개 유명한 사람들이 과거에 한 이야기나 그들의 경험을 제시하여 전달하고자 하는 내용을 이해하는 데 도움을 줄 수 있다.

또한 프레젠터는 연구결과를 이용할 수도 있다. 연구에는 질적 연구와 양적 연구가 있으며 연구 결과는 요지를 뒷받침해 주는 데 매우 도움이 된다. 연구 결과나 통계 자료는 사실에 근거한 것으로 제시한 내용을 정당화하고 재확인시켜 주기 위하여 흔히 사용된다.

지금까지 소개한 것은 모두 언어로 전달되는 것이다. 그러나 우리는 시청각 자료 즉 시각 자료나 청각 자료를 사용할 수도 있다. 알맞은 시청각 자료는 프레젠테이션의 효과를 극대화할 수도 있다. 시각 자료에 관해서는 (비주얼 도안)에서 상세히 다루고자 한다.

이렇게 세부적으로 내용을 개발할 때에는 내부 자원, 외부 자원, 개인적 자원을 총동원하여 개발해야 한다. 다만 이때 주의할 사항은 균형과 조화이다. 즉 어떻게, 얼마만큼의 보충 자료를 사용할 것인가?

아무리 훌륭한 말을 인용한다 할지라도 너무 많이, 또는 지나치게 자주 인용한다면, 프레젠터 자신은 언제 자기의 말을 할 것인가 기다리게 되고, 자칫 전달해 줄 의견이 없어 다른 사람의 말만 인용하는 것 같은 인상을 줄 수도 있다. 따라서 세부적으로 내용을 개발할 때에는 어떠한 방법을 선택하든 균형 있고 조화롭게 사용해야 한다.

나. 전이(transition)

전이는 하나의 요지가 끝나갈 때 소개된 요지를 정리해 줌과 동시에 다음에 소개될 요지로 자연스럽게 안내해 주는 역할을 한다. 즉 프레젠테이션에 있어서 전이는 층계참과 같다. 층계에는 중간 중간 조금 넓은 층계참이 있어 가쁜 숨을 몰아쉬기도 하고 가던 방향이 바뀌기도 하듯이 발표에 있어서 전이란 이렇게 하나의 요지를 끝내고 다음 요지로 넘어가는 데 있어서 충계참의 구실을 해준다. 즉 하나의 요지를 끝내고 다음 요지로 넘어가는 데 원만한 연결을 해주는 역할을 하는 것이다. 따라서 전이는 대개 간략한 한 두 문장으로 서술되기도 하며, 요지의 마무리와 함께 새로운 요지에 대한 관심을 유발할 수 있는 문장으로 이어지기도 한다. 몇 가지 예를 들면 다음과 같다.

"지금까지 우리는 학원 폭력의 사례를 살펴보았습니다. 이러한 사례를 염두에 두고, 왜 이러한 일이 일어나는지 그 원인을 규명해보기로 합시다."

"지금까지 저는 우리가 왜 이 작업을 추진해야 하는 지 그 첫 번째 이유를 말했습니다. 그러나 또 다른 이유가 있습니다. 그것이 바로 ..."

이렇게 이야기할 때 청중은 지금까지 들은 것을 기본으로 앞으로 전개될 이야기를 경청할 마음의 자세를 갖추게 된다.

2. 증거자료를 수집하라.

만약 모든 이야기가 중요한 주요 메시지로만 구성되어 있다면 발표는 3분 안에 짧게 끝날 것이다. 하지만 자료를 뒷받침하는 증거가 없으면 주요 메시지는 마치 사상누각(沙上樓閣; 모래 위에 지은 누각)과 같은 것이다. 그것은 단순히 프레젠터의 의견일 뿐이지 그 이상의 것은 될 수 없다. 훌륭한 증거자료의 요건은 다음과 같다.

▌ 훌륭한 증거자료의 요건

- 주요 메시지에 입각하여 체계적인 골격을 갖는다.
- 논리적으로 당신의 견해를 뒷받침한다.
- 주제에 대해 충분히 검토했다는 것을 입증한다.
- 발표하는 자료에 대한 권위를 가진 전문적인 식견

증거는 프레젠테이션에서 필수적인 요소이다. 강력한 증거를 수집하기 전에 다음과 같은 몇 가지 선행 작업이 필요하다

3. 어떤 자료를 사용하여야 하나 : 화제의 선택

가. 화제는 많을수록 좋다

화제를 어떻게 고르느냐로 이야기의 성패가 갈린다고 할 수 있다. 화제는 이야기의 중심을 이루므로 이것이 신통치 않으면, 아무리 다른 준비가 착실하더라도 시간과 정력만 소모할 뿐 효과는 거두지 못한다. 화제가 많고 재미있으면 그 사람은 어디에 가더라도 환영받는다. 화제는 이야기할 때의 소재이고, 이야기 내용과 관계가 있는 주제라고 해도 좋다. 이야기의 타이틀은 흔히 캐치프레이즈로 이것은 이야기의 준비가 모두 끝난 다음에 생각해도 좋다. 그러나 화제는 이야기의 내용이므로 처음부터 미리 정해야 한다.

그럼 좋은 화제를 선택하는 기준에 대해 알아보자.

1) 자신이 흥미를 갖는 것

약간의 지식이 있고 조금만 생각하면 곧 자기 것이 될 수 있는 것이어야 한다. 프레젠터는 자기가 선택한 화제에 관해서는 청중의 어느 누구보다도 더 잘 알고 있어야 한다. 프레젠터는 완벽하게 화제를 준비하지 않으면 자신도 용기가 생기지 않는다. 거기에 자신의 흥미가 있는 것이면 자연히 열의도 생긴다. 지식이 풍부하면 풍부할수록 이야기는 명확해지고 프레젠터도 여유가 생긴다.

2) 청중에게 흥미 있는 것

청중의 요구에 답하는 것이므로 청중이 친근감을 갖고 자연히 잘 들어줄 것이라야 한다. 시사적이거나 역사적인 것 또는 젊은이들이면 젊은이들에 맞는 관심이 높은 것 중에서 찾도록 한다.

3) 청중에게 적절한 것

청중에게 알기 쉽고 구체적이며 분명한 인상을 줄 수 있는 것이어야 한다. '이야기한다는 것은 말로 그림을 그리는 것' 이라고 했듯이, 청중의 마음속에 그림을 그려주듯, 청중이 조금도 지루하지 않는 구체적이고 쉬운 것으로 골라야 한다.

4) 주어진 시간 내에 말할 수 있는 것

5분 정도의 프레젠테이션에서 '정의란 무엇인가?', '평화란 무엇인가?' 와 같은 추상적 화제를 고르면, 막연한 이야기가 되어서 청중의 흥미를 끌지 못한다. 그러므로 짧은 시간의 화제는 언제나 간단명료한 한 가지의 아이디어로 하는 것이 가장 효과적이다.

훌륭한 이야기는 훌륭한 사진과 같은 것이다. 그러므로 훌륭한 제재(題材)를 다루고 여러 가지 조건을 고려하여 목적 달성에 노력하는 것이 전제조건이다.

나. 가장 이상적인 화제

그러나 이상 다섯 가지 점에 대해 구체적인 예를 들어 본다. 미국에 유학한 경험이 있는 어느 사람이, 고등학교 때의 동창이 개최하는 미국 유학을 떠나는 한 동창을 위한 환송회에서 유학 생활의 이모저모를 선배로서 연설을 하게 되었다. 회의장은 한식점이고, 그는 모임의 시작에서 인사를 하게 된 것이다. 이 외부적 조건을 살핀 다음 사람들은 대체 어떤 것을 들으려고 하는 가를 알아보기로 한다.

먼저 기본적으로 사람은 어떤 화제에 흥미를 갖는가를 생각해보자.

1) 지식욕을 만족시키는 화제

사람은 알지 못하는 것을 알고자 한다. 미지의 세계는 매혹적이다. 새로운 뉴스 등의 신선한 화제는 사람의 마음을 끈다.

2) 호기심을 자극하는 화제

놀라운 사실을 처음 들을 때는 누구나 흥미를 갖는다. 이를테면 정계의 야화, 연예계의 가십(gossip) 등은 누구라도 호기심을 갖는 화제이다. 또 누구도 알지 못하는 화제는 언제나 신선하다. 그리고 사람이 가장 흥미를 갖는 것은 사람에 관한 이야기이다. 놀라운 경치를 말하거나 역사적인 사건을 말할 때도, 사람과 관련을 지어 이야기하면 효과적이다.

3) 행동을 일으키는 계기가 되는 화제

길을 잃었을 때 행동 방향을 암시해 주는 듯한 화제는 날개가 돋친다. 내일 여행을 떠난다면 내일의 일기예보는 꼭 듣고 싶어진다.

4) 자기 이해에 직접 관계있는 화제

주식에 투자하는 사람은 주식 시세에 관한 이야기에 대단히 민감하다. 이익이 되는 것, 손해를 보는 것 등 자기 이해에 관계되는 화제에는 어떤 사람도 관심을 집중한다.

5) 우월감을 만족시키는 화제

누구나 자기를 인정받고자 하는 욕구를 가지고 있다. 칭찬해서 욕먹는 일이 없는 것도 이 때문이다.

어째서 사람들은 유행을 좇는 데 빠른가. 그것은 나를 남에게 더 잘 보이기 위해서이다. 새로운 아이디어를 자랑하고 싶고, 돈 있는 것을 뽐내고 싶고, 사람의 눈에 띄게 하고 싶은 욕망의 잠재력은 누구에게나 강하게 작용한다. 때문에 자존심을 불러일으키는 듯한 화제는 크게 흥미를 끈다.

이상 여러 화제 중에서, 청중이 듣고자 하는 것이 어떤 것인지 모른다. 유학에 관한 지식일 지도 모르고, 유학 중의 경험담일지도 모른다. 반드시 새로운 화제가 아니라도 좋다. 묵은 자료라도 새롭게 빛을 받으면 충분히 새로운 이야기가 된다.

4. 자료수집 방법

가. 꾸준한 준비가 필요하다.

말을 훌륭하게 잘하려면 "로마는 하루아침에 이루어진 것이 아니다." 라는 격언처럼 끊임없는 준비가 필요하다. 이야기의 자료를 모으려면 착실한 준비가 필요한데, 실제로 실행하기는 어렵다. 항상 관심을 가지면서 자료를 모으는 편이 효과적이다. 화제를 구체적으로 전개하기 위해 쓰이는 소재가 이야기의 자료이며, 구체적인 내용이 된다.

이야기 자료를 고를 때는 갑자기 필요에 의해 급히 자료를 모아 뽑는 경우와 미리 모아 둔 자료를 정리해서 여기서 필요한 자료를 정리하여 고르는 경우가 있다.

아무리 급한 경우의 이야기라도 자기와 관계가 없는 것에서 이야기를 정리하는 경우는 거의 없다. 보통 자기와 관계가 없거나 인연이 없는 화제에 대해서는 이야기하지 않는 편이 자연스럽다. 따라서 우리는 자기와 관계있는 화제에 대해, 특히 자기의 전공분야나 흥미를 갖고 있는 화제에 대해 자료를 모으는 편이 쉽다.

자기에게 관계있는 화제나 자기가 특히 흥미를 가지고 있는 화제라면 언제나 주의를 끌 수 있다. 그때그때 조금만 수고한다면 그 화제에 관계있는 자료를 보존할 수 있다. 이 정도의 준비라면 누구라도 할 수 있는 것이다.

이야기의 자료는 어디서나 찾을 수 있으므로 흔히 이야기의 자료를 모으는 일을 가볍게 여기기 쉽다. 중요한 것은 이야기의 좋은 자료가 있을 법한 소스(source)를 분명히 알아 놓고 여기서부터 어떤 종류의 자료를 모으는 것이다.

이야기의 자료는 청중의 반응에 따라 다르다. 각각 이야기의 목적이 다르면 청중의 반응도 다른 것이므로, 청중의 어떤 반응에 적합한 자료인지를 미리 염두에 두고 자료를 모으고 선택해야 한다.

이야기의 자료를 선택할 때는 이야기 자료의 소스에 대해 분명히 알아 놓는 것이 좋다. 소스는 이야기의 자료가 집약되어 있는 것을 말한다. 이야기 자료의 소스는 그 수가 많은데, 대개 5가지로 나눌 수 있다. 자기의 체험, 남의 경험, 본 것, 읽은 것, 그리고 생각하는 것 등이다.

좋은 자료는 어디에나 널리 있는 것이 아니며, 또 불필요한 자료는 아무리 많이 모아도 청중을 설득할 수 없다. 좋은 자료를 모으려면 능력과 인내와 시간이 필요하다. 생각나는 대로 자료를 뽑기는 어려운 일이다. 그러므로 자기 힘으로 적극적으로 모으는 것이 곧 자료를 모으는 비결이다.

나. 자료 수집은 가까운 데서 하자

1) 자기의 체험에서

주제가 정해지고 화제가 정해지면 생각나는 모든 것을 차례차례 적는다. 자기가 체험한 것, 알고 있는 것을 이것저것 생각하면서 적는다. 직접 주제와 관계없는 것은 필요하지 않지만, 체험한 것은 어떤 이야기일지라도 실감과 열의가 생기는 것이다.

2) 남의 체험에서

남의 체험을 들으려면 먼저 질문에 의한 방법이 있다. 미리 자기의 질문을 정리하고 여러 항목으로 나누어 요령 있게 질문하지 않으면 바쁜 상대에게 실례가 되고, 때로는 짜증을 내게 할 수도 있다. 질문하는 방법은 좋은 정보를 얻느냐 못 얻느냐의 관건이다. 면접에 앞서서 어떻게 질문할 것인가를 주의 깊게 준비해야 한다.

처칠(Winston L. S. Churchill, 1874~1965)은 의회에서 연설하기에 앞서, 되도록 여러 사람들을 만나 여러 가지 이야기를 나누고 검토를 되풀이해서, 미리 써놓은 원고라도 때로는 전부 다시 썼다고 한다.

또 편지로 질문하는 방법도 있다. 그러나 이것은 시간이 걸리고, 간결하고 요령 있게 질문하지 못하는 결점이 있다.

면접이나 단순한 대화, 그리고 편지로 묻는 질문이라도 남에게 어떤 사실을 듣는다는 것은 대단히 효과적인 방법이다.

3) 본 것에서

어떤 현상을 시간을 들여 잘 관찰해서 보는 것은 좋은 자료를 모으는 효과적인 방법이다. 실제로 본 사람과 보지 못한 사람의 이야기는 그 표현의 박력에서 크게 다르다. 특히 자연과학 계통의 사람은 대개 관찰로써 과학적 화제를 많이 모을 수 있다.

또 신문기자는 사건의 현장을 목격하면서 취재하므로 기자들 자신이 라디오나 텔레비전에 나오는 것도 일리가 있다.

직접 현장을 목격해서 얻은 자료는 박력 있고 생생한 것이어서 시청자들의 호기심이나 관심에 어필하기 쉽다.

4) 읽은 것에서

남에게 들은 것, 체험한 것은 어디까지나 한정된 범위의 지식이므로, 좀 더 전체적으로 알려면 문헌에 의존할 수밖에 없다. 자료의 가장 좋은 창고는 역시 문헌이다, 그러나 읽는다고 해도 조직적이고 체계적으로 읽지 않으면 시간만 소비하고 단편적 지식밖에 얻지 못한다.

도서관이나 Web을 자주 이용하고 필요한 지식을 얻도록 하면 좋다. 읽기도 말하기와 마찬가지로 세 가지의 목적이 있다. 즉 정보를 얻기 위한 경우, 즐기기 위한 경우, 그리고 이해하기 위한 경우이다.

정보를 얻고자 하는 경우는 깊이 이해하는 것보다는 올바른 정보를 이해해야 한다. 즐기기 위해 읽을 때는 빠르게 읽어나가는 편이 재미있다. 그러나 이해하기 위해 읽을 때는 정독하지 않으면 안 된다. 어느 경우라도 중심이 되는 사상을 파악하도록 노력해야 한다.

5) 생각하는 것에서

많은 자료를 모아도, 그 자료가 어느 정도 가치가 있는 것인지를 생각해야 한다. 생각함으로써 그것들은 비로소 자기 것이 되는 것이다. 링컨이 "몇몇 사람을 계속 속이는 것과 전체의 사람을 어느 기간 속이는 것은 가능해도, 전체의 사람을 계속 속일 수는 없다." 고 말한 것처럼, 자료는 신뢰를 얻을 수 있는 확실한 것으로 선택해야 한다.

확실하고 신뢰받을 수 있는 자료를 수집하여 조직적으로 순서를 잘 구성하려면 숙달과 훈련이 필요하다.

다. 자료는 새로운 것일수록 좋다

새로운 자료라고 하면 결국 청중의 주의를 끄는 자료일 것이다. 청중의 주의를 끄는 것으로는 우선 진행 중이거나 어떤 변화에 대한 것이 있다.

가령 여성을 상대로 하는 프레젠테이션에서 어떤 유행을 말하는 경우라면, 의상 패션을 화제로 하여 '미니스커트'의 변모를 자료로 삼으면 효과적일 것이다. 즉 무릎에서 더 높이 올라가는 경향에서 지금은 내려가는 유행이라든가 하는 자료는 여성 청중이면 일단 귀를 기울여 들을 만한 자료가 될 수 있다.

다음은 구체적 자료여야 한다. 추상적이고 막연한 자료는 청중을 지루하게 만든다. "나도 누구한테 들은 이야긴데..." 하는 식의 자료는 청중에게 신빙성을 주지 못할뿐더러 별 흥미를 느끼지 못하게 한다.

회사원들의 대화에서 흔히 보너스 문제가 제기되면, 각각 구구한 억측과 근거 없는 추상적 화제가 오가는 수가 많다. 이때, 이번 보너스는 '150%인데, 이 달 30일에 준다.'고 하면 동료사원에게도 관심이 크려니와, 구체적으로 신빙성 있는 자료에 흡족할 것이다. 여기에 덧붙일 것은, 이와 같은 생활에 밀접한 자료, 이를테면 의식주 등의 일상생활에 관계된 새로운 정보는 청중의 주의를 끄는 자료가 된다.

'초여름의 쌀값이 올해는 어떻게 전망되느냐?'는 것이나 '변두리 땅값이나 집값의 시세 변동은 어떨까?' 하는 것, 그리고 '양복은 시장에서 양복지를 싸게 사서 일류 양복점에서 맞춰 입으면 값이 싸고 잘 만들어 입을 수 있다.'는 구체적인 예 등은 청중이 듣고자 하는 좋은 이야기 자료이다.

그리고 아직까지 알려지지 않은 새로운 사실도 좋은 자료이다. 청중의 호기심과 주의를 불러일으키는 서스펜스로 청중의 흥미를 크게 끌 수가 있다.

또 어떤 극적인 클라이맥스가 들어가는 자료나 유머러스한 자료 또는 인간적 욕구에 호소하는 자료 등은, 먼저 말하는 프레젠터 자신이 잘 납득하고 이해한 것이어야 한다. 이것을 곧 말하려는 논점의 자료로 쓸 수 있다. 어려운 화제라도, 그 자료에 의해 이야기는 활기를 띠고 재미있게 할 수 있다. 생생하고 유익한 자료를 뽑기 위해 늘 머리를 써야 한다.

'1960년대에 작고한 전영택 목사님은 훌륭한 소설가였다. 그의 작품은 그 인간성의 깊이와 감동과 향기를 짐작하게 한다.'

위와 같은 논점이 있다고 할 때, 이것만으로는 어째서 훌륭하다는 것인지 알 수가 없다. 말은 글과는 달라서, 프레젠터가 한번 한 말은 그것으로 끝난다. 그러므로 말할 때는 청중이 잘 이해할 수 있도록 연구하는 노력이 필요하다. 그 주된 구실을 하는 것이 논점을 지지하는 자료를 수집하는 일이다.

1) 설명

주요 논점으로 쓰이는 말은, 그것을 명확하게 정의하거나 설명을 덧붙여야 한다. 이야기의 내용 가운데 자기가 어떤 의미로 쓰고 있는가를 분명히 한다. 이를테면 '인간성의 깊이' 라고 할 때의 깊이란 어떤 것이라는 사실을 구체적으로 설명하는 것이다.

또 일반적으로 쓰이는 용어는 여러 가지 듯으로 해석될 염려가 있으므로, 자기는 어떤 의미로 쓰고 있다는 것을 상세히 설명해야 한다.

2) 사실

이것은 가장 힘 있는 자료이다. 사실을 공평한 입장에서 자료로 다루는 것은 매우 어렵다. 사실은 프레젠터의 지성과 교양 정도를 나타낸다. 하지만 무엇보다도 확실한 사실은 논점을 힘 있게 지지해 준다. 앞의 논점과 비교하여 다음의 논점을 보자.

> "전영택 옹은 「흰닭」이라는 단편을 남겼습니다. 전 옹은 닭을 잡는 일이 끔찍스러웠던 모양입니다. 「흰닭」에서 전 옹은, '그래, 다시는 이 일을 아니하겠다.' 고 생각한 일이 있었다고 썼습니다. 얼마나 깊은 전 옹의 인간성입니까?"

사실을 말할 때, 내용의 명확성을 보이는 두 가지 방법이 있다. 하나는 숫자를 쓰는 것이다.

'최근에 갑자기 자가용이 늘고 있다.'

위와 같이 말하기 보다는 구체적인 숫자로 나타내는 것이 청중의 머릿속에 확실히 들어간다. 다만 지나치게 숫자를 나열하면 청중에게 지루한 느낌을 줄 수도 있다.

또 하나는 통계이다. 이것은 빈도수·비율·크기 같은 것을 나타낼 때, 아래의 예를 보자.

① '5년 후면 많은 사람이 자가용을 갖게 될 것이다.'
② '5년 후에는 자가용이 다섯 사람에 한 대 꼴로 늘어날 것이다.'

①보다는 ②라고 하는 편이 훨씬 더 구체적이다. 통계를 쓸 때는 꼭 신빙성 있는 출처를 밝히는 것이 더욱 바람직하다.

3) 예화

링컨의 연설은 사람의 마음을 움직인 것으로 유명했다. 언젠가 그는 "사람들은 내 이야기를 좋다고 하지만, 그것은 내가 예화를 많이 들기 때문일 것이다. 예화는 사람 사람에게 가장 이해하기 쉬운 것이기 때문이다."라고 말했다고 한다.

논점을 지지하는 자료로서 '이런 이야기가 있습니다마는...' 하고, 정말 있었던 이야기, 곧 실화나 만든 이야기를 써서 예증을 한다면 한층 효과가 있다.

4) 실례

이것은 예화를 줄인 짤막한 것으로, 예화가 상세한 내용으로 엮어진 것이라면, 실례는 간단히 어떤 본보기만을 지적하는 것이다.

5) 증언

프레젠터 개인의 의견보다도, 권위자인 어느 분의 의견이 어떻다고 말할 때 청중에게 쉽게 받아들여진다. 격언이나 속담을 인용하든지, 저명한 분의 말을 인용하면 내용에 따라 이야기가 보다 생생해진다. 특히 이야기의 처음이나 끝에 이와 같은 자료의 인용을 쓴다면 효과가 오를 뿐만 아니라 청중에게 좋은 여운을 남길 수 있는 것이다.

> "나는 그 당시에 가장 인기 높았던 군가의 후렴을 아직까지 기억하고 있는데, 그것은 가장 자랑스럽게도 '노병은 결코 죽지 않는다. 그들은 오직 사라질 뿐' 이라는 노래였던 것입니다. 이 군가의 노병처럼 나는 나의 군인생활의 막을 내리고 사라지려고 합니다. 하나님의 광명을 빌려 주시어 시무하도록 분부하신 그대로, 직무에 최선의 노력을 다해온 한 노병으로 사라지는 것을 무한의 영광으로 자부하는 바입니다."

맥아더(Douglas Macarthur, 1880~1964) 장군의 퇴역 인사말의 끝부분이다. "노병은 죽지 않는다. 그들은 오직 사라질 뿐." 이라는 의지와 신념에 넘치는 이 명구는 아직도 많은 사람들에게 자주 인용되고 있다.

6) 반복

앞서 말한 것처럼, 말하는 것은 문장과는 달라서 다시 한번 읽어 볼 수가 없으므로, 프레젠터는 중요한 부분을 반복할 필요가 있다. 그러나 되풀이한다고 해도 같은 의미의 다른 말을 골라 적절히 반복하면 아주 좋다.

7) 묘사

그리듯이 말을 잘하면 청중을 저절로 이야기에 끌어들이게 된다. 그러나 싫증이 나지 않도록 하고, 지나친 묘사는 피해야 한다.

8) 이야기

이솝 우화나 옛날 이야기, 또는 소설의 줄거리, 그 밖의 이야기를 포함한다. 이런 자료는 청중을 웃기고 울리는, 마음 조이게 할 수 있는 자료이다. 그러나 이것은 누구나 쓸 수 있는 것은 아니다.

9) 시각자료

도표·그래프·지도·도해·그림 등, 시각자료를 써서 말에 활력을 주는 것이다. 특히 브리핑을 할 때 차트를 만드는 것도 시각 자료이다. 이밖에 슬라이드나 영사기도 쓰인다.

(키 포인트) 증거자료를 통합하기 위한 지침

- 요지를 위한 증거를 정렬하라.
- 요지와 직접적으로 연관되지 않는 증거들은 모두 버려라.
- 적어도 두 개 이상의 증거를 갖지 못하는 요지를 위하여 추가적인 증거를 수집하라.
- 필요하다면 요지를 분할하라.
- 증거가 느낌, 관찰, 사고, 행동을 설명하는지 증거에 이름표를 달아라.
- 청중에게 타당성을 제공할 수 있는 각 증거에 이름표를 달아라.
- 요지의 타당성이 부족하다면 추가적인 증거를 수집하라.

Ⅳ 프레젠테이션의 서론. 본론개발

세부 내용과 전이의 개발이 끝난 다음에는 개요와 요약을 준비해야 한다. 이는 방송될 연속극의 녹화를 마친 다음에 그 장면 중에서 예고편을 만드는 연속 방송극이나, 취재를 하고 기사를 대충 쓴 후에 머리기사를 작성하는 신문기사와 같다.

개요와 요약을 집에 비유한다면 개요는 창문과 같은 것이어서 너무 크면 문이 되고 너무 작으면 단순한 구멍이 되어 들여다보기가 힘들어진다. 요약은 다락방과 같은 것이어서 지금까지 해온 것을 간단히 정리해 주지만, 다락방에는 전에 쓰던 좋은 물건들이 즐비하듯이 앞으로 유용하게 쓰일 정보로 확실한 자리매김을 해줄 수 있어야 한다.

시작하는 말은 개요의 시작이며, 끝맺는 말은 요약의 제일 마지막에 하는 말이다. 프레젠테이션을 할 때 제일 처음 하는 말이 바로 시작하는 말이며, 프레젠테이션을 마치면서 제일 마지막에 하는 말이 끝맺는 말이다. 시작하는 말을 첫인상이라고 한다면 끝맺는 말은 마지막으로 남겨지는 인상이 된다. 그러므로 시작하는 말은 개요에서 추려지게 되고 끝맺는 말은 요약에서 추려지게 된다.

1. 서론을 작성하라.

가장 최근에 했던 비행기 여행을 생각해보자. 비행이 시작된 후 몇 분 동안 여승무원이 안전 수칙에 대해 설명할 때 여러분은 무엇을 하는가? 보통의 경우는 귀를 막고 생각을 차단하고 잠을 청한다. 프레젠테이션도 그와 똑같다. 서론은 자장가이다. 그런데 비행기의 기장이 다음과 같은 방송을 한다면 어떻게 되겠는가?

"승객 여러분, 지금 비행기의 우측 창으로 밖을 보시면 4번 엔진에 화재가 발생했음을 알게 되실 겁니다." 승객들은 금방 제정신이 들 것이다. 아마도 모든 승객들이 저마다 소리를 지르면서 무슨 일이냐고 한마디씩 질문을 던질 것이다.

서론은 바로 그래야 한다. 서론은 청중의 가슴에 불을 지펴야 하고, 그 자리에 앉아 있으려는 요구를 자극해야 하고, 다음에 계속될 내용을 예상하게 만들어야 한다. 서론의 가장 큰 역할은 청중의 관심을 유도하고 동기를 부여하는 것이다. 이를 위하여 프레젠테이션의 주제를 제시하고 진행될 내용이 청중에게 얼마나 중요한가를 알려준다. 서론에서는 또한 청중에게 어떠한 수순에 따라 목적지에 도착할 것인지를 설명해야 한다. 여기에서는 본론의 큰 항목 3가지를 제시함으로써 청중들이 프레젠테이션의 전체 모습을 파악할 수 있게 한다. 서론은 크게 개요와 시작하는 말로 구분할 수 있다.

▌ 서론의 4가지 역할

① 청중의 주의를 환기시킨다.
② 주제를 제시한다.
③ 주제의 중요성을 알린다.
④ 프레젠테이션의 톤을 결정한다.

프레젠테이션의 내용을 소개하는 서론을 개발할 때 젤라즈니는 PIP공식을 사용할 것을 권장하였다. 아래의 목적, 중요도, 개요는 프레젠터가 그 순서를 편하게 구성할 수 있다.

- P(purpose 목적) : 당신은 왜 이 프레젠테이션을 준비했는가? 우리는 왜 이곳에 왔는가? 프레젠테이션이 끝났을 때에는 어떤 성공을 기대할 수 있는가?
- I(Importance 중요도) : 오늘 우리가 그 목적을 달성하는 것은 왜 중요한가? 이 프레젠테이션은 당면한 문제와 무슨 관계가 있는가? 그것은 어느 정도 긴급한 문제인가?
- P(preview 개요) : 우리에게 프레젠테이션의 구성과 실시간의 상황을 미리 예측할 수 있는 눈이 있다면, 우리는 프레젠테이션을 하는 동안 진행에 신경쓰지 않고 내용에 집중할 수 있다.

PIP 서론을 구성할 때에는, 청중들이 당신의 프레젠테이션을 들으러 왔지만 마음속으로는 저마다 중요한 문제를 생각하고 있다는 사실을 기억해야 한다. 따라서 서론을 통해서 청중의 주의력을 프레젠테이션 내용 쪽으로 끌어당길 수 있어야 한다. 청중들이 프레젠테이션에 들이는 시간과 주의력을 아깝지 않게 느끼도록 만들어야 한다.

사전에 서론을 종이 위에 써보면서 프레젠테이션의 순서와 어조의 강약을 확인해 보는 것도 좋은 생각이다.

가. 개요(preview)

개요란 영화나 텔레비전 연속극의 예고편과 같이 호기심을 불러일으킬 수 있어야 한다. 개요가 앞으로 하고자 하는 이야기를 예고해주는 것이라면 본론에서는 이야기하겠다고 한 것을 전해주어야 하고, 요약에서는 이미 한 이야기 중에서 요지를 간추려 정리하면 된다.

이를 시간적으로 구분해 보면 개요는 미래가 되며, 본론은 현재, 그리고 요약은 과거가 되며 프레젠테이션의 끝 부분에 해당하는 것으로 이 프레젠테이션을 다 듣고 발표장을 떠나는 청중들이 반드시 기억해주었으면 하는 사항을 중심으로 정리하면 된다.

나. 시작하는 말(opener)

그러면 어떠한 말로 프레젠테이션을 시작할 것인가? 미국의 전 대통령 부시(George, H. W. Bush)의 미디어와 연설 자문 위원인 아이리스(Roger Ailes)는 프레젠테이션은 처음 7초가 가장 중요하다고 하였다. 즉 7초 동안의 말은 발표의 제목이 아니며 앞으로 제시하고자 하는 내용에 관심을 갖도록 유도하는 말이다.

프레젠테이션 초반에 청중의 주목을 끌고 신뢰를 확립하는 것은 프레젠테이션의 성패를 좌우하는 중요한 출발점이다. 청중의 흥미를 끌기 위해서는 단지 호기심을 유발하는 이야기보다는 청중과 관련성 있는 이야기, 청중의 지지를 얻을 수 있는 이야기, 청중이 가장 바라는 결과(MDR, Most Desired Result)를 이야기해야 한다. 따라서 시작하는 말은 프레젠터 자신을 청중의 입장에 놓고 준비해야 한다.

청중은 프레젠터가 청중이 처한 상황에 관심을 갖고 있는지 궁금해 하고, 프레젠터가 전문가인지 알고 싶어하며, 프레젠터가 들어볼 만한 이야기를 할 수 있는 사람인지 판단하려 한다. 그러므로 프레젠터는 청중이 처한 상황에 관심이 있거나 유사한 경험이 있다는 것을 알려줄 필요가 있으며, 이 주제에 대해 얼마나 알고 있는지를 암시해 주어야 한다. 다시 말해서 프레젠터는 처음 몇 마디에서 프레젠터와 청중이 일체가 될 수 있는 말을 해야 한다. 청중의 관심을 끌 수 있는 말이란 쉽게 찾아질 수 없으며 다각적으로 생각하며 많은 노력과 시간을 기울여야 한다. 그러면 어떠한 말로 시작해야 청중에게 좋은 인상을 줄 수 있을까? 시작하는 말에는 다음과 같은 유형이 있다.

▌ 시작하는 말의 유형

- 권위자의 말 인용
- 수사학적인 질문 제기
- 단언적인 표현
- 시나리오의 제기
- 일화의 제시
- 유머
- 충격적인 이야기 제시
- 사건 제시
- 경험담 제시

신뢰성을 위해 유명인사의 말을 인용, 누구나 알고 있는 소설, 시 등의 인용도 효과적이다. 권위자의 말을 인용할 때에는 청중과 관련된 분야에 있는 권위자의 말을 인용하는 것이 효과적이고, 청중이 다 아는 그러한 사람의 말을 인용하는 것이 좋다. 만일 사람들에게 잘 알려지지 않은 사람일 경우에는 그 말을 한 사람의 이름과 기관 또는 그 사람이 하는 일을 소개함으로써 권위 있는 사람의 말이라는 점을 인식시켜 주어야 한다.

수사학적인 질문을 제기하는 방법으로는 "사람들이 가장 두려워하는 것이 무엇이겠습니까? 죽음? 실직? 암에 걸리는 것? 아닙니다. 사람들은 프레젠테이션을 가장 두려워한다고 합니다. 그런데 지금 우리는 우리들이 가장 두려워하는 프레젠테이션에 대해서 알고자 여기에 이렇게 모였습니다. 여러분, 긴장되지 않습니까?" 이러한 질문을 던짐으로써 청중의 관심을 끌 수가 있다. 이러한 질문을 받은 사람들은 '나만 프레젠테이션 하기를 두려워하는 것이 아니구나. 정말 두려움이 극복되어 프레젠테이션을 잘 할 수 있을까?' 라고 자기 자신에게 반문하게 되고 어떻게 하면 두려움을 극복할 수 있을까 궁금한 나머지 프레젠테이션에 관심을 가지게 된다. 수사학적인 질문은 답을 요구한다기보다는 청중들에게 생각해 볼 수 있는 기회를 주는 것이다. 하지만 이 질문에 대해서 프레젠테이션을 하는 동안 반드시 답을 주어야 한다. 그렇지 않다면 청중들이 불안해 할 수 있다. 질문 뒤에 약간의 간격을 가지고 대답을 주는 것도 효과적이다.

단언적인 표현이란 예를 들어 "요즈음과 같은 세상에서 프레젠테이션이 매우 중요합니다. 왜냐하면 자기가 알고 있는 것을 효과적으로 전달하는 것이 중요하기 때문입니다. 싫거나 좋거나 앞으로 사회에서는 프레젠테이션을 하는 기회가 더욱 더 증가할 것입니다. 따라서 프레젠테이션을 잘하는 사람에게는 그만큼 좋은 기회가 더 많이 주어질 것입니다. 그러므로 여러분은 프레젠테이션을 잘 할 수 있는 기술과 지식을 습득해야 합니다."와 같이 표현하는 것이다.

또는 하나의 장면이나 사건을 시나리오로 제시함으로써 청중의 관심을 끌 수 있다. "한번 상상해봅시다. 4년 동안 열심히 공부를 하고 취업을 하고자 원서를 냈습니다. 1차, 2차 시험에 합격을 했으며 이제 최종 면접을 보게 되었습니다. 최종 면접시험까지 올라온 사람은 모두 다섯 명입니다. 이중에서 한 명만 채용될 것입니다. 당신은 여러 명의 이사 앞에서 프레젠테이션을 하게 되었습니다. 어떻게 프레젠테이션을 해야 합격이 되겠습니까? 바로 이 연수가 당신을 도와줄 수 있을 것입니다."

라고 한다면 긴박하고 절실한 상황이 그림을 보듯 눈앞에 펼쳐지고 청중은 모두 '자신' 의 일로 여겨져 관심을 갖게 될 것이다. 또한 발표자의 경험과 관련된 일화를 들려주어 청중의 관심을 끌 수 있다. 청중은 재미있게 전개되는 이야기에 빠져 마치 자기 자신이 프레젠터가 된 듯 몰입하게 된다.

유머로 시작할 수도 있다. 유머는 청중의 호감을 이끌어 낼 수가 있고 긴장을 풀어줄 수 있다. 하지만 유머를 사용할 때는 청중의 성격과 그곳의 분위기, 주제와의 관련성 등을 고려해야한다. 프레젠터가 하는 농담이나 우스갯소리를 이미 알고 있는 청중이 있을 수 있을 뿐만 아니라, 업무 중이나 전문인들의 모임에서 농담을 한다는 것은 어색할 수가 있기 때문이다. 또한 농담이나 우스갯소리를 했을 때 웃는 사람이 없다면 프레젠터와 청중 모두가 민망스러워질 수 가 있다.

청중의 관심을 유도하기 위하여 충격적인 사건이나 상상을 초월한 이야기로 시작할 수 있다. 이러한 이야기는 청중들의 상식을 뛰어넘는 이야기 일수록 효과적이다. 하지만 주제와의 관련성이나 이야기를 확실히 뒷받침할만한 증거를 제시하지 못한다면 역효과가 날 수 있다.

사건을 이야기 한다. 주제와 관련이 있는 과거의 사건이나 돌발사건, 사례를 얘기한다. 이것은 청중에게 구체적인 이미지를 갖게 하고 흥미를 지속시킬 수 있다.

또는 개인의 경험담, 자신의 실패담 등을 얘기함으로써 청중과의 관계를 유연하게 하고 프레젠터와 청중간의 상호일체감을 형성 할 수 있다.

이러한 다양한 유형 중 어느 것을 선택하느냐는 프레젠터 자신에게 가장 편안한 유형이 어느 것이냐에 달려 있다. 아무리 좋은 유형일지라도 프레젠터에게 맞지 않는 유형이라면, 프레젠터 자신이 어색해 한다면 택하지 않는 것이 바람직하다. 기억에 남을 인상적인 말로 프레젠테이션을 시작하는 것은 바람직한 일이지만 적어도 처음 시작하는 말을 잘 못해서 프레젠테이션 본론이 시작되기도 전에 청중이 등을 돌리는 일은 없어야 할 것이다. 따라서 시작하는 말을 준비할 때는 다음과 같은 점을 유의해야 한다.

▌ 시작하는 말을 준비할 때 피해야 할 점

- 인종, 성별, 피부색 또는 지역감정을 유발할 수 있는 이야기는 삼간다.
- 마지못해 억지로 프레젠테이션을 하게 되었다는 말을 하지 않는다.
- 주최나 후원을 하는 기관의 명칭이나 사람의 이름을 잘못 말하는 일이 없도록 한다.
- 프레젠테이션 전에 식사 대접이 있는 경우에는 술을 마시지 않도록 한다. 특히 지방이나 외국에서 프레젠테이션을 하는 경우, 프레젠테이션 전에는 평소 먹어보지 않은 음식은 삼가는 것이 좋다.
- 똑같은 내용을 다른 곳에서 프레젠테이션 했는데 반응이 좋아서 다시 한다는 말은 하지 않는 것이 좋다.
- 의도적으로나 비의도적으로 청중을 당황하게 하거나, 민망하게 하거나, 망신을 주는 이야기는 삼간다.

시작하는 말은 내용도 중요하지만 전달하는 방법 또한 중요하다. 먼저 청중의 주의를 집중시키기 위해서 단상에 올라서서, 몇 초간 아무 말을 하지 않고 청중을 둘러보도록 한다. 떠들고 있던 청중이라면 서서히 조용해질 것이고, 조용한 청중일지라도 무슨 말이 나올까 궁금해 할 것이다. 이렇게 청중의 시선이 한 곳에 모아지면 준비한 말로 시작하면 된다.

(키 포인트) 효과적인 도입(서론)을 위한 구성요소의 체크리스트

서론에 다음의 구성요소들이 포함되어 있는지 점검해 보시오.

- □ 청중의 주의, 관심을 끄는 말
- □ 청중과의 연결고리
- □ 프레젠터의 신용(진실성)을 표현하는 진술문
- □ 주제 진술
- □ 개요

2. 결론을 계획하라

가. 요약 및 행동화할 사항

청중들의 얼굴을 즉시 환하게 만들 수 있는 방법으로서 "지금까지의 내용을 요약하자면..." 이라는 말보다 더 효과적인 것도 드물 것이다. 프레젠테이션이 아무리 명쾌하고 흥미롭고 훌륭했더라도, 청중들은 그 자리에서 해방되어 각자의 긴급한 용무로 돌아갈 수 있게 되었을 때 진정으로 감사함을 느낄 것이다.

성공적인 프레젠테이션이란 시작도 중요하지만 끝맺음도 중요하다. 즉 프레젠테이션이 끝난 다음 청중은 사고의 변화나 행동의 변화, 또는 지금까지 해오던 일에 긍정적이고 발전적인 변화를 가져올 수 있어야 한다.

따라서 변화를 불러일으키기 위해서는 프레젠테이션의 내용을 요약해줌과 동시에 청중으로 하여금 무엇인가 실천하게끔 유도해야 한다.

즉 "지금까지 프레젠테이션을 듣고 이것을 어떻게 실천에 옮길 수 있을지 각자 한번 써보십시오." 라고 하든지 또는 "지금까지 제가 이야기한 세 가지가 무엇인지 기억하십니까?" 라고 질문을 던진다면 청중으로 하여금 회상하게 함으로써 무턱대고 앉아서 듣기만 하지 않고 무엇인가 생각하고 실제로 행동을 옮기게 할 수 있다. 이외에도 상품 선전에 관한 프레젠테이션을 하였을 경우, "발표장을 나가시면서 하나씩 사가지고 가서 사용해보십시오." 라고 이야기함으로써 상품 선전을 끝맺음으로 가볍게 할 수가 있다.

어떤 프레젠테이션이든 모든 말을 다 하고 끝낼 수는 없다. 한 번의 프레젠테이션으로 프레젠터와 청중의 관계가 확립되기는 어렵다. 바람직한 관계가 형성되기까지는 일련의 계획된 만남이 필요하다. 프레젠테이션의 결말은 모든 사람이 앞으로 협력하여 일할 것임을 확인하는 역할을 해야 한다.

다음은 효과적인 결말을 위한 제안이다.

1. 요점을 요약하라. - 프레젠테이션에서 강조했던 사항들(결론, 경향, 주장 등)을 다시 한 번 요약하라.
2. 제안 사항을 다시 한 번 명쾌하게 설명하라.
3. 실천 프로그램을 제시하라. 당신은 당신의 제안이 시행되려면 무엇이 필요할지를 미리 예상했을 것이다. 일단 청중이 그것을 인식하며 그들은 더욱 쉽게 당신의 제안에 동의할 것이다. 제안을 실행하는 데에 필요한 구체적인 단계나 방안들을 도표로 보여주는 것도 좋은 방법이다. 각 단계를 책임질 사람이 누구인지를 확인하라. 각 단계를 실행하는 데 어느 정도의 시간이 걸릴지, 그래서 모든 단계가 종료되기까지 어느 정도의 시간이 걸릴지를 분명히 제시하라. 각 단계에 드는 비용과 총비용이 얼마나 될지를 제시하라.
4. 제안을 실천하겠다는 동의와 책임을 요구하라. 프레젠테이션을 하는 동안 청중들이 고개를 끄덕이거나 '이해한다' 고 말하는 것을 '동의한다' 는 의미로 오해하지 마라. 대담하게 직접적이고 구체적으로 요구하라. "오늘 우리의 목표는 여러분이 일하고 있는 사업부서의 비용을 30% 절감하는 데에 여러분의 동의를 얻는 것입니다. 여러분은 이에 동의합니까? 그 결과가 분기별 회계에 반영될 수 있겠습니까?" 청중이 동의하지 않으면 그들의 승인을 얻기 위해 필요한 것이 무엇인가에 대해 토의를 시작하라.
5. '향후의 단계들' 로 마감하라. 프레젠테이션이 진행되는 동안 청중들이 동의했던 모든 내용을 요약하라. 예를 들어 청중 가운데 누군가가 구체적인 분석을 요구했을 수도 있고, 프레젠터는 추가 정보를 필요로 할 수 있다. 그런 내용들을 다시 한 번 반복함으로써, 프레젠터가 그것을 분명히 들었음을 당사자들에게 확인시켜라. 또한 앞으로의 회의나 프레젠테이션에 대한 동의를 구하라.

미국 CBS 방송의 앵커 오스굿(Charles Osgood)은 프레젠테이션을 준비할 때 제일 마지막에 할 말을 제일 먼저 쓴다고 이야기한 적이 있다. 제일 마지막에 청중에게 하고 싶은 말이 결국 프레젠테이션의 핵심이 되기 때문이라고 그 이유를 밝혔다. 결론을 제일 처음에 쓰든, 마지막에 쓰든, 그 순서와 관계없이 결론을 준비하는 데에도 몇 가지 기억할 것이 있다.

- 주어진 시간 안에 프레젠테이션을 끝내야 한다.
- 신념을 가지고 프레젠테이션을 마무리해야 한다. "이제 주어진 시간이 다 되어서" 끝내겠습니다." 라고 하면 청중들은 맥이 빠진다. 물론 주어진 시간이 다 되었으니까 끝을 내야 하지만 그 보다는 "지금까지 배운 것을 기초로 우리들 한 사람 한 사람이 프레젠테이션에 대한 두려움 없이 훌륭한 프레젠테이션을 할 수 있으리라 저는 확신합니다." 와 같이 끝내는 것이 좋다.
- 마지막 말이 너무 길어서는 안 된다. 어떤 발표자는 "마지막으로..., 끝으로..., 한 가지 더 이야기 하자면..." 하는 식으로 끝맺음이 너무 긴 경우를 보게 된다. 그러나 마지막 말은 오래 기억하고 음미할 수 있는 함축된 짧은 말로, 정말로 마지막 말이 되어야 한다.

항상 염두에 둘 것은 시간을 엄수한다는 것과 결론을 제시하는 다양한 방법 중에서 어떤 것이 주어진 상황에 가장 적합한 것인가를 판단하여 적절하게 선정해야 한다는 것이다.

어떻게 보면 프레젠터는 세일즈맨과 같다. 우리는 팔고자 하는 상품을 많이 파는 사람을 훌륭한 세일즈맨이라고 부른다. 훌륭한 세일즈맨이 되려면 먼저 팔고자 하는 상품이 좋아야 하고, 상품에 대한 홍보를 잘해야 하고, 서비스가 좋아야 한다. 팔고자 하는 상품은 아이디어나 지식, 즉 프레젠테이션에서 전달하고자 하는 내용이 될 것이고, 상품에 관한 홍보는 어떻게 메시지를 전달하느냐 하는 전달 방법, 서비스는 프레젠터가 얼마나 성의껏 준비하고 프레젠테이션을 하느냐와 연관이 될 것이다.

따라서 훌륭한 프레젠터란 좋은 내용을 효과적인 방법으로 성의 있게 전달하는 사람이다.

나. 끝맺는 말(closer)

마지막에 듣는 것이 가장 오래 기억되게 마련이다. 이를 최근효과라 한다. 따라서 청중에게 꼭 기억시키고자 하는 내용을 가지고 인상적으로 마무리할 필요가 있다. 특히 프레젠테이션 목표 달성을 위해서는 프레젠테이션에서 제시한 중요한 요점을 요약해 이야기하고, 청중들이 프레젠테이션 내용에 동의한다면 무엇을 해야 하는지, 행동할 방향을 제시하는 것이 좋다. 아울러 시작에서 한 말이나 질문에 대한 대답을 이루는 이야기를 하는 것도 하나의 마무리 기법이 될 수 있다.

끝맺는 말에는 다음과 같은 여러 가지 방법이 있으며 상황에 맞는 것을 택해서 적용해 보는 것이 좋을 것이다.

- 요지를 강조해 줄 수 있는 짤막한 이야기
- 속담이나 격언, 또는 잘 알려진 문구
- 상황에 맞는 시 낭독
- 주제를 대신해 줄 수 있는 예

나폴레옹(Napoleon Bonaparte, 1769~1821)은 "싸움의 승리는 최후의 5분간에 있다." 고 말했다. 이처럼 마라톤이든 경마이든 결정적 순간에 승패가 갈린다.

프레젠테이션도 이와 마찬가지여서, 청중의 기억에 가장 깊고 오래 남는 것은 최후의 말이다. 끝맺는 말은 간결한 말, 힘 있는 말, 감동적인 말이 좋다. 유명한 세일즈맨인 엘머 휠러는 이렇게 말했다.

"문을 닫을 때처럼 딱하고 울리는 어구로 말을 끝내라."

여운을 남기라는 것이다. 캐치프레이즈로 된 결론을 남긴다. 이야기가 끝난 다음도 청중이 생각하도록 암시를 준다. 이런 것을 가리켜 '뒷맛이 있다.' 고 하는 것이다. 청중의 기대를 모아 가면서 끝맺음에서는 간결한 어구를 던진다. 청중의 머릿속에 남는 것은 최후의 한 마디이다.

익숙하지 못한 프레젠터는 종결부의 요점을 몇 번이고 되풀이 말하지만, 비행기가 비행장에 착륙할 때 두 번 세 번 지면에 닿았다 떨어졌다 하는 것 같이 어디까지나 뒷맛이 개운치 않다.

"다시 한 번 되풀이 말씀드리면..."

"몇 번씩 말씀드려 죄송하지만..."

이렇게 똑같이 이야기를 되풀이해서 말하는 사람이 있다.

"변변치 않은 이야기를 들어주셔서 대단히 감사합니다."

하고 꼬리를 잇는 사람도 있다. 그러나 그렇다고 해서 '이상 끝' 하면 어떤 여운이 남는 것은 아니다.

짧은 프레젠테이션에서 아주 중요한 요소는 완전한 플롯(구성), 신선한 아이디어(내용), 의외의 결말 등이다. 구성이 약해도 안 되고, 내용이 오래된 것도 안 된다. 특히 최후의 끝맺음이 중요하다.

1) 새로운 결의의 표시

이것은 감명을 준 다음 단계에서 가능하다. 어떤 행동으로 옮겨지든 안 옮겨지든 간에 청중에게 새로운 결의를 굳혀 주고 용기를 일깨우도록 암시하는 것이다. 잘 사용하는 방법이지만 명령은 아니고, 감동한 나머지 적극 반성하고 용기를 불러일으켜주는 방향으로 끌어간다.

2) 인용

속담·명언·시구 등을 인용하면서 이야기를 끝내면 대단히 효과적이다. 이야기 끝을 자기 진정을 나타낸 명언으로 끝맺어, 이것이 깊은 여운을 남겨 그 후에도 사람들의 기억에 머물게 되는 예는 많다.

> 맥아더 : "노병은 죽지 않는다. 다만 사라져갈 뿐..."
> 케네디 : "모든 인류는 전쟁에 종지부를 찍어야 한다. 그렇지 않으면 전쟁이 인류에 종지부를 찍을 것이다."
> 찰리 채플린 : "사람 하나를 죽이면 살인죄가 되지만 백만 명을 죽이면 영웅이 된다."

그러나 인용구가 프레젠터의 의도를 잘 나타내는 것이 아니면 무의미하다. 문예작품이나 종교·철학서적 또는 격언집 같은데서 인용구를 잘 골라 쓰면 효과적 여운을 남기게 된다.

3) 호소

옛날 웅변에서는 많이 썼다. '여러분... 을 호소합니다.' 처럼 끝맺음하는 것이다. 약간 오래된 방법이어서 썩 자신이 없는 사람에게는 권하고 싶지 않은 방법이다.

4) 실례

간단한 이야기와 같으므로 가장 하기 쉽고, 서투른 초심자에게는 쓰기 쉬운 방법이다. 그러나 실례나 예화 그 자체가 적합한 것이 아니거나, 아무 설명도 없이 실례만으로 그쳐서는 안 된다.

5) 전망

프레젠터나 청중이나 모두 다 같이 장래를 꿈꾸고 희망을 가질 수 있는 방향으로 이끈다. 이야기의 종결에 가서 미래의 희망을 가질 수 있는 말을 쓰면 무엇인가 즐거운 마음이 생긴다. 프레젠터가 희망적인 말로 이야기를 정리했을 때에는 후에 좋은 인상이 남는다.

6) 간결

짧은 프레젠테이션의 끝맺음에서는 간결하게 한다. '이것으로 제 이야기를 그치겠습니다.' 라든지, '그러면 이것으로써 다음 분에게 부탁드리겠습니다.' 처럼 덧붙여 말해도 좋다.

끝맺음은 간결하고 명료한 것을 생명으로 한다. 그래서 청중에게 건설적이고도 힘 있는 인상을 주고 보다 나은 여운을 남기는 것이어야 한다. 최근 의식적인 연설의 끝맺음에서 종종 '감사합니다.' 고 말하는 사람이 있으나, 이것은 여운을 뿌리째 뽑아 버리는 결과가 된다.

'감사합니다.' 하고 말을 끝맺는 사람은 화법을 연구할 일이 없는 사람이거나, 아니면 이야기를 끝내고 나서 어떻게 해야 할지를 모르는 사람이다. 또 혹은 '감사합니다.' 고 하면 얼핏 틀에 박힌 것으로 생각하는 사람이다.

끝맺음은 그 길이가 길어도 전체 프레젠테이션 시간의 5%가 적당하다. 도입이 10%라면 끝맺음은 이보다 짧고 간단하게 해야 한다. 그리고 어디까지나 여운을 남기도록 노력하지 않으면 안 된다.

도입과 종결은 전개와 함께 대단히 중요한 것이므로, 최초의 말과 끝맺음의 말은 미리 준비하고 그것을 외워 그대로 말할 수 있도록 하면 좋다.

여기서도 준비가 얼마나 중요하냐 하는 것을 알 수 있지만, 프레젠테이션 성공의 95%는 준비라고 해도 과언은 아니다. 프레젠테이션의 도입과 종결은 하나의 예술이라 하리만큼 어려운 것이다. 더욱이 어느 정도 과학적인 뒷받침이 있는 예술이어야 하는 것이다.

(키 포인트) 효과적인 결론을 위한 구성요소의 체크리스트

- □ 주제 재진술
- □ 요약
- □ 인상적인 끝맺음 말

3. 스토리보드 작성

스토리보드는 프레젠테이션의 구성과 디자인을 자유롭게 다룰 수 있는 훌륭한 도구이다. 진 젤라즈니(Gene Zelazny)는 스토리보드를 이용하는 방법을 소개하였다. 이 방법은 아르돈도가 제시한 절차 이후에 비주얼을 추가하여 내용을 보충하는 세부 단계라고 할 수 있다. 그 방법은 다음과 같다.

1) 결정한 줄거리에 따라 프레젠테이션의 개요를 작성하라.

- 그러면 무엇을 어떤 순서로 발표할 것인가를 알게 된다.

2) 그 개요에 따라 각각의 비주얼이 어디에 들어가야 할지 그리고 어떻게 보일지를 결정하라.

- 예를 들어 프레젠테이션의 구성을 설명할 때에는 문자 비주얼이 필요할 것이다. 그런 다음 "미국의 GDP는 세계 최대이다." 에 대해서는 원 그래프를, "미국은 해외 무역의 규모가 가장 크다." 에 대해서는 가로막대 그래프를, 해외직접 투자의 증거를 보여주기 위해서는 세로막대 그래프를 이용해야 할 것이다.

3) 비주얼을 도안하라.

- 비주얼의 오른쪽 혹은 아래쪽에 청중 앞에서 이야기할 말을 적어두라. 가령 비주얼을 읽는 방법이나 비주얼의 핵심(그것이 전체 줄거리에서 차지하는 중요성)이 여기에 포함된다.

4) 흐름을 점검하라

- 그래프의 순서가 논리적인지 확인하라. 하나의 내용을 너무 많은 그래프로 설명하는 경우와 다수의 복잡한 내용을 불충분한 그래프로 설명하는 경우를 가려내야 한다.

다음으로 넘어가기 전에 지금까지의 내용을 요약할 필요가 있는 곳이 어디인지를 확인하라.

5) 프레젠테이션에 사용할 매체를 염두에 두고, 최종 자료에 들어갈 모든 기법들을 기록하라.

- 비주얼이 너무 많다고 걱정하지 말라. 어떤 발표자들은 프레젠테이션의 길이에 맞춰 비주얼 수를 결정한다. 심지어는 비주얼 하나에 2분씩 할당하는 사람도 있다. 그것은 좋은 방법이 아니다. 2분은 똑같은 이미지를 계속 보기에는 너무 긴 시간이다.

프레젠테이션의 길이를 결정하는 것은 제시되는 개념의 수와 개념의 난이도다. 다섯개의 비주얼로 하나의 개념을 다섯 번 설명하는 시간과, 하나의 비주얼로 다섯 개의 개념을 설명하는 시간이 같다는 사실을 명심하라.

6) 각 페이지 하단에 넘어가는 말을 기록해 두라.

- 일단 비주얼의 수와 순서가 최적의 상태로 결정되었다면, 각각의 비주얼로 돌아가서, 한 비주얼에서 다음 비주얼로 넘어갈 때 무슨 말을 할 것인지를 생각하고 각 페이지 하단에 넘어가는 말을 기록해 두라.

다음은 완성된 스토리보드의 예이다. 서론과 본론의 요지 1개를 예로 작성하였다.

참고하세요 !

서론(말로 한다)

목적 : ○○ 은행은 매력적인 미국 시장이 제공하는 성장 기회를 이용해야 한다. 이것을 제안하는 것이 프레젠테이션의 목적이다.

중요도 : 지금이 가장 적절한 시기이다. 국내에서의 성장은 경쟁 강화와 정부 규제로 인해 한계에 부딪치고 있기 때문이다.

개요 : 이 프레젠테이션에서 우리는 미국이 ○○ 은행에게 매력적인 시장이 될 수 있는 이유를 설명하고, 그 기회를 확인하고 이용하는데 필요한 향후 단계들을 개괄적으로 제시하고자 한다.

넘어가는 말(전이) : 이제 미국 시장이 매력적인 성장 기회를 제공한다고 볼 수 있는 몇 가지 이유를 살펴보기로 하자.

미국은 매력적인 성장 기회를 제공한다.

A. 미국은 세계 제일의 경제대국이다.
B. 미국의 은행 수익률은 매력적이다.
C. 진출의 장벽은 극복될 수 있다.

근거

미국 시장이 ○○ 은행에 매력적인 성장기회를 제공한다고 생각되는 이유는 세 가지다. 첫째, 미국은 세계 제일의 경제대국이다. 둘째, 미국의 은행 수익률은 매력적이다. 셋째, 진출의 장벽은 극복될 수 있다.

넘어가는 말

이제 각각의 사항을 보다 깊이 있게 논의해 보자. 첫째, 미국은 세계 제일의 경제대국이다. 이 점에 있어서 우리는 세 가지 중요한 기준에 주목했다. GDP, 해외 무역, 해외 직접 투자가 그것이다.

(생략)

V 프레젠테이션의 비주얼 도안

프레젠테이션에 비주얼을 사용함으로써 프레젠테이션의 효과를 높일 수 있다. 그렇다면 프레젠테이션에 사용할 수 있는 비주얼을 제작하는 노하우에 대해서 살펴보고 프레젠테이션에 사용할 수 있는 비주얼에 대해 어떤 상황에서 어떤 비주얼을 사용하는 것이 프레젠테이션의 효과를 더 높일 수 있는지 살펴보도록 한다.

1. 비주얼 사용의 목적

비주얼은 그림(Picture)과 표(Table), 그래프(Graph), 다이어그램(Diagram) 등을 말한다, 글자나 숫자가 가지는 의미를 비주얼로 바꾸어 나타내면 이해와 전달이 쉽고 오래 기억될 수 있다. 또한 상대에게 강한 인상과 전문성을 줄 수 있다. 그래서 비즈니스에서는 비주얼을 필수적으로 사용한다. 오히려 쓰이지 않는 곳을 찾기가 더 어렵다.

비주얼은 상대를 설득하거나 핵심 메시지를 기억하게 만드는 데 매우 중요한 역할을 한다. 따라서 커뮤니케이션의 효율을 증가시키려면 비주얼을 적극 활용해야 한다. 연구 조사 기관에 의하면 비주얼과 설득력에 관련한 효과를 조사한 결과 비주얼을 사용하지 않는 경우의 설득 성공률은 33%이고, 비주얼을 사용하는 경우의 설득 성공률은 67%로서 두 배 이상의 효과를 준다고 하였다.

비주얼과 기억력에 관한 연구에서는 비주얼 없이 말로만 듣는 경우에 기억되는 것은 전체의 10%이나, 비주얼을 보며 말을 듣는 경우에는 40%가 기억되는 4배의 차이를 나타냈다. 이처럼 비주얼은 상대를 설득하고 핵심 메시지(요지)를 기억시키는 데 매우 중요한 역할을 하므로, 상대에 대한 설득력을 높이기 위하여 비주얼을 적극 활용해야 한다.

▌ 비주얼 사용의 7가지 목적

① 이해력을 높인다.
② 기억력을 높인다.
③ 집중력을 높인다.
④ 설득력을 높인다.
⑤ 시간을 절약한다.
⑥ 복잡한 내용을 단순화시킨다.
⑦ 목적 달성 확률을 높인다.

비주얼을 사용하여 얻는 장점으로는 메시지를 강력하게 전달하는 효과를 주고 그럼으로써 상대를 확실히 설득하는 효과를 주고 명쾌한 비전을 제시하는 효과와 모두의 공감을 얻는 동기부여의 효과를 준다. 잭 웰치는 비주얼의 효과에 대하여 다음과 같이 말했다. "비주얼은 나의 비전을 확신하고 실행할 때 내가 가장 자주 이용하는 단순한 개념의 도구이다."

비주얼은 공개된 비주얼을 사용하거나 자신이 필요에 따라 만들어야 한다. 그런데 스스로 만드는 경우에는 비주얼 제작에 대한 기술이 필요하다, 비주얼을 효과적으로 제작하려면 단계별로 진행하는 것이 좋은데, 첫째는 준비된 자료나 정보를 새롭고 다양한 관점으로 바라보고, 둘째는 대상을 분석하고 이해하기 쉽게 가공하고,

마지막으로 가공하여 만든 결과물을 아래에서 설명하는 비주얼 제작 노하우에 의거하여 멋지고 깔끔하게 다듬는다.

다음에는 비주얼을 만들 때 사용할 수 있는 제작 노하우를 설명하겠다.

▌ 비주얼 사용의 7가지 목적

① 하나의 비주얼에는 하나의 개념(주제)만 넣는다.
② 비주얼과 텍스트를 함께 사용한다.
③ 비주얼은 간단, 명료하게 만든다.
④ 숫자는 그래프로, 문자는 차트나 도형으로 만든다.
⑤ 현란한 색상을 사용하는 비주얼은 피한다.
⑥ 선명하지 않은 비주얼은 사용하지 않는다.
⑦ 전달하는 메시지에 어울리는 비주얼을 사용한다.

제작한 비주얼에 제목을 붙일 때에도 단순하거나 짧은 것보다는 핵심적인 메시지를 부각시키고 전할 수 있는 제목이 좋다. 예를 들어 가전제품에 대한 2011년도의 상품별 세일즈 금액을 비교하는 파이 그래프를 만들 때 단순히 '2011년도 세일즈 비교' 라는 식으로 제목을 붙이지 말고, '2011년도에 전체 세일즈의 60%를 차지한 드럼 세탁기' 처럼 가장 많이 팔리거나 부각시키고자 하는 상품을 선택하여 그것을 설명하는 내용의 제목을 만드는 것이 좋다. 그러면 제목만 보아도 전하려는 중요한 핵심이 무엇인가를 쉽게 이해할 수 있다.

비주얼에 나타나는 그림이나 상징이나 사용할 때에도 내용과 관련된 그림이나 상징을 사용하면 좋다. 예를 들어 우리나라의 자동차 수출 대수를 나라별로 비교할 때 나라이름 위에 해당되는 그래프를 넣지 말고, 그래프를 해당 나라의 국기로 채우고 길이를 조절하여 대수를 나타내면 보는 사람이 바로 이해하고 또한 오래 기억할 수 있다.

2. 비주얼의 종류

가. 다이어그램(Diagram)을 활용하라

여기에서는 비주얼 중에서 정해진 의미를 나타내는 그래프나 표와는 달리 일련이 과정이나 프로세스 등을 의미하는 다이어그램에 대하여 살펴보자.

다이어그램은 사각형, 삼각형, 원 등을 직선이나 화살표 등으로 연결하여 상호 연관성을 나타내는 데 사용하며, 이웃하는 것끼리의 연속 관계나 원인과 결과의 패턴을 나타내는 데 효과적으로 사용된다. 다이어그램의 대표적인 몇 가지를 설명한다.

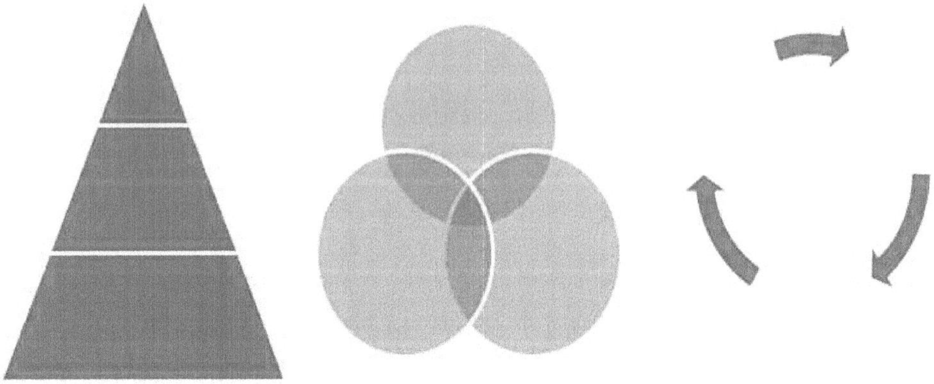

나. 맵(Maps) : 지도

지도상에서 공간적인 관계나 위치, 또는 지정학적 관계를 표기할 때 사용하며, 서로 다른 위치간의 거리나 경로를 나타낸다. 예를 들어 기준이 되는 위치를 중심으로 일정한 반경의 원을 그려 지리적인 거리나 위치를 비교하는데 사용한다.

다. 차트

1) 조직도(Organization Charts)

조직의 부문 편성, 지위의 상호관계나 책임과 권한의 분담 계열, 지휘·명령의 계통 따위를 한눈에 볼 수 있게 나타낸 표다.

2) 플로우 차트(Flow Chart)

시스템 안에서 발생하는 원재료·문서(정보)·인간의 움직임 등에 관하여 그 문제해결의 순서를 나타내는 도표로 플로우 차트의 장점은 문제를 포괄적으로 나타내는 일람성(一覽性), 특정기호 사용에 의한 표현의 일정성과 간결성 및 명세성 등에 있다. 작도(作圖)의 형식으로는 위에서 아래로 작성해 가는 것과 왼쪽에서 오른쪽으로 작성해 가는 것이 있다.

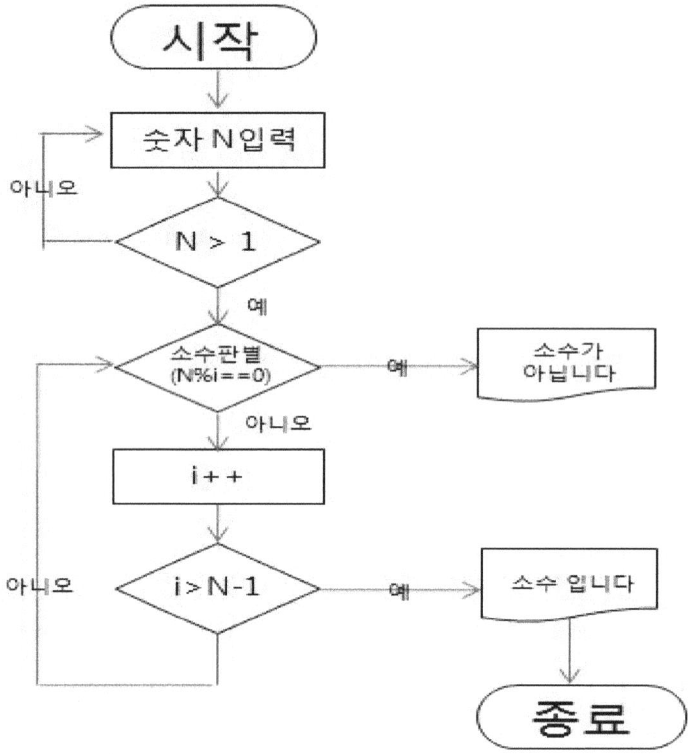

3) 간트 차트(Gantt Chart)

프로젝트의 계획을 수립하면서 필요한 조치나 행동을 시간의 경과에 따라 막대그래프로 표시한다. 막대그래프의 왼쪽 끝은 시작 일을, 오른쪽 끝은 종료일을 의미한다. 일정이나 공정의 진행 상황이나 할당된 시간을 서로 비교할 수 있다.

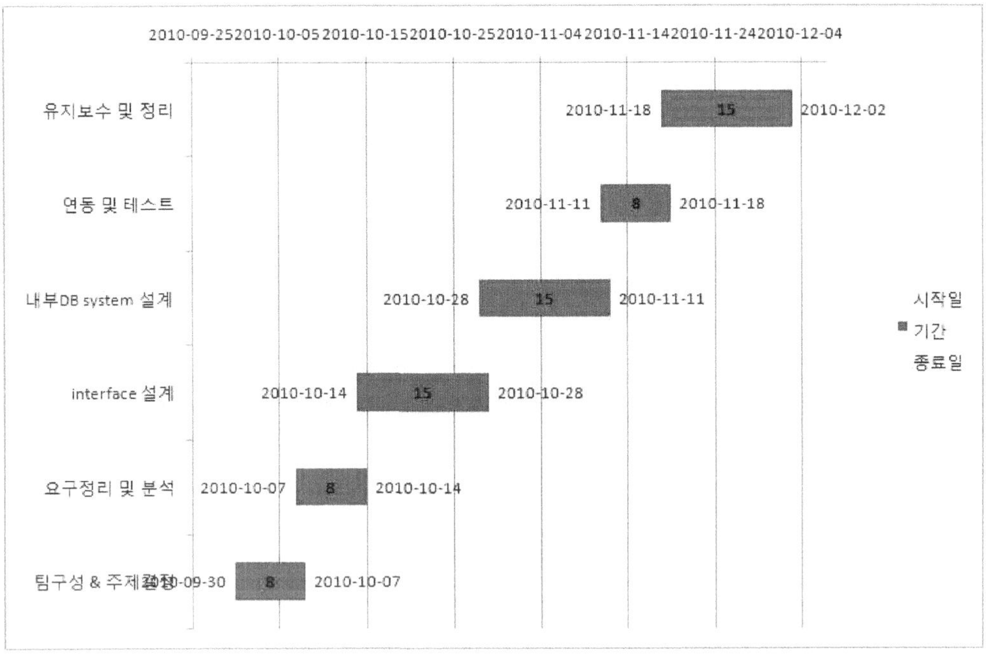

4) 확산차트/ 초점 차트

확산차트와 초점 차트는 서로 상반되는 개념의 차트이다. 확산차트가 하나의 개념이나 주제에서 시작되어 가지를 치며 확산되는 반면, 초점차트는 여러 개의 항목에서 시작해서 하나의 항목으로 종결되는 차트이다.

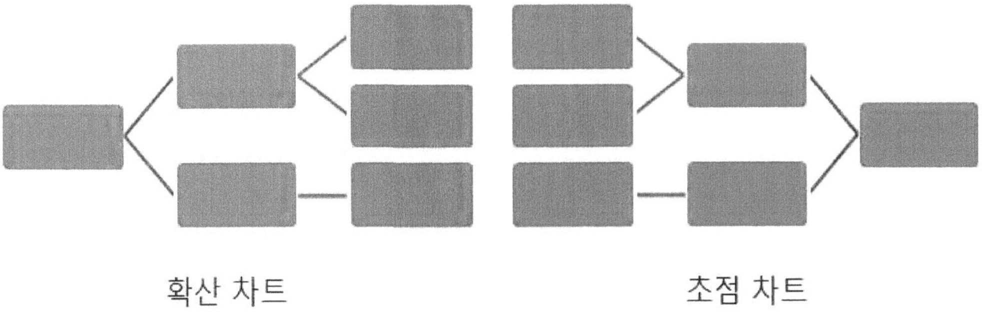

5) 거미망 차트

계층이나 요소의 상관관계가 복합적으로 이루어지는 관계를 표현하는 데 알맞은 차트이다.

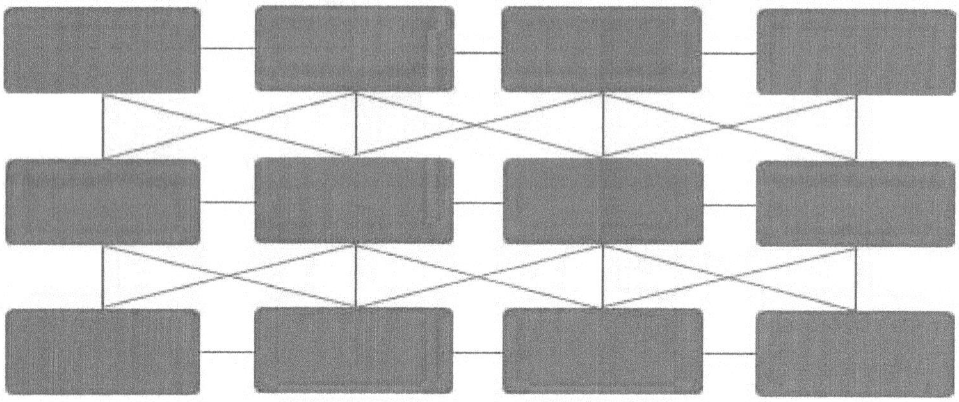

6) SD(Standard Deviation) 차트

리커트(Likert)척도를 이용한 조사 결과를 제시할 때 사용되는 차트로, 가로선의 양측에 반대되는 단어를 사용하여 기호 내지는 취향을 나타내 주는 것으로 전체 이미지를 쉽게 파악할 수 있다.

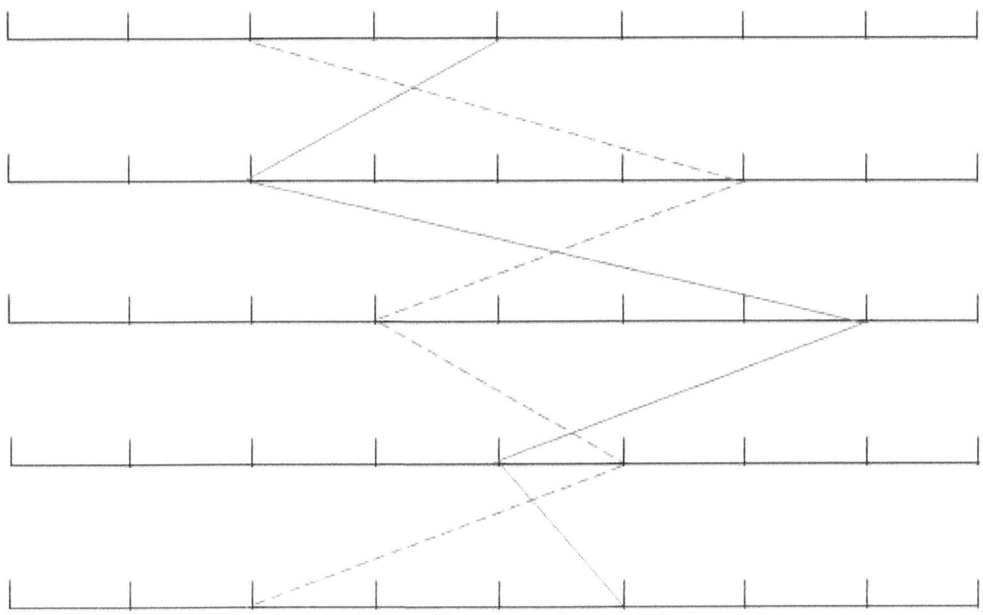

라. 그래프

1) 원 그래프

파이 차트라고도 하는 원 그래프는 데이터가 퍼센트(%)를 나타내거나 전체와의 비율을 나타내는 경우에 사용된다. 유의할 점은 이렇게 나누어진 각각의 파이가 너무 작아 수치를 알아볼 수 없을 때에는 '기타'로 묶어서 제시해 주는 것이 좋으며, 대개 5개 정도로 원이 나누어지도록 사용하는 것이 좋다. 조각을 너무 많이 내면 알아보기가 힘들기 때문이다. 또한 가장 큰 조각부터 시계 방향으로 제시가 되어야 한다는 것이다. 이 원 그래프를 응용하여 반원 그래프, 이중원 그래프 등을 그릴 수도 있다.

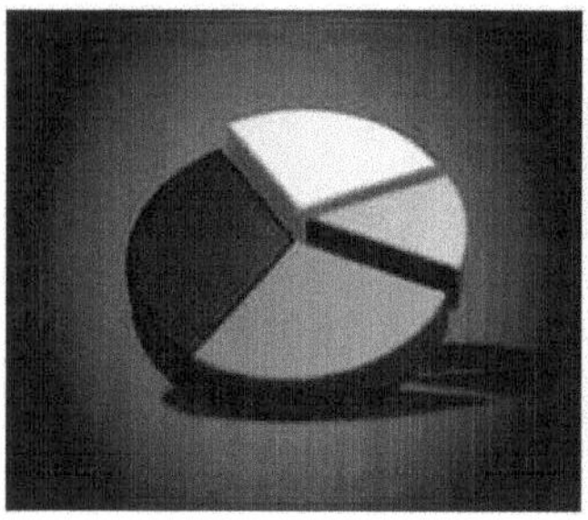
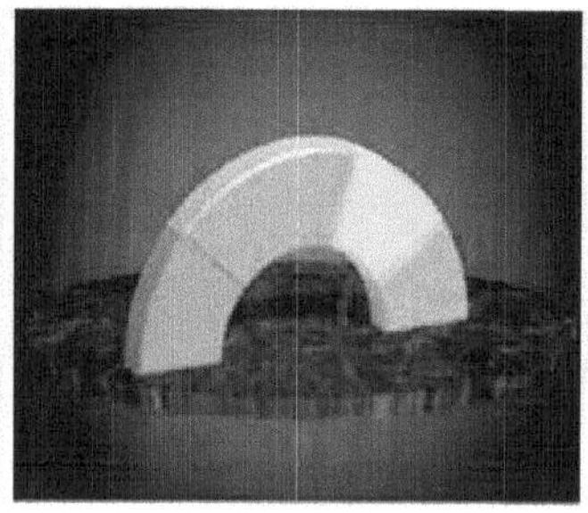
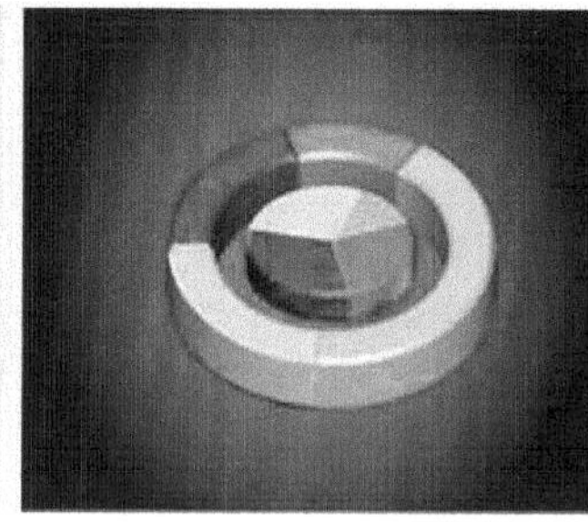

2) 막대그래프

가장 많이 사용되고 있는 그래프로서 막대의 길이가 값이나 양을 나타내준다. 막대그래프에는 수평 막대그래프와 수직 막대그래프의 두 종류가 있다. 수평 막대그래프는 동일 기간에 서로 다른 품목이나 종류를 비교할 때 사용되며 수직 막대그래프는 기간이 동일하지 않은, 즉 오랜 기간을 두고 조사한 유사 품목이나 종류를 비교할 때 사용된다.

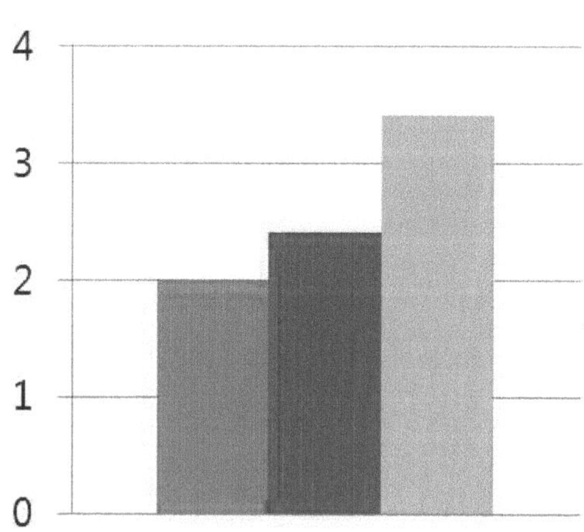

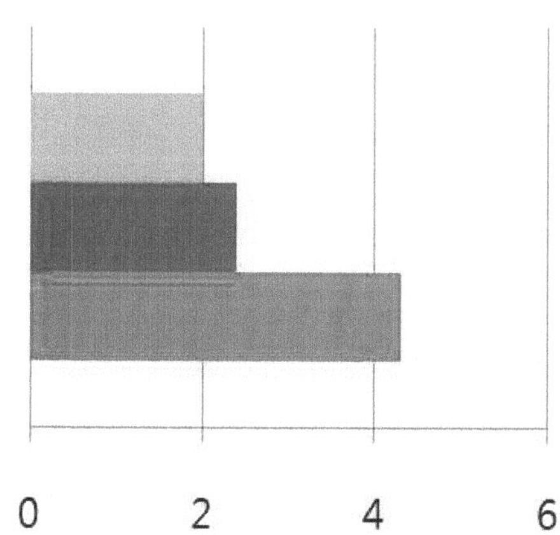

막대그래프를 응용한 것으로는 쌓아올리기 막대그래프, 겹치기 막대그래프, 복합 막대그래프, 수평 대칭 막대그래프, 변동 막대그래프, 편차 막대그래프 등이 있다.

3) 선 그래프

어느 항목이 시간 경과에 따라 어떻게 변화해 갔는지 추세를 나타내는 데 가장 적합한 그래프이다.

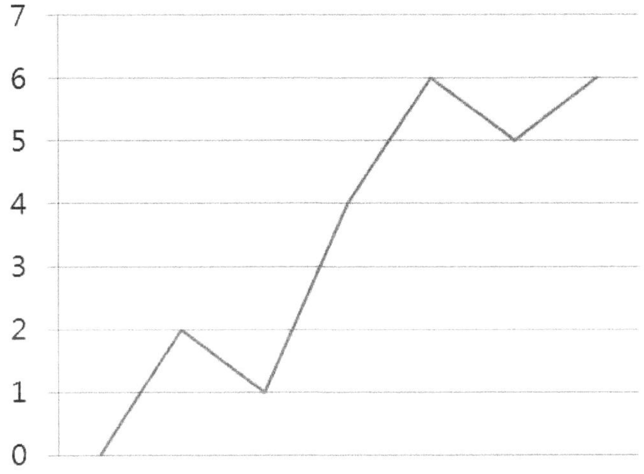

4) 분산 그래프

두 개의 특성 간의 상관관계 유무와 그 강도를 나타내 줄 수 있는 그래프이다.

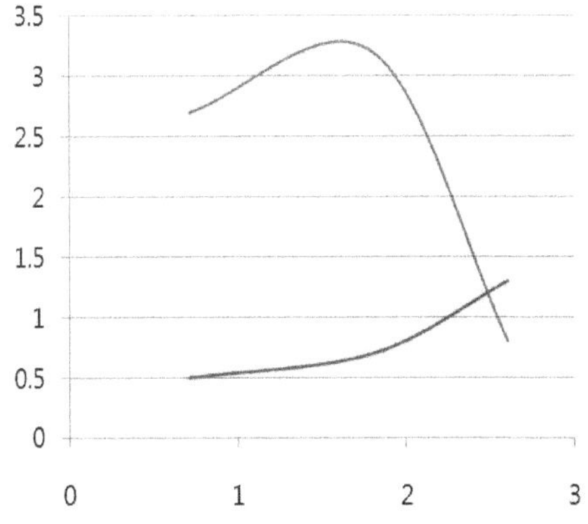

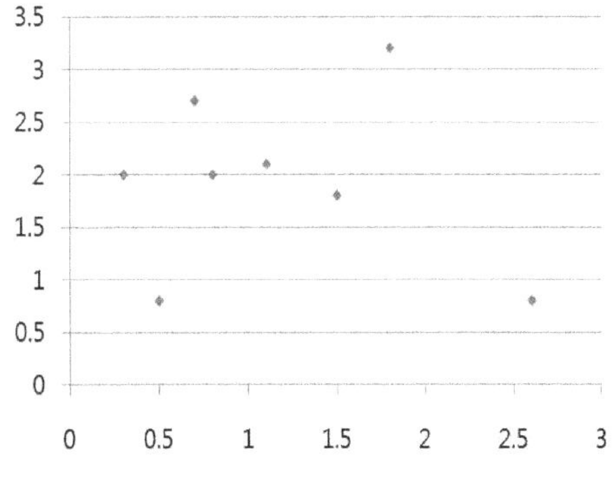

5) 그림 그래프

막대나 원, 선 대신 사진, 삽화, 도형, 형상 등을 이용하여 그래프를 작성하는 것으로 각각의 기호(상징물)는 값을 나타낸다.

마. 매트릭스(Matrix)

그래프에서 4개의 사분면으로 구성된 것으로 4개의 차트를 동시에 나타내어 서로간의 개념이나 아이디어를 비교한다. 예를 들어 마케팅 분석 기법에 'SWOT(강점, 단점, 기회, 위험)' 처럼 4개의 사분면에 각각을 넣어 서로 간에 비교를 할 수 있도록 만든다.

<table>
<tr><th colspan="2" rowspan="2">구분</th><th colspan="2">내부요인</th></tr>
<tr><th>STRENGHTH
1.
2.
3.</th><th>WEAKNESS
1.
2.
3.</th></tr>
<tr><td rowspan="2">외부요인</td><td>OPPORTUNITY
1.
2.
3.</td><td>OS</td><td>OW</td></tr>
<tr><td>THREAT
1.
2.
3.</td><td>TS</td><td>TW</td></tr>
</table>

바. 네트워크 다이어그램(Network Diagram)

회사 내에서 인트라넷 구성을 나타낼 때 사용하며 대상 간의 연결 관계나 네트워크 구조를 보여준다. 단어, 라인, 기호(symbol), 그림과 함께 사용하며 구성 요소 간의 유기적인 연관 관계를 보여준다.

참고문헌

로지컬 프레젠테이션 (곽해선 옮김). 도이 사토시, 다카하시 스케. (2003). 이다미디어.

명강의 무조건 따라하기. 임지은. (2011). 길벗

부드럽게 설명하고 강력하게 설득하는 커뮤니케이션. 오노 가즈유키. (2006). 새로운 제안.

비즈니스 프레젠테이션 ((주) 러닝솔루션 옮김). Jeorge, J. K. (2004). 피어슨 에듀케이션.

설득력있는 프레젠테이션. 데니스 베커 외. (1997) 커뮤니케이션북스.

스피치 커뮤니케이션. 임태섭. (2003). 커뮤니케이션북스.

스피치 커뮤니케이션 이론과 실제. 문용식. (2002). 그리심.

스피치와 프레젠테이션 : 올바른 화법의 이해. 전영우. (2004) 서울: 민지사.

GE처럼 커뮤니케이션 하라. 심재우. (2004) 서울: 일빛.

커뮤니케이션학(상). 차배근. (1997).세영사

커뮤니케이션론. 홍순이, 홍용기. (1997). 한올출판사.

프레젠테이션, 하나의 예술. 한정선. (2004). 김영사.

프레젠테이션 박사. 야하타 히로시. (2005). 21세기북스.

프레젠테이션 오! 프레젠테이션. 한정선. (1999). 서울: 김영사

프레젠테이션의 모든 것. 장용진. (2002). 청림출판.

프레젠테이션 프로페셔널. 최환진, 유종숙 .(2005). 커뮤니케이션북스.

프레젠테이션 잘하는 법. 정유선. (2005). 함주한. (2009).바른지식

프레젠테이션 상식사전. 길벗

프레젠테이션으로 말하라 (김한영, 역). 서울: 씨앗을 뿌리는 사람. (원서출판 2000).

프레젠테이션 박사 (나성억, 역). 서울: 21세기북스. (원서출판 1995).

An Overview of Persuasibility Research. in. C. I. HovLand & I. L. janis(eds),

A Three-Step Model for More Effective Presentations. Kirkpatrick, J. D. (1983). Personnel & Guidance Journal, Vol. 62(3), 178-179.

Confident Public Speaking. Sellnow, D. D. (2005) Thomson Wadsworth.

Communicating for Results (3rd). Hamilton, C. (1990). Wadsworth.

How to Present Like a Pro. Arredondo, L. (1991) NY: McGraw-Hill.

Presentation Skills for Students. Palgrave Joan. V. E & Lucinda. B. (2004). Macmillan.

Personality and Perwuasibility. HovLand, C. I. & janis, I. L. (1959). New Heaven: Yale University Press.

The Mathematical Theory of Communication. C. E., & Weaver, W. (1945).Urbana Ill. Shannon,

◈ 저 자 소 개

■ 김문수

-동아대학교 대학원 석사과정 수료 경영학 석사(경영학 전공)
-동아대학교 대학원 박사과정 수료 경영학 박사(관광경영학 전공)
-부산 서라벌호텔 기획심사부장
-한국관광식음료학회 이사 및 감사
-교육부 중등교과서 편찬위원
-부산교육청 중등교사 연수원강사
-중소기업청 창업컨설턴트
-경희대학교 경영대학원 및 호텔경영대학 강사
-남서울대학교 호텔경영학과 강사
-동아대학교 관광경영학부 강사
-현) 백석문화대학 관광학부 교수, 한국국제회계학회 이사
대한관광경영학회 이사, 한국취업진로학회 이사
[논문] 관광호텔의 전략경영. ERP만족. 혁신성과간의 관계연구(박사학위)
[저서] 호텔정보시스템(ERP와 HIS), 호텔실무영업회계, 회계원리
현대호텔경영의 이해, K-IFRS 호텔회계실무 및 원리 등

대학생을 위한 **프레젠테이션 스킬(Presentation Skill)**

2019년 9월 5일 초판 인쇄
2019년 9월 10일 초판 발행

저자와의 협의하에 인지생략

공저자 김문수
발행인 추일재
발행처 비즈프레스

서울시 강동구 천호 359-23
전화번호 : (02) 309 - 5356
E-mail : bizpress@hanmail.net

등록 : 2006년 11월 27일 제324-2006-0044호

정가 20,000원

ISBN 978-89-92730-64-8